U0797507

家族信托

富过三代的智慧

郁　忠◎著

FAMILY TRUST

WISDOM OF RICH OVER THREE GENERATIONS

法律出版社
LAW PRESS · CHINA
北京

图书在版编目(CIP)数据

家族信托：富过三代的智慧/郁忠著. -- 北京：法律出版社，2023
ISBN 978-7-5197-8465-2

Ⅰ.①家… Ⅱ.①郁… Ⅲ.①家族－私营企业－信托投资－研究－中国 Ⅳ.①F279.245②F832.49

中国国家版本馆 CIP 数据核字(2023)第 206130 号

家族信托
——富过三代的智慧
JIAZU XINTUO
— FU GUO SANDAI DE ZHIHUI

郁 忠 著

责任编辑 陈昱希
装帧设计 汪奇峰 鲍龙卉

出版发行 法律出版社
编辑统筹 法规出版分社
责任校对 李慧艳
责任印制 耿润瑜
经 销 新华书店

开本 A5
印张 13.5 字数 278 千
版本 2023 年 12 月第 1 版
印次 2023 年 12 月第 1 次印刷
印刷 天津嘉恒印务有限公司

地址:北京市丰台区莲花池西里 7 号(100073)
网址:www.lawpress.com.cn
投稿邮箱:info@lawpress.com.cn
举报盗版邮箱:jbwq@lawpress.com.cn
销售电话:010-83938349
客服电话:010-83938350
咨询电话:010-63939796
版权所有·侵权必究

书号:ISBN 978-7-5197-8465-2
定价:88.00 元
凡购买本社图书,如有印装错误,我社负责退换。电话:010-83938349

郁　忠

郁忠律师2000年毕业于西南政法大学，2002年起在上海专职从事法律服务工作，现为上海申浩律师事务所合伙人、家事与财富传承专业律师、中华全国律师协会会员、《东方大律师》节目特约嘉宾律师，著有《离婚案件股权分割司法观点集成》《离婚案件房产分割司法观点集成》等专业书籍。

郁忠律师专注家事与财富传承法律服务已有二十余年，服务的客户涵盖家族企业实控人、上市公司大股东、名人艺术家等各富豪榜知名人士。郁忠律师擅长运用家族信托、慈善信托、法律协议、股权架构重组等法律工具，为境内家族的财富保护与传承提供专业法律服务与解决方案。同时，郁忠律师擅长处理重大、复杂、疑难的离婚、继承、分家析产等家事诉讼案件，尤其对婚姻法律与公司法律交叉领域的复杂疑难问题有着精深研究。郁忠律师自执业至今，代理涉及重大疑难案件多达近百起，涉案标的额巨大，并成功代理了多宗涉及上市公司股权分割的离婚案、以及多名国内明星和主持人的离婚案。

每位企业家都应该有一份家族信托

如果你是一位资产过亿的企业家，你的财富将如何安全有序地传承给子孙后代？这个问题值得我们企业家认真思考。

我作为一名专业的家族财富律师，先讲一下我对财富传承问题的看法。我在跟一些企业家交流的时候，提出了财富有两个战场的观点。第一个战场是财富的创造，它是我们展现企业家精神的一面，是利用自身的能力、机会、各种资源来创造财富。与此同时，我们还必须要面对财富的第二个战场，就是财富的保护与传承，因为我们创造财富的目的，主要是使家族的基业长青、代代相传。那么我们企业家在奋斗了几十年之后，能不能安排好自己家族的财富传承，这也是一个战场，是财富的第二战场。第一战场再成功，赚再多的钱，如果第二战场打不好，那么我们辛苦创造的财富最终都守不住。所以，第二战场的重要性是不言而喻的。

我们来看一下古人的财富观，孟子曰："君子之泽，五世而斩。”意思是一位君子的品行和所树立的家风，经过了几代人之后就会消亡殆尽。先辈的财富也是如此，经过几代的财富积累到达一定程度之后，便会衰败。民间俗语“富不过三代”大意就是如此，所以在我们传统文化的认知中，富贵之家的延绵总是很困难的。古语有云：“道德传家，十代以上，耕读传家次之，诗书传家又次之，富贵传家，不过三代。”如今我们回味老祖宗传下来的这段话，财富传承真的不超过三代吗？

正因为“富不过三代”的现象太过普遍，越来越多的财富家族会重视子女的教育，以为通过培养优秀后代就能够更好地守住财富。然而，理想和现实往往是有差距的，虽然对子女的文化教育和品德培养是必须的，也要放在最重要的位置，但仍然有很多问题是教育解决不了的。比如，子女的婚姻是否稳固？子女的身体是否健康？子女是否有接班的意愿？子女是否会陷入债务纠纷？这些都是影响家族财富传承的因素。如果仅靠教育可以解决财富传承问题，就不会有“富不过三代”的谚语了。由此观之，仅通过良好的子女教育，依然很难解决企业家“富不过三代”的痛点。

在我看来，导致“富不过三代”的根本原因，是在中国的传统法律体系中，缺乏守富和传富的法律制度，制度的缺失让财富的保护和传承没有根基。反观西方社会，早在古罗马时代，财富传承问题就已经被关注到了，在西方社会上千年的时间里，家族信托历来是财富保护和传承的有效法律工具。纵观西方的财富家族，包括罗斯柴尔德家族、洛克菲勒家族、肯尼迪家族、摩根家族、杜邦家族、福特家族等，无一不是运用家族信托使家族财富经历了数百年的传承而经久不衰。到如今，他们的家族企业依然在社会各个经济领域起着重要作用，家族信托早已成为西方财富阶层首选的财富传承方式。

巴菲特曾经说过："你给孩子的钱应该刚刚好，既能让他们明白钱不是那么容易赚的，又不能让他们一事无成。"这无疑是对家族信托最好的诠释了。

再回到我们国内的现实情况。经过了40多年的改革开放，中国实现了举世瞩目的经济高增长，与此同时，私人财富规模也快速增长。目前我们的创一代企业家正处于从"创富"向"守富、传富"过渡的阶段，成功企业家的财富传承需求已经来到了窗口期。我们要想打破"富不过三代"的魔咒，完全可以借鉴西方成熟的家族信托制度。2001年我国就颁布了《信托法》，所以设立家族信托完全没有法律障碍。甚至为了满足市场的需求，2018年原银保监会《信托部关于加强规范资产管理业务过渡期内信托监管工作的通知》（信托函〔2018〕37号）将家族信托纳入信托公司的业务范畴，家族信托从而在监管层得到了合法认可。现在我们已经有了“富过三代”的法律制度保障，剩下的就看我们企业家的智慧，能否运用家族信托这个强大的财富工具了。

作为企业家，都知道商场风险防不胜防，如果提前设立家族信托，就可以起到风险隔离的效果，因为信托财产与企业家的其他资产相隔离，当企业家面临重大变故或债务风险时，家族信托中的财产不受影响。另外，创一代的企业家，尝尽了酸甜苦辣，懂得财富的来之不易，也能更好地守住财富。但我们的后辈却未必如此，他们面对的是已经富裕起来的家庭，没有经历过创业的艰难，很难懂得财富来之不易。因此，我们设立家族信托既可以保障子女的生活，又可以约束子女的行为、培养子女自身的独立能力。越来越多的企业家选择家族信托，正是因为家族信托既能避免财富风险，又能妥善照顾子孙后代的将来。

优秀勤劳的人创造财富，但是，守业比创业更难，家族企业的代代相传是每个家族创始人的心愿，做成百年老店无疑是家族的骄傲，在追求基业长青的道路上，每时每刻都在考验着家族创始人的智慧。所以，我们每一位企业家都需要未雨绸缪，尽早运用家族信托的优势，实现家族企业与家族财富的安全有序传承，真正打破“富不过三代”的魔咒！为你家族的未来打下坚实的基础！为你的子孙后代营造美好的未来！

郁忠 律师

2023 年 8 月于上海中心

目　录

第二章

家族信托的神奇功能

第三章

家族信托的设立

第四章

家族信托的运行

第九章
慈善信托

第一章

了解神秘的家族信托

我们对家族信托应该都有所耳闻，知道它可以用来保护和传承家族财富。但是，又总感觉它是一个很神秘很陌生的事物。家族信托究竟是什么？具体有什么用？在法律上有没有风险？靠不靠谱？这些都是问题，毕竟要把家族资产放入信托，对企业家来说是一个非常重大的决定，我们对自己不熟悉的事情，肯定会非常谨慎。本章的内容就是为了解答这些疑惑，希望我们阅读之后有豁然开朗的感觉。

我们觉得家族信托神秘，是因为从来没有接触过，而且在现实生活中，我们一直认为信托就是信托公司的理财产品，无非就是理理财，有所收益，主要是为了闲散资金的保值增值。作为企业家，肯定不会把主要的精力放在这上面。一个理财产品，怎么会关联到家族财富的保护和传承，这可能有些让人难以理解。实际上，这要从信托的分类说起，我们平时了解到的信托，其实是一种营业信托，是一种委托理财的工具，委托信托公司理财，就称作购买信托产品；而家族信托是一种民事信托，除了对信托财产进行管理，还包括对信托事务的管理。改革开放以来，我们国家的经济活动一直以创造财富为主，财富传承还没有成为主流需求。直到近年来，随着创业的第一代企业家陆续到了财富传承的窗口期，家族信托作为财富保护和传承的重要工具，才引起了大家的关注。

第一节　信托的起源与发展

既然要了解家族信托，就肯定要先了解它的起源和发展。信托和其他法律制度一样，都有历史渊源。信托制度从无到有，有个逐步发展成熟的过程，发展到现代社会，才最终形成完善的信托法律制度。信托是西方舶来品，虽然中国历史上有临终托孤的案例，但实际上从没有产生过真正意义上的信托。我国直到 2001 年才颁布了《信托法》，信托法律制度在我国仅有二十多年的历史，可想而知，普通民众对信托的认知无论多么贫乏，也都是在情理之中的。所以，我们需要了解信托制度产生的背景、人们设立信托的初衷以及信托能得到西方国家统治者的认可并成为一项法律制度的原因。了解这些可以帮助我们更加深入地理解家族信托，理解西方财富家族设立家族信托的原因和动机。

一、信托的起源

原始的信托行为起源于古埃及的遗嘱托孤。公元前2000年左右，古埃及就有人设立遗嘱，指定妻子继承遗产，子女为受益人，并为子女指定监护人，还设有立遗嘱见证人。这种以遗嘱方式委托他人处理财产，并使继承人受益的做法，是现今发现最早的信托行为。

信托的概念源于古罗马帝国时期的“信托遗赠”制度。当时的《罗马法》规定，在按照遗嘱继承财产时，可以把遗产直接给予继承人，如果继承人无力或无权承受时，可以按照信托遗赠制度，把遗产委托或转让给第三人处理。古罗马的“信托遗赠”在当时已形成了一个比较完整的信托概念，并且首次以法律的形式加以确定。当时的信托完全是一种无偿的民事信托，信托财产主要是实物和土地，并不具有经济上的意义，还没有作为一种有目的的事业经营。

虽然古埃及和古罗马时期已出现了信托雏形，但现代意义上的信托制度，则起源于英国封建时代的“用益制度”（USE）。在11世纪的英国，基督教徒认为生前多做奉献可以进入天堂，所以他们在去世时会把自己的土地捐给教会。由于教会的土地是不征税的，这就侵害了国王与贵族的利益。于是到了12世纪后半叶，英国国王亨利三世制定了《没收法》，禁止人们向教会捐赠土地，否则就予以没收。在这种情况下，英国人创造出了信托史上著名的“用益制度”来规避法律限制。

在“用益制度”下，那些想把土地捐给教会的人，先不把土地捐给教会，而是转让给别人，接受转让的人为教会管理这块土地，然后由教会得到收益，这与教会直接接受土地捐赠的效果相同。由于这种做法不是直接把土地捐给教会，因此就逃避了《没收法》的规制。在这种做法中，土地转让人成了委托人，而接受人就是受托人，教会则是受益人，现代信托由此产生。

随着“用益制度”的流行，平民也开始利用它来逃避没收土地和遗产税。因为英国当时法律规定只有长子有权继承土地，如果家中没有男性子女，那么死者的土地就会被贵族领主没收，而且当时继承土地要缴纳高昂的遗产税。因此，有人就利用这种“用益制度”，在去世前将其土地转让给第三人，并指定自己的家人为受益人。这样即使土地拥有者去世，也不必担心土地被没收和遗产税的问题。

由此可以看出，英国的信托制度最初是以规避土地遗产税以及宗教目的诞生的，后来扩展到家庭财产管理领域。但随着信托的普及，很容易发生受托人损害受益人利益的情形。为此，英国政府在19世纪末制定了《受托人法》和

《官方选任受托人法》，确定受托人的义务，使法院有权任命、监督受托人，保护信托，更加促进了信托的发展。

从信托制度的起源可以看出，信托制度的出现并非出于对投资的需求或财富增值的渴望，而是通过一种独特的制度设计，以规避当时法令对遗产继承的严格限制，实现保护和传承家庭财产的目的。由此可见，信托制度诞生之初，是以“家族信托”为主要的表现形式，用来管理家庭财产和家庭事务。

二、信托的发展

现代法律制度比较完善的国家和地区，都有相应的信托法律制度。各国的信托发展经历了不同的历程，信托法律也不尽相同，但是总体来讲，信托的法律原理是相同的，信托的功能也大致类似，那我们下面就来了解一下信托在世界主流国家和地区的发展情况。

（一）美国信托发展史

美国的信托源自英国，但与英国不同的是，美国一开始就把信托作为一种商业活动，用公司组织的形式进行经营。第一家信托公司在1792年成立，到19世纪初，又有几家信托公司宣告成立。不过这一时期的信托多由保险公司将其作为一项副业进行经营，随着经济的发展，信托所涉及的领域不断扩大，信托业务逐渐从保险公司中独立出来，成为专业的信托公司。

19 世纪 30 年代前后，美国的信托公司如雨后春笋般纷纷成立，美国"内战"结束后发展到了鼎盛时期，至 19 世纪末基本形成现在的态势。随着现代化产业的发达，财产的形式由以前的土地、房屋等不动产转为金钱、证券、机械、设备等。随着财产形式的变化以及从农业国向工业国的转变，美国的信托业务也转向由公司集团经营，而且信托财产也开始包括证券和股票，信托公司开始具备金融机构的性质。

这一时期，信托公司积极为修建铁路和开采矿山筹集资金，于是就与主要从事融资业务的银行展开了竞争。银行和信托公司相互兼营对方的业务，许多银行设立了专业信托部，而信托公司也大多兼营银行业务。就这样，两者融为一体，在美国经济界占据了很重要的地位。

从美国的信托史可以看出，美国信托的发展与英国相比有着很大的不同：一是美国的信托从一开始就以公司组织的形式经营；二是美国信托业务中的委托人和受托人都以法人为主，信托业务多为法人信托。

（二）日本信托发展史

日本的信托制度是从美国引进的，1902 年，日本兴业银行在成立后首次开办了信托业务。当时日本的信托业是把信托作为筹资的手段，最初是作为银行的一项业务而发展起来的。20世纪初，日本出现了专门管理和运用私人财产的信托公司。第一次世界大战期间日本信托公司的数量增加很快，有相当一部分信托公司资金实力薄弱，信用很低，很容易给委托人和受益人带来严重损失。为了保护民众的利益，日本政府于1922年制定经营信托业务必须遵循的《信托法》和监督经营信托机构的《信托业法》，这两部法律在1923年同时实施，对日本信托业进行整顿。经过整顿，90%以上的信托机构不复存在，只剩下为数不多的几家信托机构，信托机构的实力得到了增强。在法律的保护之下，日本的信托业进入健康发展阶段，信托机构的数量又有所增加。

第二次世界大战后，日本政府于1947年制定了《证券交易法》，禁止信托公司和银行"认购证券"。这对与证券公司竞争证券业务的信托公司来说，无疑是一次沉重的打击。不过，正当日本信托业发生危机的时候，驻日联合国军总司令部提出了一个方案，允许日本的信托公司兼营银行业务。日本的信托公司就以此为契机，纷纷改制为信托银行，开始大量涉足银行业务。然而，信托银行对银行业务的兼营在1954年再次受到了日本政府"信托分离"政策的限制，该政策把信托银行的业务限制在了长期金融领域，并且必须以信托业务为主。这样，日本的信托银行就转变为以信托为主要业务的专业银行，而且这种局面一直维持到了现在。

以资金信托为主是日本信托业务的显著特点。日本根据经济发展阶段的不同需要，适时开办了许多有特色的资金信托业务。这其中主要包括1952年开始的以向工业企业贷款为目的的贷款信托，1962年开办的以代为企业办理雇员的养老金事务为主要职能的养老金信托，1971年开始的帮助企业雇员增加储蓄和购置房产的财产积累信托。

（三）中国信托发展史

1. 香港地区信托发展史

香港于1842年被英国殖民统治，英国在19世纪的一系列立法和司法修订基本均在香港平行适用。香港的信托法由判例、规例和单行法规组成，有关信托的法规主要有：《信托法例》、《受托人条例》、《信托基金管理规则》、《司法受托人规则》、《信托变更法例》以及有关公益信托的《娱乐慈善信托》等。

香港于1997年回归祖国，成为我国的一个特别行政区。回归后的香港，以《香港特别行政区基本法》作为宪法性的母法构建新的法律体系。但香港保持原有的法律制度不变，原有的法律均为有效。2013年香港特别行政区出台了新的《信托法》，新规对之前的旧例作出了大刀阔斧的改革。在新的信托法下，在香港地区可设立永续信托。而且，新的法律赋予受托人更大的预设权利，涵盖投保、委任代理人、特许投资和收取酬金等，同时还废除两项普通法原则，引入反强制继承权规则等。

2. 内地信托发展史

在中国古代和近代，虽然没有产生真正意义上的信托，但在中国文化中，“信任”与“托付”的思想却早已有之。中国历史上最有名的“信托”故事，莫过于刘备白帝城托孤。但在现代中国，信托却是一个地道的舶来品。我国《信托法》是 2001 年颁布的，而第一例家族信托设立是在 2013 年。至此，家族信托才正式进入内地高净值人群的视野。

2022 年福布斯中国富豪榜前 100 位富豪，平均年龄已经达到 58 岁，其中年龄最大的 81 岁。家族财富的传承问题，已经摆在众多企业家的面前。与此同时，我国征收遗产税的呼声很大，也为家族信托的发展吹起东风。改革开放以来，遗产税多次被提上日程。2014 年 2 月，由国家发改委等多部门共同制定的《关于深化收入分配制度改革的若干意见》经由国务院批转公布，这份被称为收入分配改革总体方案的文件披露，将在适当时期研究开征遗产税问题。

遗产税的主要功能在于调节贫富差距，征税对象直指高净值人群。按照国际惯例，起始的税率可以在30%，税率较高，并且随着财富的增多，最高税率可达60%。虽然遗产税仍处于各方探讨阶段，但种种迹象表明，国家对开征遗产税与国际接轨的意向较大。而国际上成熟的家族信托制度，正是在与遗产税的较量中创立并发展的。

再者就是业内机构对市场的追逐，也是推动家族信托发展的外在动力。根据招商银行与贝恩公司联合推出的《2022年中国私人银行财富报告》预测，中国内地可投资资产规模1000万元以上的高净值人群，在2022年年底可达到300万人，对应的财富规模将达到270万亿元人民币。面对巨大的市场需求，机构对家族信托的热情十分高涨。

由此可见，家族信托虽然是舶来品，但在中国是有其存在的必然性的，虽然相对于潜在的巨大家族信托市场而言，目前国内家族信托业务才刚刚起步，且主要为资金型家族信托，形式尚为粗浅，但不可忽视的是，中国家族信托毕竟已经开始起步了。

第二节　家族信托的概念

在开始讲家族信托的概念之前，我先讲一个小故事。

曹德旺先生曾经讲过，获取财富的过程，就像渔夫驾驶渔船到大海中去打渔，他很幸运，打回来了几千公斤鱼。但是，曹德旺先生没有讲渔夫打回来的鱼怎么分配。如果渔夫直接把鱼分给他的孩子们，孩子们不知节俭，很快就会吃完；或者孩子们坐享其成，守着父亲留下的鱼，自己反而不思进取，就会没有追求。于是渔夫想了个办法，先把鱼腌起来，然后把腌好的鱼交给一个他信得过的人，由这个人按照渔夫的意愿，分次向孩子们进行分配，不再一次性全部分给孩子们。渔夫这个办法就是最简单的家族信托，渔夫是委托人，渔夫信得过的人是受托人，渔夫的孩子们是受益人，腌好的鱼就是信托财产，渔夫的意愿就是信托目的。

通过这个小故事，我们对家族信托有了一个初步的认识，当然这是远远不够的。如果我们准备设立家族信托，还要从法律角度了解什么是家族信托？设立家族信托要付出的代价是什么？

据我了解，家族信托是世界各国高净值人群使用最普遍的财富传承工具，它是以家族财富的管理、保护和传承为目的的信托。家族信托除了有资产投资功能，更重要的是具有家族企业治理、资产隔离、财富传承、遗产规划、税务筹划、子女教育、慈善事业等多方面的功能。家族信托的委托人一般是成功的企业家；而家族信托的受托人既可以是信托公司，也可以是其他专业机构，还可以是自然人；家族信托的受益人一般是企业家的家族成员，委托人可以对受益人设置各种前提规范，只有在受益人满足信托条款中的规定时，才可以享有受益权。

我们先来看一下家族信托的法律定义，原银保监会2018年第37号文《信托部关于加强规范资产管理业务过渡期内信托监管工作的通知》对家族信托是这样定义的："家族信托是指信托公司接受单一个人或者家庭的委托，以家庭财富的保护、传承和管理为主要信托目的，提供财产规划、风险隔离、资产配置、子女教育、家族治理、公益（慈善）事业等定制化事务管理和金融服务的信托业务。家族信托财产金额或价值不低于1000万元，受益人应包括委托人在内的家庭成员，但委托人不得为惟一受益人。"这个定义的主要意思是为了财富的保护和传承，设立一个信托，这个信托的内容包括财产规划、风险隔离、家族治理、子女教育等方面，信托财产的金额不低于1000万元。但是这样的定义描述，一般人可能还是不太明白家族信托到底是怎么回事，所以我们还应从《信托法》的角度，来了解信托是什么，这样我们就会更清楚家族信托是怎么回事。

我国《信托法》第2条规定："本法所称信托，是指委托人基于对受托人的信任，将其财产权委托给受托人，由受托人按照委托人的意愿以自己的名义，为受益人的利益或者特定目的，进行管理或者处分的行为。”

简单地讲，就总结成一句话：委托人把财产委托给受托人，受托人按照委托人的意愿，为了受益人的利益管理和处分财产。信托其实就是一种民事委托关系，但又略有区别。信托的定义中“委托人将其财产权委托给受托人”，这里的“委托”两个字，不是普通意义上的委托概念。平常说的委托，比如把钱委托给别人保管，虽然钱在别人名下，但钱还是委托人的，钱的所有权不会发生改变。但是，信托中的“委托”含义不同，委托人把钱交给受托人之后，就失去了所有权。作为家族信托，正是因为有了这样的法律基础，才可以实现它很多强大而神奇的功能。

讲到这里，我们可能会有顾虑：设立家族信托要委托人放弃财产所有权，那委托人还怎么控制财产呢？这个问题我先留一个悬念，留在本书后面的章节来解释。虽然委托人在名义上失去了财产所有权，但通过法律层面的设计，实际上委托人是完全可以控制信托财产的。

第三节　家族信托的构成要素

从信托的法律定义可以看出，家族信托的基本要素由委托人、受托人、受益人、信托财产、信托目的五部分组成。在实践中，委托人为了监督受托人，往往会设置保护人这一角色，所以加上保护人就成了六个要素。这六大要素就构成了家族信托的基本结构，而且各个要素之间的法律关系都很清楚，普通人也都能理解，不复杂。为了对家族信托有一个直观的认识，我们先看一下家族信托的基本结构，如图 1–1 所示。

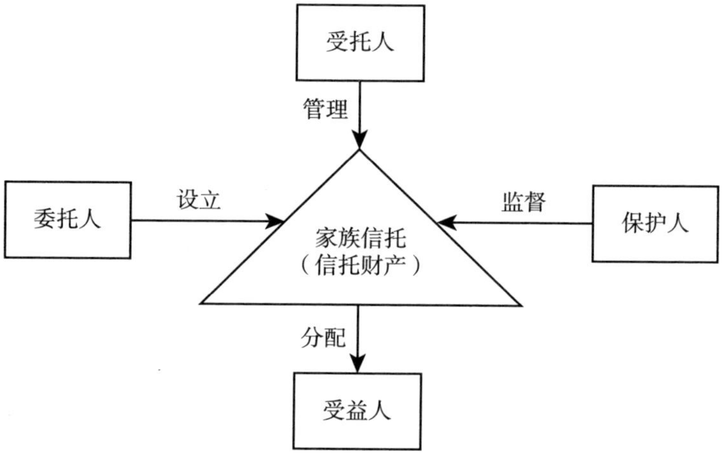

图 1–1　家族信托基本结构

图 1–1 是最简单的一个家族信托结构，它的基本逻辑和运行流程是这样的：

（1）委托人与受托人签订信托合同设立家族信托；

（2）委托人向受托人交付信托财产，信托财产成为不属于任何人的独立财产；

（3）受托人按照委托人的家族信托目的管理处分信托财产；

（4）受益人按照信托文件的计划享有信托受益权的分配；

（5）保护人监督受托人管理信托财产与信托事务。

我们可以从中看到，委托人将信托财产的所有权交付出去之后，信托财产就成为不属于任何一方的独立财产，所以家族信托具有风险隔离的功能。另外，受益人一般是委托人的家族成员，委托人可以根据想要达到的信托目的，设定受益人获得信托利益的各种制约条件，比如受益人的年龄、学历、结婚、创业条件等，所以家族信托具有有序传承财富的功能。

我们注意到，在这个结构图里面，家族信托的六大要素都已经涉及，包括委托人、受托人、受益人、保护人、信托财产、信托目的。只有清晰地了解这六个要素的职能和作用，我们才能真正了解家族信托。下面我就来一一讲解。

一、委托人

家族信托的委托人一般是家族财产的所有权人，多数情况是第一代企业家或其他高净值人士。委托人是直接设立家族信托的人，可以说是家族信托架构中最基础的要素，如果没有委托人这个角色，家族信托也就无从谈起。从委托人决定设立家族信托，并将信托财产委托给受托人，一直到后续家族信托的运行，委托人都扮演着重要的角色。

（一）委托人的限制条件

委托人的身份在法律上有哪些条件和限制呢？《信托法》第 19 条规定："委托人应当是具有完全民事行为能力的自然人、法人或者依法成立的其他组织。"这里我们要注意两个要点：

第一，委托人要具备完全的民事行为能力，没有完全民事行为能力的人，肯定不能设立家族信托，或者设立的家族信托也是无效的。从这一点看，设立家族信托，最好要未雨绸缪，提前规划。因为随着年龄增大或者万一发生意外，成了限制民事行为能力或无民事行为能力的人，就没有办法再安排家族信托，家族的财富也就不能按照企业家的意愿进行传承。还可能发生家族成员争夺家产的情况，财富的流向就不受控制，整个家族甚至因此瓦解。

第二，自然人和法人都可以作为委托人，也就是说企业家本人或者是家族企业都可以作为家族信托的委托人，每个家族可以根据自身的情况以及法律层面的考虑，选择是由企业家本人还是家族企业来设立家族信托。

那么，没有完全民事行为能力的人的法定代理人，是否可以代为设立家族信托？这个问题在法律上没有规定，但从委托人的法律定义来看，应该是不可以的。因为法定代理人只是代理人，不是委托人，而法律规定委托人必须具有完全民事行为能力，所以无完全民事行为能力的人，即使拥有再多的财产，也没有办法设立家族信托。因此，对于年龄比较大或者精神状态不是很好的企业家，为了保险起见，要确保家族信托的有效性，我建议最好在设立家族信托之前，先做一个具有完全民事行为能力的鉴定。这是一个比较安全的做法。

（二）委托人的权利

委托人是设立家族信托的人，作为家族信托的当事人，我国《信托法》规定委托人主要有以下五个方面的权利。

1. 家族信托的知情权

《信托法》第20条规定："委托人有权了解其信托财产的管理运用、处分及收支情况，并有权要求受托人作出说明。委托人有权查阅、抄录或者复制与其信托财产有关的信托账目以及处理信托事务的其他文件。"委托人既然是设立家族信托的人，肯定对家族信托运行有知情的权利：一是对信托财产的管理和收支情况有权了解；二是对信托事务的管理情况有权了解。

2. 调整信托财产管理方法的权利

《信托法》第 21 条规定："因设立信托时未能预见的特别事由，致使信托财产的管理方法不利于实现信托目的或者不符合受益人的利益时，委托人有权要求受托人调整该信托财产的管理方法。"信托财产一般都会用来投资，但投资也需要根据不同时期的具体情况，对于投资方案，委托人可以根据自己的意愿，要求受托人进行调整。

3. 信托财产损害的救济权

《信托法》第 22 条第 1 款中规定，"受托人违反信托目的处分信托财产或者因违背管理职责、处理信托事务不当致使信托财产受到损失的，委托人有权申请人民法院撤销该处分行为，并有权要求受托人恢复信托财产的原状或者予以赔偿"。如果受托人违反信托文件，擅自处分信托财产，或者因为重大过失造成信托财产损失，委托人有权要求受托人恢复信托财产的原状或者赔偿损失。

4. 受托人的解任权

《信托法》第 23 条规定："受托人违反信托目的处分信托财产或者管理运用、处分信托财产有重大过失的，委托人有权依照信托文件的规定解任受托人，或者申请人民法院解任受托人。”当受托人对信托财产造成损失，有重大过错的，委托人可以解任受托人，重新聘任新的受托人。

5. 受益人的变更权

《信托法》第51条第1款规定：“设立信托后，有下列情形之一的，委托人可以变更受益人或者处分受益人的信托受益权：（一）受益人对委托人有重大侵权行为；（二）受益人对其他共同受益人有重大侵权行为；（三）经受益人同意；（四）信托文件规定的其他情形。”委托人在设立家族信托的时候，都会指定明确的受益人，但是信托设立之后，可能会发生一些意外的情况，委托人需要变更受益人。根据上述规定，可以变更受益人的情形包括：一是受益人对委托人或者其他受益人有重大的侵权行为，这个权利很好理解，因为受益人获得信托利益是无偿的，在这种情形下，受益人如果侵害委托人或者其他受益人，这肯定是委托人不愿看到的情况，所以当然有权取消该受益人的受益权；二是信托文件规定的其他情形，也就是说，委托人可以按照自己的意愿，在信托文件里规定哪些情况下可以变更受益人，这就完全体现了信托的自由性。

委托人的以上五项法定权利都很好理解，法律规定得很明确，但是家族信托的存续时间一般都很长，实践当中一般期限都设置在 30 年、50 年或者 100 年，有些甚至更长。如果委托人身故或者丧失了完全民事行为能力，这些权利该由谁来行使呢？这个时候，我们就要结合《信托法》的具体规定和法律原理来确定，《信托法》第 49 条规定，受益人可以行使本法第 20 条至第 23 条规定的委托人享有的权利。这就是说委托人的上述权利，受益人都可以行使，如果委托人身故，那么委托人的这些权利自然全部由受益人来行使。另外，根据《民法典》关于法定代理人权利的法律原理，如果委托人丧失了完全民事行为能力，那委托人的法定代理人也可以行使委托人的权利。

（三）委托人的义务

委托人的义务主要有两个：一是在家族信托设立时，委托人有义务按照信托文件的规定，将信托财产交付给受托人。二是在家族信托设立之后，委托人按照信托文件的规定，向受托人支付报酬，报酬有两种支付方式：第一种是从信托财产中直接支付；第二种是由委托人另行支付。除了这两个义务，委托人原则上就没有其他的法定义务了。

二、受托人

家族信托的受托人是指按照委托人的意愿，管理信托财产和信托事务，并承担受托义务的当事人。受托人也是家族信托中非常重要的角色，因为信托财产一般金额都很大，所以需要谨慎管理，不能有重大的过失，因此对受托人的专业要求就非常高。

《信托法》第24条第1款规定："受托人应当是具有完全民事行为能力的自然人、法人。"家族信托的受托人既可以是信托公司，也可以是自然人或者其他法人。

（一）受托人的限制条件

一般人认为只有信托公司才能从事信托业务，但实际情况是这样的：信托分为营业信托和民事信托，营业信托属于金融业务，只能是持有金融牌照的信托公司才能经营；而家族信托属于民事信托，《信托法》规定，除了信托公司，其他民事主体也可以成为家族信托的受托人。

对于一些涉及财产管理和事务管理比较简单，并且设立时间较短的家族信托，可以由委托人信任的自然人担任受托人。但对于期限较长，管理的家族财产数额巨大，涉及的管理事务复杂的家族信托，我们最好选择信托公司等专业机构，因为只有具备足够财力和专业知识的机构，才能运行比较复杂的信托文件。

我们在选择信托公司的时候，一定要对它的资信、规模、经营情况做一个全面深入的了解。因为家族信托是非常重要的财富安排，必须非常谨慎、考虑周全。目前国内有 60 余家信托公司，都持有金融牌照，多数信托公司都是央企、大型金融集团等国有控股的国企，资信和可靠性有相当的保障。在选择信托公司时，如果委托人投资风格比较激进，那就可以选择收益高的信托公司，但投资风险也比较高；如果投资风格比较保守，那就可以选择投资比较稳健的信托公司。我认为，家族信托的主要目的是财富的保护和传承，所以我们应该把家族资产的安全性放在第一位，然后再兼顾投资收益。

有些企业家比较信任律师，就会考虑律师能不能担任家族信托的受托人？律师擅长处理民商事事务，但不一定擅长进行财产管理，律师可以和信托公司一起作为共同受托人，由信托公司负责财产管理，律师负责事务管理，这是完全可以的。事务管理主要是因为信托利益分配往往会设置很多前提条件，律师可以依据信托文件的规定，对受益人是否满足这些受益条件进行法律上的审核，从而让信托文件得到严格的遵守。

（二）受托人的权利

受托人的主要权利就是报酬的请求权，一般信托文件会规定，受托人的报酬直接从信托财产中支付。作为家族信托的受托人，信托公司的报酬通常分为三个部分：一是设立家族信托的设立费，一般按照信托财产金额的1%左右收取；二是运行家族信托的管理费，一般每年按照信托财产金额的0.5%左右收取；三是超额收益服务费，因为信托财产一般都会用于投资，如果投资的收益超过了某个标准，信托公司就可以收取超额部分的服务费，比如信托文件可以规定，信托财产每年收益超过5%的部分，受托人可以按照20%的比例收取超额服务费。

（三）受托人的义务

受托人的法定义务在法律上都有明确的要求，主要有以下三项：

1. 善良管理的义务

《信托法》第25条规定："受托人应当遵守信托文件的规定，为受益人的最大利益处理信托事务。受托人管理信托财产，必须恪尽职守，履行诚实、信用、谨慎、有效管理的义务。"受托人管理信托财产或处理信托事务时，其一切行为都必须是善意的，受托人的管理行为必须依据信托文件，以实现委托人的信托目的及受益人的最大利益为宗旨。受托人要谨慎管理信托财产，避免出现亏损，还要慎重处理信托事务，防止处理信托事务不当而造成委托人或者受益人利益上的损失。

2. 不得谋利的义务

《信托法》第 26 条至第 28 条中规定，受托人除依照本法规定取得报酬外，不得利用信托财产为自己谋取利益。受托人不得将信托财产转为其固有财产。受托人不得将其固有财产与信托财产进行交易或者将不同委托人的信托财产进行相互交易，但信托文件另有规定或者经委托人或者受益人同意，并以公平的市场价格进行交易的除外。

根据以上规定，受托人除了按照信托文件获得报酬之外，不可以利用信托财产为自己谋取利益。受托人不得谋利有三种情形：第一，受托人不能用信托财产谋取利益，如果利用信托财产为自己谋取利益，所得利益也要归入信托财产；第二，受托人不能将信托财产转为自己的财产，如果受托人将信托财产转为其固有财产，必须恢复该信托财产的原状；第三，受托人不能自己与信托财产交易，如果受托人将自己的财产与信托财产交易，造成信托财产损失，应当承担赔偿责任。

但是，如果受托人正常处理信托事务而产生了债务，怎么处理？由谁来承担？《信托法》第 37 条规定："受托人因处理信托事务所支出的费用、对第三人所负债务，以信托财产承担。受托人以其固有财产先行支付的，对信托财产享有优先受偿的权利。受托人违背管理职责或者处理信托事务不当对第三人所负债务或者自己所受到的损失，以其固有财产承担。”这也就是说，在正常情况下，受托人自身的固有财产，无须用来偿还信托事务的债务，只有当受托人违背信托义务，才需要用其自身财产来偿还债务。

3. 报告与保密义务

《信托法》第33条第2、3款规定：“受托人应当每年定期将信托财产的管理运用、处分及收支情况，报告委托人和受益人。受托人对委托人、受益人以及处理信托事务的情况和资料负有依法保密的义务。”受托人的报告义务是没有疑问的，因为了解信托财产的情况，是委托人与受益人的权利，相对地也就是受托人的义务。

保密义务是受托人一项非常重要的义务，也是家族信托的一个重要功能，这是法律明确赋予的。家族信托的保密是全方位的保密，包括委托人的信息、受益人的信息、信托财产的信息以及处理信托事务的情况等。对于委托人而言，实现信托目的一个很重要的功能，就是保密功能，因为高净值人士一般都喜欢低调行事，避免财富暴露，由于家族信托的保密性，受托人就不得对外界泄露家族财产情况。而且，家族成员的信托利益分配也是保密的，这样就可以避免家族矛盾，从而保证家族关系的和谐。

三、受益人

家族信托的受益人是由委托人指定，享有信托利益分配权利的人。一般而言，受益人是委托人的家族成员，家族成员作为家族信托的主要受益人，可以让家族财富在子女和后代中流传。

（一）受益人的条件限制

《信托法》第43条规定："受益人是在信托中享有信托受益权的人。受益人可以是自然人、法人或者依法成立的其他组织。委托人可以是受益人，也可以是同一信托的唯一受益人。受托人可以是受益人，但不得是同一信托的唯一受益人。"从上述法律规定可以看出，可以成为受益人的人有很多，主要包括委托人的家族成员，如配偶、子女、孙子女、父母、兄弟姐妹等，包括委托人本人也可以作为指定的受益人。除了委托人的家族成员，家族企业的员工、需要救助的特殊人群、家族企业或者其他组织都可以成为受益人，法律上对受益人是没有禁止性规定的。

（二）受益人的权利

根据《信托法》的规定，受益人除了享有与委托人相同的四项权利之外，主要还有信托利益的分配、转让、放弃等权利。

1. 知情权、调整信托财产管理方法的权利、信托财产损害的救济权、受托人的解任权

《信托法》赋予了受益人和委托人相同的四项法定权利：一是家族信托的知情权，受益人有权了解信托财产和信托事务的管理情况；二是调整信托财产管理方法的权利，受益人有权要求受托人根据实际情况，调整信托财产投资的方向和领域；三是信托财产损害的救济权，如果因为受托人的过失造成信托财产损失，受益人可以要求受托人赔偿；四是解任受托人的权利，如果受托人不履行信托义务，或者管理信托财产有重大过失，那么受益人有权解任受托人。

2. 信托利益分配请求权

受益人享有信托利益分配请求权，这是受益人最重要的权利，至于信托利益的多少、分配条件和分配时间等，都由信托文件规定。

3. 信托利益转让权

受益人对信托利益有转让的权利，但是委托人一般不希望受益人随意转让受益权，因为家族信托是为家族成员

设立的，委托人肯定不希望与家族无关的人进入家族信托，所以委托人可以在信托文件中规定受益人的受益权不能转让，这样的规定也是有效的。

4. 信托利益放弃权

受益人对信托利益有放弃的权利，但现实中出现这种情况的可能性很小。但是也有些子女，很有独立性，认为应该靠自己的努力获得财富，不想依靠父母，或者还有些子女与父母有重大的矛盾，不愿接受父母的财产，这些都是极为例外的情况。

（三）受益人的义务

一般情况下，家族信托的受益人没有法定义务，但是通常在信托文件中，委托人会对受益人的行为进行规范，并以受益人是否遵守这些规范作为能否获得信托利益的前提条件。或者，当受益人出现法律或信托文件禁止的行为时，可以取消或者限制受益人的受益权。《信托法》明确规定，如果受益人对委托人或其他受益人有重大侵权行为，委托人可以变更受益人或者处分受益人的受益权。

受益人有权获得信托利益，是纯受益的。但是，一般信托文件会对受益人规定一些前提条件。除了规定定期的受益分配之外，比如在满足一定的年龄、达到某个学历或结婚生子的条件下，受益人才能获得指定的利益作为奖励，如果没有达到条件就没有这些信托利益，这对受益人来讲也是很好的激励。当然，信托文件还可以设置一些禁止性条款，如果受益人违反这些条款，那么委托人或者保护人有权取消受益人的资格。比如信托文件可以规定，受益人不能伤害委托人和其他受益人，不能从事违法犯罪活动，不能有赌博吸毒等恶习。这些规定既可以保障受益人的利益，又可以让受益人践行积极健康的生活方式，还可以让委托人的家族繁荣昌盛，可谓一举多得。

（四）受益人的其他法律问题

1. 受益人身故，信托文件没有规定的情况下，其信托利益的处理

《信托法》第 48 条规定："受益人的信托受益权可以依法转让和继承，但信托文件有限制性规定的除外。"也就是说，受益人的信托利益是可以被继承的。如果受益人有遗嘱，则信托受益权按照遗嘱继承；如果没有遗嘱，则按法定继承。

2. 委托人是唯一的受益人，当委托人身故时信托财产的处理

《信托法》第 15 条中规定，"设立信托后，委托人死

亡或者依法解散、被依法撤销、被宣告破产时，委托人是唯一受益人的，信托终止，信托财产作为其遗产或者清算财产”。这就与信托受益权的继承不一样了，作为唯一受益人的委托人身故，其全部信托财产都要作为遗产处理；而其他受益人身故，继承的只是信托受益权，这是法律上要注意的一个细节问题。

3. 受益人的信托利益可以避免用来偿还债务

这个问题涉及家族信托的债务隔离功能，《信托法》第47条规定：“受益人不能清偿到期债务的，其信托受益权可以用于清偿债务，但法律、行政法规以及信托文件有限制性规定的除外。”另外，《全国法院民商事审判工作会议纪要》第95条第2款规定：“当事人申请对受益人的受益权采取保全措施的，人民法院应当根据《信托法》第47条的规定进行审查，决定是否采取保全措施……”从这两条规定的意思看，信托文件可以规定，信托受益权不得用来偿还受益人的债务。那么，即便受益人没有其他财产可以偿还债务，他取得的信托利益也不需要用来偿还债务。

4. 行使信托权利意见不一致时的处理

如果一个家族信托有多个受益人，当受益人之间或者受益人与委托人之间，对行使信托权利意见不一致时，应如何处理？比如，受益人认为受托人侵害信托财产，要解任受托人，但是委托人不同意，怎么办？根据《信托法》第 49 条的规定，当事人可以申请人民法院裁定。因为信托当事人之间发生争议和纠纷，和其他民事纠纷是同样的处理方法，如果协商不成，那么诉讼就是最后的解决手段，人民法院将根据案件的事实证据、信托文件的规定以及相关的法律法规，依法作出裁定。

四、保护人

荷鲁斯（Horus），是古埃及神话中法老的守护神，他是冥王奥西里斯和伊西斯的儿子。荷鲁斯的职责就是守卫埃及的最高权力者——法老，保护法老的生命与权力。荷鲁斯之眼是鹰的眼睛，意味着他的眼睛无所不见，明察秋毫，能够完整感知是非正邪，以此为法老识别忠臣与奸佞，并为其驱除世间邪恶。在埃及法老图坦卡蒙的木乃伊上，就绘有荷鲁斯之眼。

家族信托的保护人，就像法老的守护神荷鲁斯一样，主要是为了保护家族信托运行，监督受托人按照信托文件的规定管理信托财产和信托事务，保护委托人与受益人的利益。虽然保护人不是设立家族信托的必要条件，但是因为家族信托管理的财产金额巨大、处理的信托事务复杂，以及家族信托存续的期间非常长，所以委托人需要保护人的协助，以确保家族信托稳定安全地运行。

保护人通常都是由委托人直接指定并委任，并按照保护人委任协议的规定，承担监督、保护家族信托运行的职责。尤其是对于信托事务管理的监督，比如受益人获得信托利益的前提条件（如取得相应的证书等）的真实性，因为信托公司不是专业律师，没有能力和权限对这些文件进行核实，这时就需要专业律师作为保护人，来进行调查核实。所以，家族信托设置保护人是非常必要的。

（一）保护人的条件

担任保护人的条件与受托人的条件基本相同：（1）保护人是具有完全民事行为能力的自然人或者合法存续的其他民事主体；（2）保护人要具备管理和监督家族信托的专业知识和能力；（3）保护人本身从事的业务不能和家族信托的利益相冲突，并且不能存在竞业禁止的情况。对于家族信托保护人的选任，最为合适的是熟悉法律事务的律师事务所以及熟悉财税事务的会计师事务所。

根据上面的这些条件，对于受托人管理信托事务的情况，可以由律师事务所进行监督，律师最为擅长处理民商事法律事务，对于受托人是否遵守信托目的、受托人向受益人分配信托利益是否符合信托文件规定的条件，以及受托人处理信托事务是否存在过失，律师事务所都可以从事实和法律上进行审核监督。

对于受托人管理信托财产的情况，可以由会计师事务所进行监督，因为会计师最擅长处理财税事务，对于受托人是否按照财务制度管理处分信托财产、受托人是否按照会计准则计算信托收益以及受托人是否依法纳税，会计师事务所都具备监督的专业能力。

（二）保护人的职责

保护人的职责主要是监督受托人管理信托财产、分配信托财产以及处理信托事务。受托人可能存在违反信托文件的情况包括：（1）不履行善良管理人义务，擅自处分信托财产；（2）利用信托财产为自己牟利；（3）不按照信托文件的规定向受益人分配信托利益，或者向不符合分配条件的受益人分配信托利益；（4）不履行报告义务和保密义务。

对于受托人违反信托文件的以上情况，或者管理信托财产和信托事务有重大过失的，保护人发现之后有义务及时向委托人报告，并在符合信托文件或者法律规定的情形下，建议委托人解任受托人，以及建议委托人对受托人提起损害赔偿之诉。在委托人对保护人有特别授权的情况下，保护人除了可以监督受托人的行为，还可以以自己的名义，行使委托人的信托权利，以最大限度维护委托人与受益人的权益，确保信托文件完全得到遵守和履行。保护人具体的职责和义务，在信托文件中都会有明确的规定。

（三）保护人的其他法律问题

《信托法》中并没有关于保护人的具体法律规定，只有在公益慈善信托中有关于监察人的规定，监察人与保护人的职责实际上是一样的。当然《信托法》也没有禁止设置保护人，所以信托合同不会因为设置了保护人而被认定无效，但如果保护人与家族信托当事人之间发生纠纷，法院是否会认可信托文件中关于保护人的规定，这个就不明确了，因为司法实践当中还没有相关的案例。所以在目前法律框架下，直接设置保护人是有一定风险的，有可能导致委托人的目的落空。

那么有什么办法可以弥补这个潜在的风险呢？既能不设置保护人，又能起到保护家族信托的实际作用。《信托法》第 31 条第 1、2 款规定："同一信托的受托人有两个以上的，为共同受托人。共同受托人应当共同处理信托事务，但信托文件规定对某些具体事务由受托人分别处理的，从其规定。"根据该规定，保护人可以以共同受托人的身份参与信托管理，家族信托可以设置第一受托人和第二受托人。比如，委托人可以把信托公司设为第一受托人，把律师设为第二受托人。第一受托人直接管理信托财产，第二受托人无权直接管理信托财产，但是涉及确定受益人，向受益人分配财产时，必须经过第二受托人的审查决定。通过这样设置共同受托人，使第二受托人实际上扮演保护人的角色，这样就可以把保护人纳入目前的信托法框架，法律风险会大大减小，也可以减少委托人对不设置保护人的担心。

五、信托财产

通常只要可以计算价值，并且在法律上不禁止流通、转让的物品，都可作为信托财产。信托财产的种类是非常广泛的，资金、不动产、股权、证券、基金、贵金属、艺术品、收藏品等都可以作为信托财产。在实践当中，信托财产最主要的类型有三类：资金、不动产和股权。对于企业家来讲，一般最重要的家族资产应该是家族企业的股权，所以股权家族信托应当是企业家重点关注的对象。

（一）信托财产的特征

信托财产是家族信托的标的物，是为了家族财富的保护和传承，而被装入信托的合法财产，它本身及增值利益均由受益人享有分配权。信托财产具有下列特征：

1. 可转让性

家族信托的生效，一般以信托财产由委托人转移给受托人为前提条件。因此，信托财产的首要特征就是可转让性，即信托财产必须是委托人独立支配的、可以转让的财产。信托财产的可转让性，首先，要求必须是客观存在的财产，如果在设立家族信托时信托财产尚不存在，则该家族信托无法设立；其次，要求信托财产是委托人合法所有的财产，他人所有的财产或非法财产不能作为信托财产；再次，有权利限制的财产不能作为信托财产，因为有抵押或质押、司法查封或冻结的财产无法转让；最后，凡是法律法规禁止或限制流通的财产，都不能成为信托财产。

2. 物上代位性

物上代位性是法律用语，通俗地讲，就是指任何类型的信托财产，在信托运行过程中无论怎样转换形态，均属于信托财产。比如，家族信托设立时信托财产为资金，之后受托人根据信托文件购买了不动产，那么购买的不动产就成了信托财产，虽然财产的物质形态发生了变化，但其所转化的财产仍为信托财产。

对于信托财产的物上代位性，《信托法》第 14 条第 2 款有明确的规定："受托人因信托财产的管理运用、处分或者其他情形而取得的财产，也归入信托财产。"

3. 独立性

信托财产的独立性是其最根本的特征，是指信托一旦有效设立，信托财产就从委托人、受托人和受益人的财产中分离出来，成为一种独立于任何人的财产。委托人、受托人和受益人的债权人行使债权，均不得及于信托财产。

就委托人而言，其一旦将财产交付信托，即丧失对该财产的所有权，从而使信托财产完全独立于委托人的自有财产。

就受托人而言，虽然信托财产由受托人占有和控制，但所有权不属于受托人。如果受托人接受不同委托人的委托，那么不同委托人的信托财产也各自保持独立。

就受益人而言，其只享有信托财产的受益权，在信托财产利益分配之前，受益人并不享有信托财产的所有权，故信托财产也独立于受益人的自有财产。

信托财产的独立性，既是它的根本特征，也是家族信托的重要法律原则，所以关于信托财产的独立性原则，我将在本章的第四节详细阐述。

（二）信托财产的范围

《信托法》第14条规定："受托人因承诺信托而取得的财产是信托财产。受托人因信托财产的管理运用、处分或者其他情形而取得的财产，也归入信托财产。法律、行政法规禁止流通的财产，不得作为信托财产。法律、行政法规限制流通的财产，依法经有关主管部门批准后，可以作为信托财产。”根据以上法律规定，信托财产的具体范围包括如下：

1. 受托人因承诺信托所取得的财产

委托人与受托人最初达成信托合同，信托合同中规定置入家族信托的财产，被称为“原始信托财产”或者“初始信托财产”。也就是说，当委托人和受托人达成信托的合意，将委托人原来所固有的财产转移给受托人时，该财产就成为信托财产。

2. 受托人因管理信托而取得的财产

受托人依法有管理信托财产的义务，如果受托人在管理信托财产过程中取得了一定的收益，这种收益在性质上也属于信托财产。另外，受托人处分信托财产而导致信托财产的形态发生变化，那么新取得的财产也属于信托财产，这就是“物上代位性”。

3. 法律法规限制流通的财产，依法经有关主管部门批准后，可以作为信托财产

法律法规限制流通的财产，是指只能在特定主体之间流通或经过有关主管部门批准后才能流转的财产。比如，黄金等贵金属、文物、采矿权等，在获得行政审批后，可

以流转，可以作为信托财产。

此外，信托财产除了合法性要求之外，还应当具有法律允许的流通性。比如，枪支弹药、土地所有权等在我国均不具有流通性。另外，人身利益具有人身属性，不具有可转让流通性，也不能作为信托财产。

六、信托目的

我们设立家族信托的目的，绝不是购买一个理财产品，而是希望实现更高层次的财富传承规划。比如，最常见的家族信托是家族保障信托，单单“家族保障”四个字其实就包含了委托人对于家族财富的多种目的：第一，希望家族企业能够代代相传，基业长青，不会因为子女继承、婚姻变化等导致家族企业的股权分散，从而让家族企业失去控制；第二，希望家族成员都能够衣食无忧地生活，但又不希望他们成为挥霍无度的人；第三，希望通过设立慈善信托的方式更多地回馈社会，实现精神财富的传承。

所以，委托人设立家族信托的目的，可能是非常多元的，但是无论出于什么信托目的，都要遵循相关的法律规范。信托目的只有在法律规范之内，家族信托的基础才能稳固。否则，家族信托的有效性将会受到挑战。

（一）信托目的的合法性

通常民事商事法律行为，都必须受到法律、行政法规等强制性规范的限制。家族信托也一样，需要受到《信托法》和相关法律的限制，尤其是委托人设立家族信托的目的，不能超越法律的强制性规定，否则家族信托就存在无效或被撤销的风险。

对于信托无效，《信托法》第 11 条规定："有下列情形之一的，信托无效：（一）信托目的违反法律、行政法规或者损害社会公共利益；……（四）专以诉讼或者讨债为目的设立信托；……"假设在信托文件中规定，受益人获得受益，必须要以伤害他人或者实施犯罪行为为前提，那这样的家族信托肯定是无效的，因为这明显是违反刑事法律的。

对于撤销信托，《信托法》第 12 条第 1 款规定："委托人设立信托损害其债权人利益的，债权人有权申请人民法院撤销该信托。"如果委托人在设立家族信托前存在大额债务，由于设立家族信托导致无力偿还，那么在这种情况下，债权人是可以申请法院撤销家族信托的，因为法院会认为委托人设立信托的目的很可能是逃避债务。

（二）信托目的的确定性

委托人设立家族信托，总是出于一定的信托目的，为受益人的利益或其他特定目的，这就是信托目的的确定性。信托目的都是由委托人本人确定的，确定的信托目的可以让受托人非常清楚地明白应当遵循的宗旨及信托义务；受益人与保护人也可以清楚无误地了解家族信托的意思表示。在实践中，家族信托作为私益信托，委托人要注意在信托的文件中必须要有具体、明确的信托目的。而在公益慈善信托中，委托人可以设置比较广泛、抽象的慈善目的，但有一个宗旨，信托财产不能用于非公益慈善目的。

（三）信托目的的多样性

《信托法》对于信托目的仅有“合法”的底线要求，即不违反法律、行政法规，不违背国家的利益和社会公共的利益，不专门用于讨债或诉讼，不是用来逃避债务。除此之外，信托目的非常自由，这反映了信托目的的自由性和多样性。家族信托的目的非常自由与多样，也可以理解为高净值人士对于财富传承需求的多样性。

第四节　家族信托的法律原则

委托人设立家族信托，是一项非常重要的财富安排，所以我们需要进一步了解家族信托在法律上的规范原则。这些法律原则是家族信托的基石，它一方面可以增强委托人对设立家族信托的信心；另一方面可以规避不适合设立家族信托的情形，避免因为家族信托存在法律上的瑕疵，而导致信托无效或被法院撤销的严重后果。

一、信托财产的合法性原则

信托财产必须是委托人所有的合法财产，而且是确定的财产。《信托法》第 7 条第 1 款规定：“设立信托，必须有确定的信托财产，并且该信托财产必须是委托人合法所有的财产。”这个很好理解，反过来的意思就是，不合法的财产不能作为信托财产，未来可能取得的财产也不能作为信托财产。另外，《信托法》第 11 条规定：“有下列情形之一的，信托无效：……（二）信托财产不能确定；（三）委托人以非法财产或者本法规定不得设立信托的财产设立信托；……”所以委托人设立家族信托，必须要以现有确定的合法财产作为信托财产，否则家族信托是无效的。有个细节要注意，如果委托人以夫妻共同财产作为信托财产，需要经过配偶同意。在实践当中，为了确保信托财产的合法性，只要委托人不是单身，都要求其配偶出具书面同意函，这样做就是要避免家族信托无效的法律风险。

杨某某和胡某某是夫妻关系，胡某某和张某某是婚外情人关系，两人有一个私生子张某。2016 年，胡某某为张某某提供资金 3080 万元，以张某某作为委托人与某信托公司签订信托合同，并以该 3080 万元设立家族信托，受益人是张某。信托利益分配计划是，信托公司每月向张某支付 6 万元，直至信托终止或者张某身故（如图 1-2）。

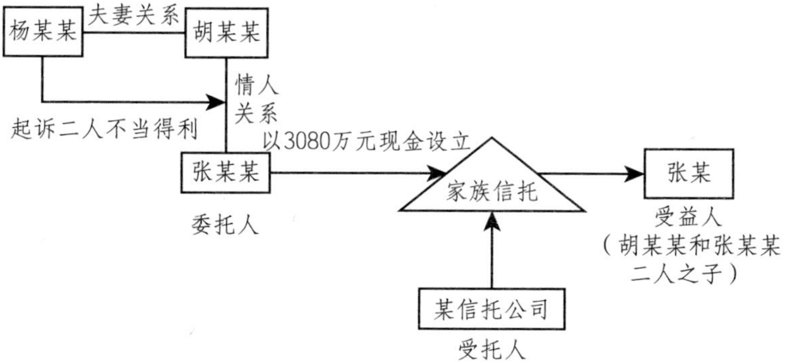

图 1-2　信托关系

到了 2019 年，胡某某的原配杨某某对胡某某和张某某提起诉讼，要求返还财产，并申请了财产保全，法院冻结了这 3080 万元的信托资金。因为张某某是用胡某某和杨某某的夫妻共同财产设立的信托，且没有经过杨某某的同意，所以张某某设立信托的财产是不合法的，会导致信托无效。这样等于这个家族信托的效力被击穿了，信托财产也要全部返还给胡某某和杨某某。

二、信托财产的独立性原则

信托财产的绝对独立性，是家族信托最根本的法律原则。《全国法院民商事审判工作会议纪要》第 95 条中规定："信托财产在信托存续期间独立于委托人、受托人、受益人各自的固有财产。委托人将其财产委托给受托人进行管理，在信托依法设立后，该信托财产即独立于委托人未设立信托的其他固有财产。受托人因承诺信托而取得的信托财产，以及通过对信托财产的管理、运用、处分等方式取得的财产，均独立于受托人的固有财产。受益人对信托财产享有的权利表现为信托受益权，信托财产并非受益人的责任财产。"

这一点就是信托和普通委托不同的地方，普通的委托关系，委托财产的所有权是不会变的，财产始终属于委托人。但是信托财产委托之后，就不属于任何一方信托当事人，它既不属于委托人，也不属于受托人，更不属于受益人，是独立存在的财产。家族信托对财富的风险隔离功能，就是基于信托财产的独立性来实现的，这也是家族信托最重要的一个底层法律逻辑。

（一）信托财产独立于委托人的固有财产

《信托法》第 15 条规定："信托财产与委托人未设立信

托的其他财产相区别。设立信托后，委托人死亡或者依法解散、被依法撤销、被宣告破产时，委托人是唯一受益人的，信托终止，信托财产作为其遗产或者清算财产；委托人不是唯一受益人的，信托存续，信托财产不作为其遗产或者清算财产；但作为共同受益人的委托人死亡或者依法解散、被依法撤销、被宣告破产时，其信托受益权作为其遗产或者清算财产。”

委托人一旦将自己的财产设立信托后，该部分财产就成为信托财产，信托财产不再与委托人的其他财产相混同，也无须清偿委托人自身的债务。正是因为委托人不再享有信托财产的所有权，所以即使法院判决委托人必须偿还债务，法院也不能强制执行信托财产。

（二）信托财产独立于受托人的固有财产

《信托法》第 16 条中规定，信托财产与属于受托人所有的财产相区别，不得归入受托人的固有财产或者成为固有财产的一部分。信托财产只是受托人的“名义财产”，与受托人的固有财产是完全相区别的，受托人只有管理权与处分权，但是没有所有权。

讲到这里有一个问题：万一信托公司破产倒闭了，信托财产会不会受到影响？《信托法》第 16 条明确规定：“受托人死亡或者依法解散、被依法撤销、被宣告破产而终止，信托财产不属于其遗产或者清算财产。”也就是说，即使信托公司破产，委托人的信托财产也不在信托公司的清算财产范围之内。另外，根据《信托法》第 39 条的规定，受托人破产的，破产清算人应当妥善保管信托财产，协助新受托人接管信托事务。也就是说，即使信托公司倒闭了，委托人的信托财产也不会有任何影响，而且破产清算人要妥善保管信托财产，只需要更换新的受托人就可以了。

2023 年 5 月 26 日，重庆市第五中级人民法院裁定宣告新华信托股份有限公司（以下简称新华信托）破产，这是 2001 年《信托法》颁布实施后第一家信托公司破产。至此，国内的信托公司数量从 68 家减少为 67 家。

根据新华信托的破产清算评估报告显示，新华信托名下的财产评估价值总计 29.84 亿元。其中，新华信托办公大楼评估值为 4.35 亿元，持有的珠海融凯 LP 收益权评估值为 3.62 亿元，持有的新华基金股权评估值为 2.96 亿元，作为受益人持有的信托产品受益权评估值为 12.24 亿元，应收账款评估值为 4.97 亿元，其他资产评估值为 1.7 亿元。

对于该清算报告中受益人持有的 12.24 亿元信托产品受益权，根据《信托法》的规定，它属于信托财产，而不属于信托公司的固有财产。因此，该部分信托财产不作为新华信托的清算财产，也就不会参与债权人分配。等到新华信托破产清算结束之后，信托的委托人可以就该部分信托财产，更换其他新的信托公司。

（三）信托财产并非受益人可以直接支配的财产

《信托法》第44条规定："受益人自信托生效之日起享有信托受益权。信托文件另有规定的，从其规定。"由此可知，信托财产在分配之前不归受益人所有，受益人不能直接支配，他只能支配已经分配的信托利益。因此，受益人的债权人不能直接对信托财产提出主张。而且即使是已经分配的信托利益，如果信托文件规定不得用于偿还受益人的债务，那债权人也不得追索受益人的信托利益。

三、信托目的的合法性原则

《信托法》第6条规定："设立信托，必须有合法的信托目的。"民事行为法律不禁止即可为，也就是说只要不违反法律法规的禁止性规定、不损害公共利益和他人利益就是合法目的。家族信托都是为了受益人的利益而设立的，为了达到委托人所希望的信托目的，只要不违法，就可以在信托文件中设置各种规范作为受益人获得信托利益的前提条件，这就体现了家族信托的灵活性、自由性和多样性。正是通过这个法律逻辑，可以实现家族信托的另一个重要功能，就是家族财富的有序传承。

四、不得损害债权人利益原则

委托人设立家族信托不得损害债权人的利益，《信托法》第 12 条第 1、2 款规定："委托人设立信托损害其债权人利益的，债权人有权申请人民法院撤销信托。人民法院依照前款规定撤销信托的，不影响善意受益人已经取得的信托利益。"该条规定说明，委托人在设立家族信托之后，剩余的财产应当足够支付当时的债务，否则就会损害债权人的利益，债权人可以申请法院撤销委托人的家族信托。这一点类似债务人将自己的财产无偿赠与他人，导致债权人不能实现债权，债权人可以申请法院撤销债务人的赠与行为，是一个道理。比如，某公司向银行贷款 5000 万元作为流动资金用于经营，但是这个公司并没有按照规定的用途使用资金，而是将 5000 万元直接划给公司的负责人，来设立家族信托。很显然，这就损害了银行的利益，银行可以申请法院撤销这个家族信托。

请注意，该条法律还有另外一个规定："人民法院依照前款规定撤销信托的，不影响善意受益人已经取得的信托利益。"这说明家族信托即使被撤销，还是可以保留信托的部分功能，这一点和普通民事合同的法律逻辑完全不一样。我们可以设想一下，如果信托财产已经分配完毕，而且也没有证据说受益人是恶意的，受益人已经分配到的信托利益就不用返还，那这样债权人是不是就无法成功行使撤销权？债务人如果用这个方式规避债务，这是不是法律的漏洞？还是说这本来就是家族信托的天然功能？这是个值得我们探讨的问题，当然在司法实践中，我还没有发现这方面的案例。

第二章

家族信托的神奇功能

我在前面讲过，作为第一代的创始人企业家，在创造财富这一战场，可能是非常成功的。但是，在处理家族财富规划和传承方面的经验，有可能是比较匮乏的。当企业家面对庞大的家族财富，如何才能实现资产保护、财富传承、减轻税负等目的？需要使用哪些财富工具和方法？这些财富工具和方法，是否具有法律保障效力？我想，我们既然要进行家族财富传承规划，自然需要考虑这些具体问题。财富传承是一项极为重要的法律安排，它需要专业律师团队运用相应的财富法律工具，来对家族财富进行法律结构设计，而家族信托应当是其中最为重要的财富工具。

那么，家族信托能为企业家解决哪些财富问题？或者说家族信托有什么特殊的功能，是其他财富工具无法做到的？家族信托为什么会有这些功能？这些功能的法律基础是什么？或者说实现家族信托功能的法律逻辑是什么？

以上这些问题，正是本章我要讲的内容。当我把家族信托的这些功能讲明白了，基础法律逻辑讲到位了，会大大增强企业家设立家族信托的信心。

总体来讲，家族信托具有四大功能，分别是财富保护功能、财富传承功能、社会慈善功能以及其他财富功能。另外，从功能细分的角度，我在本章中列举了十六项主要的细分功能。家族信托相对于其他财富工具，具有不少独特的功能，具体如表 2-1 所示。

表 2-1　各种传承工具的功能实现比较

功能	法定继承	遗嘱	赠与	代持协议	家族信托
债务风险隔离	否	否	否	否	是
婚姻风险隔离	否	是	是	否	是
体现自身传承意愿	否	是	是	否	是
规避财产纠纷	否	否	是	否	是
防挥霍	否	否	否	否	是
税收筹划功能	否	否	否	是	是
资产保值增值	否	否	否	否	是
隐私保护	否	否	否	是	是

第一节　财富的保护功能

财富有个二八定律，就是世界上 20%的人掌握了 80%的财富。现在就算把全世界的财富平均分给每一个人，过了若干年之后，还是会回到原来的状态。这个定律告诉我们，财富是不停流动的，就算我们今天拥有亿万家财，不表示会永远拥有，因为这个世界唯一不变的是，所有的事情都在发生变化。就比如民营企业家们，失去财富最大的风险主要来自以下这几个方面：

一是债务风险。一般企业经营都有债务，而且这些债务一般都要求企业家个人担保，所以一旦企业经营不善，那么这些债务除了会导致企业倒闭，还会让企业家的个人财产或者家庭财产受到损失，甚至破产，这是最大的风险。

二是刑事风险。企业家容易涉嫌的犯罪主要是经济犯罪，一旦出现问题，可能除了判刑，还会面临巨额罚金甚至没收财产。有很多知名企业家因为刑事问题，导致家族企业衰落，例如南德的牟其中、国美的黄光裕、上海首富周正毅等。

三是婚变风险。现在社会上企业家的离婚率比一般人更高，而且企业家离婚涉及的财产分割更加复杂，有时候还会引发很多关联案件，这类离婚案件的周期很长，打个四五年官司很正常，最后很可能两败俱伤，企业家的财富严重缩水。

四是财产代持风险。有些企业家出于对隐私或者对资产的保护，选择由他人代持财产。但是财产代持的风险实在太高，比如股权代持，就存在下面这些法律风险：（1）股权代持协议无效的风险；（2）股东的身份不被认可的风险；

（3）代持股人可能会损害实际出资人利益的风险；（4）代持股人自身诉讼导致股权被法院冻结或执行的风险；（5）代持股人离婚引发的财产分割风险；（6）代持股人身故引发的继承风险。

这四大财富风险，是企业家普遍担心的问题，我们要想尽量避免和解决，就涉及财富的保护，财富只有在法律上得到保护，才是真正安全的。保护财富的法律工具有很多种，比如要避免离婚财产分割，可以签订婚前财产协议或夫妻财产协议，遗产继承可以立遗嘱。但是，这些工具只能避免某一类风险，不能全面保护财富安全。

而家族信托对这四大风险，可以起到全面的保护作用。那么，它的财富保护功能为什么这么强大？它是通过什么法律原理实现的？它的底层法律逻辑又是什么？我们还是先看信托的法律定义："信托是委托人把信托财产委托给受托人，受托人为受益人的利益，对信托财产进行管理和处分的行为。"前面我提到过，这里的"委托"不是普通意义上的委托，而是委托人放弃财产所有权的意思，信托生效之后，信托财产就成了不属于任何人的独立财产，只要设立的信托合法有效，信托财产就可以完全隔离，可以保证绝对的安全。这个财富的保护功能，就是通过信托财产的独立性实现的，这是信托财产受到保护的基本法律逻辑。

法律逻辑学中有个三段论的逻辑推理，对于信托财产的安全性，我们也可以用三段论简单演绎一下。

大前提：独立存在的财产是绝对安全的；

小前提：信托财产是独立财产；

结　论：信托财产是绝对安全的。

信托财产在法律上的独立性，确保了信托财产的绝对安全。换言之，信托财产自装入家族信托之日起，就天然具备了风险隔离的属性和功能，它在法律上与委托人、受托人、受益人存在三方隔离机制。家族信托的具体风险隔离有：企业家发生债务纠纷、刑事案件甚至破产，都不会影响已经装入信托的财产；家族信托可以规避资产代持的法律风险；婚前财产装入家族信托，可以将个人财产与婚姻隔离，即使夫妻离婚也不能分割信托财产。

一、隔离债务风险

家族企业一个很大的风险在于企业和个人的财产往往无法清晰界定。当企业面临债务危机和破产危机时，个人资产往往也成为债权人追偿的对象，从而导致整个家族财富的风险。

作为企业家，保护家族财富的首要任务就是做好家企资产隔离，建立防火墙，避免企业的经营风险、债务风险等影响家族财富安全。只有把优质资产隔离出来，做好保护和传承，才能给子孙后代一笔安全资产。

所以提前规划，设立家族信托，是隔离债务最好的办法。根据信托财产的独立性原理，它可以隔离委托人、受托人、受益人的三方债务。对于委托人而言，信托财产不属于委托人，与委托人的其他财产相隔离，委托人的任何变故都不影响信托财产的存续；对于受托人而言，信托财产也不属于受托人，所以如果受托人破产，信托财产不能成为追偿的对象，而且法律规定破产管理人要妥善保管信托财产，并要安全地移交给新的受托人；对于受益人而言，受益人是通过享有信托受益权获得利益，信托财产本身与受益人无关，受益人的债权人也就无权对信托财产进行追索。

在债务隔离方面，通过下面正反两个案例，我们可以看到设立家族信托的重要性：一个是乐视的贾跃亭设立家族信托，成功规避债务的案例；另一个是山西海鑫钢铁集团的二代接班人李兆会，在背负沉重债务后破产，变成被执行人，至今下落不明。

贾跃亭有三名子女，在乐视破产之前，他分别给三名子女每人设立一个 5 亿元的家族信托，信托文件规定每年只能分配信托财产的收益，本金部分不分配。乐视破产之后，贾跃亭个人负债达到 700 多亿元，但是因为他设立的信托财产，在法律上所有权已经不属于贾跃亭，所以债权人不能对信托财产进行追索，即便贾跃亭可能这辈子也无法还清债务，但都不影响他的家庭可以一直维持优越的生活。

山西海鑫钢铁集团的二代接班人李兆会，他的父亲李海仓是海鑫集团的创始人，也是曾经的山西首富。2003 年李海仓被人杀害，当时年仅 22 岁的李兆会，就成了海鑫集团的接班人。李兆会在接手海鑫集团之后，对主业不擅经营，把主要精力投入资本市场，但是很多投资都失败了，而且投资的资金都是从海鑫集团抽来的。到了 2014 年，海鑫集团债务危机彻底爆发，钢铁生产也被迫全面停工，最后海鑫集团被债权人申请强制破产清算。而李兆会个人也在背负沉重债务后，变成被执行人"老赖"，至今下落不明。

我们可以设想一下，如果李兆会或者他的父亲在企业效益好的时候，提前设立家族信托，即使后来不善经营，导致企业破产，家族信托的财产也不会受到影响，李兆会仍然可以保证生活无忧。

商业精英破产后落魄潦倒的案例，实在举不胜举：曾经的浙江女首富周晓光、青海首富肖永明、河南首富朱文臣、重庆首富尹明善、河北首富杨卓舒等都是因为背负沉重的巨额债务而破产。所以，从隔离债务风险的角度，可以看到家族信托的重要性。我认为，无论企业家的资产有多少，至少要把一笔资金、一套房产放到家族信托里面，这样就算遇到债务风险，家庭的基本生活可以得到保障。

当然，家族信托的债务隔离功能也有例外，家族信托必须是合法设立的信托，否则是会被击穿的。根据《信托法》的规定，有几种情况是需要用信托财产来偿还债务的，信托财产是可以被强制执行的：一是设立信托前债权人已对该信托财产享有优先受偿权利；二是处理信托事务所产生的债务；三是信托财产本身应该承担的税款。第一种情况实际上是侵害了债权人的利益，债权人是可以申请法院撤销信托的，所以为逃债设立的信托没有财富保护功能。撤销信托要有两个前提条件：一是设立信托的时候债务已经存在；二是因为设立信托导致不能偿还债务。但是，法律在规定债权人有撤销权的同时，还是保留了信托的部分功能，《信托法》规定，撤销信托不影响善意受益人已经取得的信托利益。也就是说如果信托财产已经全部分配完毕，那么对于已经履行结束的信托合同还是有效的，这个信托功能还是非常强大的，这样就算是债权人撤销信托，也没有意义了，因为法律明确保护已经分配的信托财产。

另外两种情况主要是处理信托财产本身所产生的债务和税款，这个就比较好理解了，我就不多讲了。所以，综合来讲，家族信托作为一种隔离债务风险的法律工具，是非常有效和可靠的。

投资失败欠债，幸福生活还在

A 先生是一家新能源公司的创始人，公司主要从事锂电池的生产和销售。经过多年的发展，公司虽然规模不大，但是经营状况非常好，利润很丰厚。但A先生是个不满足现状的企业家，为了扩大公司规模，A先生经过多方了解，新能源汽车是政府扶持的项目，政府有很多优惠政策，很多同行都纷纷进入这个行业。于是，A先生打算也要创办新能源汽车公司。但是，成立新能源汽车公司的投资巨大，从生产基地到厂房建设，再到设备购买、技术研发，需要投入的资金超过100亿元。解决资金的唯一办法是利用政策向银行贷款，但是贷款需要将现有公司的股权向银行质押，A先生本人也要承担连带保证责任，包括家中的资产全部要投入新的项目中去。

当A先生把他的决定告诉A太太之后，A太太表示坚决反对，认为投资风险太大，家族生活很可能受影响，A先生听到A太太这么说，也表示担心起来，但做生意都有风险，没有肯定成功的生意，A先生为此非常苦恼。于是，A先生向他的律师咨询，律师在了解情况之后，告诉A先生：根据你家庭目前的资产情况，你现在对外并没有太多债务，你们可以拿出5亿元的现金设立家族信托，指定受益人是你的太太和孩子，家族信托设立之后，这5亿元就和你的其他财产隔离了，万一将来新能源汽车公司没有成功，家族信托里的钱也不用偿还你的债务，这样你家的生活仍然有保障，而且这笔钱还能帮你东山再起。

A先生听了律师的建议觉得很好，于是把设立家族信托的想法告诉了A太太，A太太听了之后也非常赞同。于是，A先生与A太太共同设立了一份5亿元的家族信托，信托受益人是A先生的家人，然后，A先生开始创办新能源汽车公司，由于新能源汽车门槛比较高，而且竞争激烈，A先生最终投资失败，欠下巨额债务，但是这并没有影响A先生的家庭生活，一家人因为有家族信托的存在，仍然生活无忧。

二、阻断刑事处罚

在企业家的刑事犯罪中，经济犯罪的情况是最多的。一旦企业家触犯刑事法律，除了被判刑，还可能会面临巨额罚金，甚至是没收财产。现实中，确实有很多知名企业家因为刑事问题导致家族企业没落，像上海首富周正毅、浙江桐庐首富朱宝良、A股上市公司禾盛新材的实控人张伟等。其中社会影响最大的，就是国美电器的黄光裕。

2007年，上海首富周正毅因行贿罪、虚开增值税专用发票罪和挪用资金罪，数罪并罚判处有期徒刑16年，并没收个人全部财产。

2010年，黄光裕因非法经营罪、内幕交易罪和单位行贿罪被判处有期徒刑14年，同时被判罚金6亿元，没收财产2亿元，其直到2022年才出狱。

2021 年 4 月，浙江桐庐首富朱宝良因犯 9 项罪名，被判处有期徒刑 18 年，剥夺政治权利 2 年，并处没收个人全部财产。

2021 年 6 月，A 股上市公司禾盛新材的实控人张伟，因刑事犯罪，被判无期徒刑并没收个人全部财产。

这些教训都历历在目，如果企业家提前设立家族信托，就可以有效地阻断刑事罚没财产的追索。对于企业家而言，信托财产与他的其他财产是相隔离的，即使企业家因承担刑事责任而被罚没财产，他的信托财产也不会作为个人财产被追缴。这里需要注意一点，装入信托的财产必须是合法财产，不能是犯罪所得的赃款。设立家族信托之后，企业家在服刑期间，就算自己没有办法照顾家人，但家族信托仍可以保障家人的生活。更加重要的是，等到刑满释放之后，企业家利用家族信托的资金，还有东山再起的机会。

刑事罚没财产，信托资金安全有保障

B 先生是一家金融机构的高管，年薪千万，家庭美满，B 太太是某律师事务所的律师，他们有一对龙凤双胞胎。因为 B 先生的朋友圈都是做金融业务的，当时国家鼓励大众创业、金融创新，很多朋友都投身到当时十分火热的 P2P 网络贷款行业，个个赚得盆满钵满。于是 B 先生也禁不起诱惑，决定离职自己创业。

当 B 先生把他的想法告诉 B 太太，B 太太不禁担心起来，认为P2P业务存在法律风险，很容易涉嫌非法集资问题，万一哪天政策风向变了，还可能涉及刑事犯罪，一定要谨慎。如果真的要做，一定要提前做好防范措施，可以将房产、现金、股票全部做成家族信托，这样即使将来有刑事风险罚没财产，全家的财产也不受影响。

B先生听了B太太的建议，表示非常赞同，于是就赶紧将自己的家庭财产设立了家族信托，受益人指定为他们的两个孩子。一切准备就绪后，B先生办理了离职，并和他的朋友们一起创办了P2P公司。开始两年生意非常好，B先生大赚近亿元。但是随着国家政策收紧，P2P公司纷纷资金断链，投资人天天上门催债，很多老板纷纷跑路。这个时候B先生公司也面临同样的问题，而且公安机关已经对他们公司立案调查，最后B先生因犯非法吸收公众存款罪被判处有期徒刑10年，并处罚金2亿元。B先生虽然被判刑，但还是庆幸不已，幸好提前设立了家族信托，家族信托中的财产因为已经与B先生的财产隔离，从而没有受到刑事处罚的影响，在B先生服刑期间，B太太和孩子的正常生活也没有受到影响。

三、保护婚姻财产

巴菲特说过，婚姻是人生最重要的投资。因为婚姻意味着潜在的财富风险，一旦离婚，可能造成财产分割、企业控制权旁落等问题。对于企业家而言，如果婚前规划不当，婚后首先出现的就是财产混同问题，这就为日后可能的婚变风险埋下隐患。

根据《民法典》的规定，夫妻共同财产主要包括：双方的工资、奖金、劳务报酬；生产、经营、投资的收益；知识产权的收益；继承或受赠的财产；一方以个人财产投资所取得的收益等。我们从上述的规定可以看出，个人财产在婚后确实容易混同，比如企业家婚前所有的企业股权，在结婚之后取得的收益或股权的增值，均属于夫妻共同财产。倘若将来感情破裂，婚姻关系解除，则必须面临夫妻共同财产分割的问题，企业家的财富必将面临缩水的风险。

除了企业家的婚姻财产问题，企业家的子女也可能面临同样的问题。很多企业家会在子女结婚后赠与大额现金、房产或股权等，如果没有合理规划，子女婚后受赠所得都属于夫妻共同财产。这些财产在子女离婚时，往往都被视为夫妻共同财产进行分割，从而造成企业家的家族财富外流。韩国首富三星集团会长李健熙的女儿李富真，当初不顾家人强烈反对，坚决“下嫁”保镖任佑宰，但十几年后，两人却陷入长达 5 年的离婚官司。最终，李富真支付任佑宰财产分割款 141 亿韩元，双方的婚姻才解除。

所以，为了防范婚变的风险，无论是在婚前还是婚后，都可以设立家族信托，把家族财产装进信托。根据信托财产的独立性原理，信托财产不属于夫妻共同财产，自然就与婚姻进行隔离。即使将来婚变，信托财产也不会被分割，也就不会影响家族财富。

婚前设立家族信托最典型的例子，就是京东的刘强东。刘强东与章泽天结婚之前，持有京东20%多的股份，京东作为国内的知名电商，一旦大股东发生变故，肯定会对京东的经营造成重大影响。所以刘强东在与章泽天结婚之前，做了两个防范策略。第一个策略是工资预支，就是把婚后10年的工资提前支取，婚后每年只领取1元钱的工资，这样刘强东等于婚后就没有收入了，如果将来婚变，自然也就没有夫妻共同财产可分了。第二个策略是设立家族信托，在京东上市之前，刘强东就在英属维尔京群岛（BVI）提前设立了离岸家族信托，将他名下几乎全部的京东股权装入离岸家族信托中，京东的大股东变成了刘强东的家族信托。这个家族信托是以刘强东作为委托人，刘强东和他的家人作为受益人。这也就意味着，刘强东所持京东的股份，由个人持股转变成刘强东的离岸家族信托持股。万一哪天刘强东与章泽天离婚，章泽天也分不到京东的任何股权，京东的经营不会受到任何影响。

讲到这里，有些企业家觉得设立家族信托太复杂，如果简单一点，就签个婚前财产协议是否可以呢？婚前财产协议也是财富保护的一种法律工具，当然可以使用，但是它的功能有限，没有家族信托那么强大，二者的功能差别如表 2-2 所示。

表 2-2 婚前协议与家族信托功能对比

对比项	婚前协议	家族信托
是否需要双方都签字	是	否
是否需要将双方的资产都列明	是	否
是否可以避免婚后财产混同	是	是
是否可以避免离婚分割婚前财产	是	是
是否可以避免婚后孳息的分割	是	是
是否必须在婚前设立	是	否
是否可以避免继承风险	否	是

婚前有信托，不怕婚变分财产

C 先生是一家网游上市公司的创始股东，拥有资产近百亿元，主要资产是上市公司的股份，由其名下的控股公司间接持有。C 先生因为一直忙于事业，年近 40 岁还没有结婚，C 先生一直有顾虑，认为现在的很多婚姻家庭都不稳定，万一婚后不幸福，那多年奋斗的财产就存在离婚被分割的风险。虽然现在的上市公司是婚前财产，但是按照法律，婚后投资的收益都属于夫妻共同财产。今后上市公司肯定还要进一步发展，如果资产翻倍，离婚的话至少要被分走 1/4，而且还可能影响自己对公司的控股权。

曾经有朋友建议 C 先生签一份婚前财产协议，但是婚前财产协议必须男女双方共同签字。没结婚就先考虑离婚，太伤女方感情，C先生也开不了这个口。为此，C先生咨询律师是否有解决方案，律师建议C先生在结婚前先设立股权家族信托，将C先生名下的控股公司股权装入家族信托，受益人为C先生自己和父母，并确定C先生的信托利益为其个人财产，与其配偶无关。这样信托财产与C先生的婚姻隔离，即便婚变对信托财产也无影响。

C先生听从了律师的建议，在即将结婚前的一个月设立了股权家族信托。果然结婚5年后，C先生发现女方出轨，于是两人因婚姻破裂离婚，虽然C先生的公司市值增长了一倍，但因为婚前设立了家族信托，离婚时女方未能分到任何公司股权。

四、财富的保密性

家族信托有一个非常好的功能，即财富的保密性。与其他财富管理工具相比，这是家族信托的特点之一，也是对家族财富保护的体现之一。很多企业家都比较低调，不希望别人知道自己或自己的家族有多少钱，但是现在的查询工具很强大，很容易把财富信息暴露出来，即使保密工作做得再好，到了财富传承的时候，财产的信息也会显现出来。而把家族财产放入家族信托之中，则可以做到完全的保密。家族信托的保密性体现在两个方面：（1）信托财产是在信托公司名下，外人根本就不清楚有多少钱，这样就不会有人觊觎；（2）信托利益分配给受益人，受益人只知道自己领多少钱，而并不知道其他受益人领多少钱。这样避免家族成员觉得不公平而对家族财产展开争夺，从而做到了家族和睦。

关于家族信托的保密性，法律也有明确的规定，《信托法》第 33 条第 3 款规定："受托人对委托人、受益人以及处理信托事务的情况和资料负有依法保密的义务。"这里有一个问题：如果家族信托有多个受益人，那么受益人之间对各自的信托利益，是不是也可以保密？《信托登记管理办法》第 34 条明确规定：受益人仅可以查询与其权利、义务直接相关且不违背信托文件约定的信托登记信息。所以，受益人对信托文件中与自己无关的内容是不能查询的，这也是家族信托保密功能的一个体现。

低调土豪藏富，安全合法有度

D 先生年过 60 岁，是职业彩民，一次偶然的机会，他中了 5000 万元大奖，D 先生一下子拥有大量的现金，一时不知如何处理。俗话说，树大招风，D 先生平时为人十分低调，如果这些钱让子女或亲戚朋友知道，恐怕会带来不必要的麻烦，亲戚可能会纷纷借钱，子女也有可能索要财产。

怎样安全隐藏自己的财产，是 D 先生一直想解决的问题，如果把钱放在父母的银行账户里，又担心万一父母去世，他的兄弟姐妹会认为这是父母的遗产要求继承；如果现在早早把钱给了子女，又担心今后子女不孝；如果找个假身份证办张银行卡，但现在银行根本造不了假，而且就算有人愿意帮他，但如果自己去世之后，谁来帮自己把这个钱给自己孩子？这些都是问题。

D先生于是找到了一家律师事务所，向律师请教应该如何处理这笔巨额资金，律师建议D先生：可以设立家族信托，把资金放在家族信托里，一方面信托公司可以按照D先生的要求管理财产，投到比较稳健的投资领域，可以有稳定的回报；另一方面家族信托有保密性，除了信托公司，其他人不知道信托里面的财产，达到财产合法保密的目的。信托的受益人可以指定自己、妻子和子女。D先生对律师的方案很满意，于是将自己的大部分资金设立了家族信托。家族信托设立之后，D先生和妻子的老年生活有了保障，而且子女也定期有收益，所以都特别孝顺，亲戚朋友都不知道D先生到底有多少钱。

第二节　财富的传承功能

对于家族财富的传承，一般人会采用传统的方式，比如设立遗嘱，或者用生前赠与的方式，直接传给子女。虽然这两种方式有一定的可取性，但是它们也存在天然的缺陷，不能完全解决企业家的财富传承需求。而且这两个工具无法解决以下的财富传承风险。

一是接班人风险。现在家庭的子女一般都不多，很多二代子女没有能力接班，或者不愿意接班。对于企业家而言，这也是很无奈的事情，无论是把企业卖掉还是交给职业经理人，都不是企业家最想要的结果。

二是继承风险。如果企业家在没有遗嘱的情况下发生意外身故，法定继承就会导致家族财富分散，尤其是家族企业的股权也会被分散，家族企业将因此失控。即便企业家有遗嘱，但如果子女有配偶，那么遗产也会成为子女的夫妻共同财产，万一子女发生婚变，家族财富也会外流。

三是子女挥霍风险。如果子女挥霍败家，再多的家产也会败光。如果企业家没有很好的规划，是无法控制这个问题的。

四是税务风险。遗产税是西方国家的重要税种，也被称为“富人税”，有些国家的税额高达60%，如果按照正常的遗产继承方式，那么家族财富的数量将受到严重影响。虽然我国目前还没有开征遗产税，但随着经济的发展，在不久的将来开征遗产税是必然的选择。届时，如果企业家没有提前规划，将极有可能在遗产继承时，负担巨额的遗产税。

对于这些财富传承风险，家族信托可以很好地解决企业家的需求。家族信托的财富传承功能，是基于信托的两个法律原则实现的，一是信托财产的独立性，二是信托目的的合法性，只要信托目的不违反法律规定，企业家就可以在信托文件中设置各种规范，作为受益人获得信托利益的前提条件，这就体现了家族信托的自由性。这两个法律原理在财富传承方面的作用是：第一，信托财产的独立性可以避免家族财富分散，尤其是在企业没有接班人的情况下，可以避免家族企业股权的分散；第二，信托财产的独立性还可以避免继承纠纷，因为信托财产不属于遗产，家族成员自然也就不存在继承纠纷，当然更不存在遗产税问题；第三，家族信托的自由性，可以按照企业家的意愿，灵活安排受益人及受益方案，包括受益人的范围、受益条件、受益比例等。对受益人有了限制条件，自然就可以防止子女挥霍。

一、确保家族企业永续传承

家族企业是家族财富的核心资产，也是创造家族财富的原动力，所以家族企业的传承就成了家族财富传承的重中之重。家族企业的股权一般都是由第一代创始人持有，或者由创始人夫妇共同持有，如果是上市公司，都会有一致行动意见书，股权的集中度决定了对企业的控制程度。一般来讲，持股比例超过 2/3，就可以完全控制企业；持股比例超过 1/2，可以决定企业的多数事项；持股超过 1/3，对企业的重大事项有一票否决权。所以，保持股权的集中度对于家族企业的传承是最重要的。如果家族企业没有安全的传承机制，无论是家族成员的个人债务、婚变或身故，都会分散企业股权。

另外，如果企业家的子女中没有合适的接班人，那家族企业股权交给谁？谁来经营管理？按照常规的思路，企业的股权还是交给自己的子女，另外再聘请职业经理人来管理。但是人心难测，万一职业经理人觊觎企业股权，而子女又不能实际控制企业，家族企业就有可能落到他人手里。如果接班人安排不当，家族企业最终将会消亡。

解决这些问题最好的办法，还是设立家族信托。当企业家把家族企业的股权作为信托财产，装入家族信托之后，就可以确保企业股权永远不会发生分散。因为信托财产在法律上的独立性，无论是家族成员的个人债务、婚变或身故，都不会影响家族信托，家族企业的股权将保持高度集中，可以避免因为股权分散导致家族企业瓦解。与此同时，在企业经营管理方面，可以由家族中有能力的成员，或者聘请职业经理人来管理。家族企业经营产生的收益回到信托账户后，可以向家族成员分配信托利益，这样既让家族企业永续经营，也让家族后代享受企业的经营成果。

讲到这里，我们可能会有些疑虑：企业股权都不属于企业家了，那企业家不就失去控制权了吗？交给信托公司来控制管理股权，企业家也不放心啊。这个问题其实就是我在前面章节里留的一个悬念，现在我就来揭开谜底吧。如何让企业家对信托财产保持控制权，也是企业家对家族信托有所顾虑的地方，这就需要专业律师设计合理的信托架构。为了满足搭建信托架构的需要，有可能还要对家族企业的股权结构进行重组，因为每个家族企业的股权结构差异很大，现有的股权结构不一定适合搭建所需要的信托架构，所以需要根据具体案例具体分析，归根结底是要让企业股权既有独立性，又要保证企业家对家族企业拥有绝对的控制权。

目前，我们采用比较多的模式是“资金+有限合伙”的信托结构。有限合伙企业的合伙人分为普通合伙人（GP）和有限合伙人（LP），GP 拥有合伙企业的控制权，而 LP 只享有分红权，不参与管理。所以，即便 GP 所占合伙份额很低，也可以完全控制合伙企业。

“资金+有限合伙”家族信托的设立流程，需要分为三个步骤，我举个例子进行说明：

第一步，由企业家作为委托人，先设立一个 9990 万元的资金型家族信托，受托人是信托公司，受益人是委托人的家族成员。同时信托文件规定，信托资金用来成立一家有限合伙企业。

第二步，信托公司按照信托文件规定，成立一家有限合伙企业。其中，信托公司作为LP，以9990万元信托资金出资占99.9%合伙份额；企业家个人作为GP，出资10万元占0.1%合伙份额。

第三步，新成立的合伙企业以1亿元收购企业家名下的家族企业股权，该合伙企业即成为家族企业的控股股东。

经过上述三步操作，信托公司持有的99.9%合伙企业份额就转化成信托财产。企业家个人虽然只持有0.1%的合伙企业份额，但因为身份是GP，所以合伙企业的决策权、经营权、管理权都由企业家控制，而且家族企业由合伙企业控股，所以企业家仍然是家族企业的实际控制人。信托公司作为合伙企业的LP，并不参与合伙企业的经营管理，只按照合伙份额的比例享受分红，然后信托公司再将分红作为信托利益分配给受益人。另外，如果企业家要指定接班人，只需要把他的0.1%合伙份额，以及GP的身份传承给接班人就可以了，这完全可以通过合伙协议的约定来实现。这样接班人虽然没有获得家族企业的所有权，但实际上获得了家族企业的控制权，这是一个非常完美的解决方案。“资金+有限合伙”的信托结构如图2-1所示：

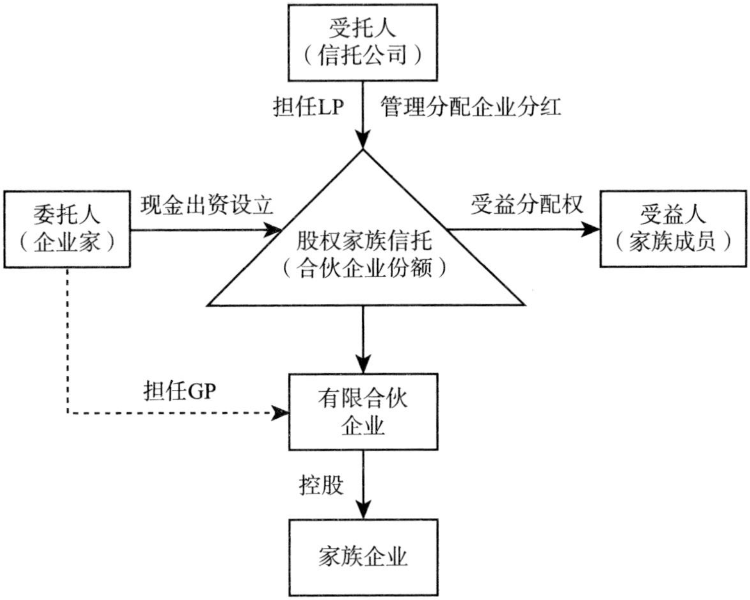

图 2-1 “资金+有限合伙”信托结构

对于这样的设立流程，我们可能会有些疑问：为什么不直接用合伙企业设立家族信托，而要先设立资金型信托？这样操作的目的，是要解决信托登记的问题，这关系家族信托是否有效的问题，因为《信托法》规定，未办理信托登记的信托不产生效力，而我国目前还没有股权家族信托登记的机构，所以需要采用先设立资金型家族信托，再以信托资金购买企业股权，这样就变通解决了股权家族信托的有效性问题。当然，随着我国信托登记制度的进一步完善，今后将消除不能直接设立股权家族信托的障碍。

创业成功不易，传承安排得当

E 先生出身农村，大学毕业后就一直自己创业，开过饭店，卖过光碟，但生意都以失败告终。最后他回归自己的专业，投身精密仪器制造业，企业终于获得成功，成为业内的领头羊。但是，E 先生辛苦半生，一直忙于工作，忽略了对两个子女经营管理能力的培养。虽然现在事业有成，但两个子女均没有意愿继承自己的事业。这时 E 先生已经年过 60 岁，担心自己的企业今后交给谁？即使强行交给子女，但公司股权一分为二，今后谁说了算？如果把企业卖掉，那多年的心血就付诸东流，也不现实。

E 先生的律师朋友建议设立股权家族信托，把家族企业股权全部装入信托，集中锁定股权。在暂时没有接班人的情况下，仍由自己担任企业的负责人，如果今后其子女愿意接班，那就把企业的经营管理权交给子女，但股权仍放在家族信托，这样家族企业就不会因为多个子女继承而分家。如果子女最后都不愿接班，可以聘请职业经理人管理企业，但是企业股权始终在家族信托中，职业经理人也无法觊觎。另外，家族信托可以将家族成员都设为受益人，对于愿意管理企业的子女，还可以获得额外的信托利益。

E 先生听从律师建议，在律师的规划下，顺利设立了股权家族信托。

二、防止子女挥霍败家

如果子女挥霍败家，再多的家产都会败光，一切的家族财富最终都要归零。如果企业家把全部的财富一次性交给子女，这样的风险确实无法控制，如何防止子女挥霍败家，以保证家族财富代代相传，基业长青，是我们企业家必须要考虑的问题。

2008 年沈殿霞发现自己病重之后，为了在自己身后让女儿沈欣宜的生活有所保障，同时防止女儿年轻不懂事挥霍财产，沈殿霞就为女儿设立了一份家族信托。沈殿霞在信托文件中规定，只有等女儿沈欣宜年满 35 岁之后，才能支配家族信托中的全部信托财产，在这之前，沈欣宜每月只能领取 2 万港元的生活费。直到 2022 年沈欣宜年满 35 岁，才正式领取了沈殿霞为她留下的全部信托财产。

梅艳芳在去世之前，因为担心母亲有赌博的习惯，容易挥霍财产，故而为母亲设立了家族信托。梅艳芳在信托文件中规定，信托账户每月向梅母支付 7 万港元的生活费，直到梅母去世。梅艳芳去世之后，梅母不满女儿的安排，希望法院撤销信托，但是数次诉讼都以梅母败诉而告终，梅母只能接受女儿梅艳芳的安排。梅艳芳的信托安排看似不近人情，实则是约束了母亲的不良嗜好。

我们从上述两个案例可以看出，家族信托是细水长流的财富传承方式，是防止子女挥霍的最好方式。一方面，它可以保证子女的生活无忧，可以定期拿到信托利益；另一方面，信托财产不属于子女，可以避免子女肆意挥霍、奢侈败家。除此之外，信托文件里还可以设置子女受益的限制条件，比如有吸毒、赌博或故意犯罪行为的，就将被取消受益资格。

苦攒万金传后，巧防子女挥霍

F总小时候家境比较贫寒，初中毕业后就在建筑公司打工，慢慢靠自己努力当上了包工头，直到后来开了自己的房地产公司，在当地小有名气。F总家庭情况不算复杂，和前妻生的儿子已经大学毕业，但没有正式工作，整天游手好闲，花天酒地。与现任妻子有一个5岁的女儿。近年来，F总感到自己身体日益衰老，担心很多问题：万一自己不在了，大儿子挥霍无度，迟早会败光家产，现任妻子生的是女儿，也不可能把家产都给女儿。为此，F总很是苦恼。

律师了解情况之后建议F总设立家族信托，将现金资产、房地产等主要财产都放到信托里面。其中两套住房分别由大儿子、现任妻子与女儿居住，但他们不能处置房产，其他资金用于投资，多余的房产用于出租，然后这些收益定期给到大儿子和现任妻子。而且信托文件可以规定，如果大儿子参与赌博、吸毒，就取消或降低他的受益权；如果大儿子回归正道结婚生子，则有额外的奖励。

听了律师的建议，F总感到非常满意，在征得现任妻子同意后，设立了家族信托。从此之后，大儿子在家族信托的约束下，逐渐改掉了挥霍的恶习，并且结婚生子，一家人人丁兴旺，和睦共处。

三、避免遗产继承纠纷

如果企业家在没有遗嘱的情况下发生意外身故，法定继承会导致家族财富外流，家族企业股权也会被分散。因为他的父母、配偶、子女都是第一顺位继承人，如果父母继承了遗产，那么等于父母的其他子女，也就是他的兄弟姐妹也继承了遗产。另外，如果企业家的子女有配偶，那么他自己的子女继承的遗产也会成为子女的夫妻共同财产。

我们来看一起很典型的法定继承纠纷案例。

某集团董事长郝某和儿子（12岁）在法国乘坐直升机时，发生坠机事故，不幸遇难。郝某妻子因为没有随行，幸免于难。郝某去世后，其年近九旬的父亲和儿媳妇打起了巨额遗产继承官司，涉及财产总额达200亿元。根据《民法典》的规定，遗产按照下列顺序继承：第一顺序为配偶、子女、父母；第二顺序为兄弟姐妹、祖父母、外祖父母。也就是说，由于郝某生前没有遗嘱安排，其父亲与其妻子都是第一顺位的法定继承人，两人都有遗产继承权。双方反目成仇，旷日持久的遗产继承纠纷，令逝者不安，生者不宁。

随着中国创富一代逐渐老去，这种情况越来越普遍，没有遗嘱的法定继承，造成遗产向上逆传承，进而引起家族财富外流，这是财富传承必须要考虑的一大风险。

那么企业家是不是只要立有遗嘱，就不会有什么问题了？遗产是不是就可以平稳交接了？实际上，往往事与愿违。根据我多年办理继承案件的经验，无论遗嘱起草得多么完美，在遗产数额巨大以及继承人众多的情况下，必然会产生继承纠纷，不通过诉讼是不可能解决的。因为遗产的交接只有两种方式：一种是全体法定继承人到公证处办理继承权公证；另一种就是通过遗嘱继承纠纷诉讼。对于办理继承权公证，只要有一名法定继承人不同意就无法办理，所以剩下唯一解决的方式，就只能是通过诉讼。一旦诉讼，家人反目成仇，诉讼耗时耗力，尤其会影响家族企业的管理，因为在企业股权继承之前，可能就没有实际控制人，企业经营陷入混乱，也许官司还没打完，家族企业已经陷入僵局或倒闭了。

除此之外，遗嘱还有以下一些风险：

第一，法定继承人很容易对遗嘱的真实性和有效性提出质疑。法律上对遗嘱有效的认定要求是比较高的，如果企业家不注意遗嘱的法律形式要求，往往会导致遗嘱无效。在司法实践中，遗嘱效力纠纷一直是最主要的继承诉讼案件，案件的周期很长、耗费也很大，而且最终被法院认定无效的概率也是相当高的。根据目前的统计数据，法院认定遗嘱无效的比例高达60%。

第二，如果继承人是未成年人，他的监护人可能因为财富的诱惑而违背道德，侵吞未成年人继承的遗产。

第三，遗嘱无法隔离生前的债务。如果企业家生前还有债务或税款没有清偿，则需要在遗产范围内扣除，扣除之后还有剩余遗产的，继承人才可以继承。

第四，遗嘱中的财产信息和分配信息难以保密。只要是进入遗嘱继承诉讼，遗嘱的内容就必须要公开，各个家族成员都能看到。如果遗产分配不均，肯定会引起亲人之间的矛盾。而且，法院的判决书都是公开的，这样遗嘱内容还会进入公众视野。

2006 年香港富豪霍英东去世后，外界估计其遗产多达 300 亿港元，或许早就料到家族遗产风波，霍英东生前便已写好遗嘱，但他的遗嘱并未能阻止遗产继承纠纷。在霍英东去世 5 年之后，2011 年 12 月，霍英东的长房三子霍震宇，以霍家遗产执行人的身份，在香港高等法院提起“霍英东家族争产案”。2012 年 8 月，在有关人士介入调停下，霍家各方达成协议，霍英东三个儿子均分 200 亿港元，余下 100 亿港元留予其他家族成员。但是，各方达成和解协议后不久，协议很快又宣告破裂。霍震宇认为父亲仍有 30 多亿港元的遗产被隐瞒，要求重开争产案，并于 2013 年 10 月向香港高等法院申请，重新审理“霍英东家族争产案”，霍家又陷入遗产争夺纠纷。据最新消息称，霍家各房子女将就和解再作商讨，遗产争夺成了马拉松。

所以，用遗嘱的方式传承家族财富，看似可以按照企业家的个人意愿进行安排，实际上却不知会让自己的家族卷入长期的诉讼。而相对来说，设立家族信托则可以避免继承纠纷的问题。首先，企业家可以把要继承的财产装入家族信托，这样就成了信托财产，信托公司将严格按照信托文件规定，管理、处分和分配信托财产；其次，由于信托财产不属于遗产，所以家族的任何成员都无法提起继承诉讼，从而可以有效地避免继承纠纷；再次，因为所有的家族成员都清楚，大家都没有得到遗产，这样反而所有人都是公平的，所以就不可能发生争夺家产的情况；最后，由于家族成员之间的信托利益都是保密的，这样就避免了家族矛盾。

至于信托财产不属于遗产的问题，法律也有明确的规定，根据《信托法》第 15 条的规定，信托财产不属于委托人的遗产，除非委托人是唯一的受益人。如果家族信托的受益人只有委托人一个人，那么委托人身故的话，信托财产才作为他的遗产。但一般家族信托都是为了家族成员的利益设立的，所以也不太可能只有委托人是唯一受益人的情况。另外，根据《信托法》第 16 条的规定，信托财产不属于受托人的遗产。也就是说受托人的继承人，也无权继承信托财产。所以家族信托设立之后，在法律上是完全有保障的，可以确保信托财产不会作为遗产，当然也就不会发生继承纠纷。

讲到这里有一个问题：如果企业家现在暂时还没准备好设立家族信托，不想这么早把财产交给信托公司，那企业家是否可以设立遗嘱信托呢？这是一个很好的问题，在目前的法律框架下，我是不建议企业家优先考虑设立遗嘱信托的。

我们还是先看一下关于遗嘱信托的法律规定，《民法典》第 1133 条第 4 款规定："自然人可以依法设立遗嘱信托。"另外，《信托法》第 13 条第 1 款规定："设立遗嘱信托，应当遵守继承法关于遗嘱的规定。"这是关于遗嘱信托的两个法律规定，内容非常简单，它的核心含义是遗嘱信托属于遗嘱的一种，所以要遵守遗嘱的相关法律规定。

既然遗嘱信托属于遗嘱，那么我们还要再了解一下遗嘱的法律规定，《民法典》第 1121 条第 1 款规定："继承从被继承人死亡时开始。"第 1123 条规定："继承开始后……有遗嘱的，按照遗嘱继承或者遗赠办理……"从遗嘱继承的法律规定可以看出，遗嘱是在被继承人身故时开始生效。

另外，2023 年 3 月 20 日原银保监会发布的《信托公司信托业务具体分类要求》，对遗嘱信托的定义是这样的："单一委托人（立遗嘱人）为实现对遗产的计划，以预先在遗嘱中设立信托条款的方式，在遗嘱及相关信托文件中明确遗产的管理规划，包括遗产的管理、分配、运用及给付等，并于遗嘱生效后，由信托公司依据遗嘱中信托条款的内容，管理处分信托财产。"

基于以上法律法规的规定，我们可以确定遗嘱信托的两个问题：（1）遗嘱信托属于遗嘱；（2）遗嘱信托在被继承人身故时生效。这就是说，遗嘱信托具有和遗嘱同样的缺点和不足，具体如下：

1. 遗嘱信托不能隔离债务风险

《信托法》第 12 条第 1 款规定："委托人设立信托损害其债权人利益的，债权人有权申请人民法院撤销该信托。"因为遗嘱信托在被继承人身故时才生效，而被继承人的债务在其生前就存在，所以遗嘱信托不能隔离被继承人的生前债务。如果因为遗嘱信托导致债权人不能实现债权，损害了债权人的利益，债权人可以请求法院撤销遗嘱信托。从这一点看，遗嘱信托是无法做到债务隔离功能的。

2. 遗嘱信托不能避免继承纠纷

因为遗嘱信托本质上属于遗嘱，所以如果它的法律效力得不到全体法定继承人的认可，就会产生遗嘱信托是否有效的法律诉讼。它和遗嘱一样，同样会引发继承纠纷，遗嘱信托是否有效，需要法院作出裁决。遗嘱信托除了本身容易引发纠纷诉讼，而且根据目前司法实践中遗嘱无效的高比例，遗嘱信托被认定无效的风险也是不容忽视的。

3. 遗嘱信托的内容难以保密

既然遗嘱信托会引发继承纠纷诉讼，那么在诉讼中，其内容也就需要公之于众，遗嘱信托就丧失了保密功能。

4. 信托财产的交付存在障碍

家族信托设立之后，委托人就需要按照信托文件的规定交付信托财产。但是因为遗嘱信托在委托人身故后才生效，所以信托财产也是在委托人身故后交付的，但这个时候委托人已经身故，谁来把信托财产交付给受托人？这是一个现实的法律障碍。在目前的法律框架下，只能通过法律诉讼，由法院确认遗嘱信托的效力，并作出信托财产交付给受托人的判决，这是唯一能实现遗嘱信托财产交付的方式。由此可见，遗嘱信托的财产交付实属不易，诉讼成本和诉讼时间都是要考虑的现实问题。

5. 遗嘱信托能否规避遗产税存疑

家族信托可以规避遗产税的原理在于，信托财产在被继承人生前就已经转移，它的所有权不属于被继承人，它不是遗产，也就不存在遗产税。但是，遗嘱信托的财产在被继承人身故时，仍在被继承人名下，而且遗嘱信托是遗嘱的一种，要遵守遗嘱的相关法律规定，所以如果我国今后开征遗产税，遗嘱信托能否规避遗产税尚存在很大疑问。

为防继承争产，巧设家族信托

G先生是某食品集团公司的老总，经过多年的发展，集团公司下面有多个经营实体，包括农产品生产基地、食品加工厂、物流公司、实体门店等。而且，G先生名下还有多处房产，公司名下也有多栋楼宇、厂房。G先生除了与原配妻子生有三个儿子，另外与三名婚外女子各生有一个子女。现在G先生年近70岁，集团公司逐渐交给其中两个儿子管理，但是公司股权仍在G先生名下。

G先生担心自己百年之后，家业如何分配？如果将公司给其中任何一个子女，其他子女都会有意见，如果将企业拆分，那等于自己创建的事业走到了尽头。但是世上无完事，于是G先生打算立一份遗嘱，将自己的家产提前做好继承安排，于是找来自己的律师，准备安排律师起草遗嘱。

律师听了G先生的想法之后，提醒G先生，因为G先生家大业大，有多名继承人，立了遗嘱之后如果有些继承人不满意，还是会打官司，这样会导致更多的家庭矛盾，并不是最好的安排。不如设立家族信托，将集团公司股权和其他资产一起装入信托，这样只需要安排好家族成员的受益权就可以，家产就不需要进行继承，也就没有了家庭纠纷。对于参加企业管理的子女，可以在信托文件中规定享有额外的受益权，以此来平衡各个子女之间的利益。

G先生听完律师的建议，经过深思熟虑也觉得这是最好的解决方案，于是征求了妻子的意见，妻子也表示同意，但是要求自己的子女占信托利益的大部分，于是夫妻两人商量一致设立了家族信托，此后家里家外一切都十分太平，G先生再也不用担心遗产继承问题了。

四、合理规避遗产税

合理避税也是家族信托的重要功能，12世纪信托制度在英国诞生就是出于规避土地遗产税的需要。家族信托能够避税的原理在于，在被继承人身故之前，信托财产已经从被继承人名下转移，它已经不属于被继承人的遗产，税务机关就不再具备征收遗产税的依据。而且，《信托法》第15条明确规定，信托财产不属于遗产。所以，通过设立家族信托，可以有效避免今后可能产生的遗产税。虽然我国目前还没有开征遗产税，但今后肯定是要和国际接轨的，欧美国家的遗产税最高可以达到60%。所以，从合理避税角度考虑，提前设立家族信托非常有必要。

我这里举个例子，香港富豪庞鼎文设立的家族信托就很好地规避了遗产税，这是一个非常经典的案例，可谓一波三折。

1990年，庞鼎文家族在马恩岛设立了五个家族信托，信托的受益人是庞鼎文的夫人和七个子女，受托人是庞鼎文在马恩岛成立的私人信托公司，私人信托公司的董事同样是庞鼎文的夫人和七个子女。

1993年，庞鼎文去世后，香港遗产署将庞鼎文的家人告上了法庭，要求他们缴纳遗产税。庞鼎文的家人不服，认为根据香港遗产税条例的规定，生前设立的信托财产不属于遗产税的课征范围，因为庞鼎文为子女设立的家族信托不属于遗产，所以不应该缴纳遗产税。

1998年，香港高等法院一审判决庞鼎文家人胜诉；1999年上诉法庭推翻了一审判决，庞鼎文家人败诉；到了2000年的时候，终审法院又裁决维持了一审判决，最终认定庞鼎文家族的信托财产不属于遗产，不需要缴纳遗产税。

担忧高额遗产税，家族信托巧妙化解

H女士是某电器公司的董事长，公司股权价值数十亿元，而她只有一个儿子。毫无疑问，H女士的家产肯定是儿子来继承，而且儿子也很有能力，已经是H女士的得力助手，将来把企业交给儿子来经营完全可以放心。但是H女士听说随时可能出台遗产税，如果是几十亿元的遗产，那遗产税将是一个天文数字，但如果现在就把公司股权交给儿子，H女士也不放心，因为儿子的婚姻不是很稳定，万一离婚也存在财产风险，于是H女士请教她的律师该如何处理。

律师建议H女士设立家族信托，把电器公司的股权装入家族信托，受益人指定为儿子一个人，这样就可以避免今后随时可能出台的遗产税政策。万一H女士身故，因为公司股权已经不在H女士名下，所以也就不属于H女士的遗产，自然就不存在遗产税。

H女士经过认真思考，决定设立家族信托，设立家族信托的成本相对于巨额的遗产税，可以忽略不计。

第三节　公益慈善功能

国内外的富豪家族，在财富积累到一定阶段的时候，都会开始从事慈善事业来回馈社会。如果我们企业家也打算开展公益慈善事业，那么通过家族信托，可以实现这个愿望，因为家族信托除了家族私益功能外，还具有公益慈善功能。慈善信托是以公益慈善为目的而设立的信托，受益人是需要救助的不特定社会公众。相对于更为常见的捐款、捐物，慈善信托可以让企业家的家族真正介入慈善事业的运作，能够更好地满足企业家从事慈善事业的需求。

一、三个慈善家族案例

（一）邵逸夫家族慈善信托

香港著名的实业家、慈善家邵逸夫先生，很早就成立了邵逸夫慈善信托基金，受托人是在百慕大注册的私人信托公司，受益人是根据信托文件挑选的个人或组织，包括邵逸夫的家人和一些慈善组织。20 世纪 70 年代，邵逸夫先生成立“邵氏基金”，主要用于发展教育科研、推广医疗福利及推动文化艺术。2002 年，邵逸夫先生成立“邵逸夫奖基金”，管理和执行“邵逸夫奖”，该奖分为天文学奖、生命科学与医学奖、数学科学奖，每项奖金 100 万美元，对在相关领域做出杰出贡献的人士进行奖励。

2014 年 1 月 7 日，邵逸夫先生安详离世，享年 107 岁。邵逸夫先生一生捐赠内地的公益慈善事业超过 100 亿港元，捐建的项目总数超过 6000 个，其中 80% 以上是教育项目，受惠的学校高达 1000 多所。

（二）鲁冠球家族慈善信托

2018 年 6 月 27 日，为了纪念万向集团创始人鲁冠球先生，万向集团董事局主席鲁伟鼎先生设立了鲁冠球三农扶志基金慈善信托，把万向三农集团有限公司全部股权无偿授予慈善信托。鲁冠球三农扶志基金慈善信托的财产和收益全部用于“让农村发展、让农业现代化、让农民富裕”的公益慈善目的，鲁伟鼎先生及其家人不享有信托利益。

鲁冠球三农扶志基金基于慈善信托制度，实行基金董事会决策、受托人管理、信托监察人监督的治理机制。保障万向三农集团及各子公司治理清晰、战略稳定、持续经营。开创了产业发展和慈善捐助联动、“基金做慈善，经营做支撑”的全新模式。通过万向三农集团投资，带动就业增加、农民增收、环境改善。

截至 2022 年年底，鲁冠球三农扶志基金慈善信托通过万向三农集团，资助公益慈善事业超过 1450 万元。持续开展为扶助孤儿成长、特困生读书、残疾儿童生活、孤寡老人养老的“四个一万工程”，已覆盖全国 21 个省 222 个县（区）。另外，它还支持浙江农业技术推广，奖励优秀农技工作者，支持乡村基础设施建设、建设新农村，开展生态系统和生物多样性恢复项目等。

（三）袁隆平慈善信托

2022年5月20日，袁隆平慈善信托正式成立，由袁隆平院士的夫人邓则女士作为初始委托人，湖南省财信信托有限责任公司担任受托人，袁隆平农业科技奖励基金会为执行人，中国农业银行为财务顾问和托管行。该慈善信托成立时，初始信托财产规模不低于人民币500万元，由受托人将信托财产按照信托合同的约定，用于奖励，包括但不限于以下四个方面：（1）在现代农业科技及生产发展领域中，作出突出贡献的个人和团体；（2）参与农业发展项目及服务于农业领域的科研创新、科技成果转化；（3）资助农业发展领域优秀科技人才国内外进修，资助优秀中青年农业科技工作者主持的农业科研项目；（4）设立农业高校优秀学生奖学金，以及其他符合《慈善法》规定的社会公益活动。

鉴于袁隆平院士在国内外拥有的崇高声誉和巨大影响力，袁隆平慈善信托设置为开放式架构，支持社会各界其他有识之士参与到本信托中来，以扩大袁隆平慈善信托的公益效能。袁隆平慈善信托以“公益+金融”的方式，传承袁隆平脚踏实地、敢于开拓的科研精神，吸引有识之士关注中国农业科技创新与发展，鼓励农业科技人员勇攀高峰，共同努力，把饭碗端在我们中国人自己手里。

二、案例演示：子女品德教育，践行公益慈善

Z先生是北京一家人力资源公司的创始人，与妻子育有两子一女，三个孩子均未成年。Z先生平时工作繁忙，但是非常孝顺，在他父亲脑中风偏瘫之后，他一直在尽心照顾父亲。Z先生在给父亲看病的过程中，经常会遇到瘫痪患者，他非常同情，于是他经常向公益基金会捐赠，帮助这些困难人群。

2021年，Z先生决定设立一个5000万元的慈善信托，在为儿女做表率的同时，希望儿女在慈善捐赠中学习成长、修身养性，成为德才兼备的高素质人才。同时，Z先生担心儿女没有参与慈善活动的主动性和持续性，希望对他们参与慈善事业的程度进行一定约束。

在Z先生的慈善信托计划中，有以下三项重点内容：

(1) Z先生的慈善信托致力于帮扶因病返贫人群、残疾人、孤寡老人和儿童等弱势群体，促进教育事业发展，救助自然灾害、事故灾难和公共卫生等突发事件造成的损害，以及其他符合《慈善法》规定的公益活动。

(2) 在Z先生的慈善信托中，不定期向需要帮扶的人群分配信托利益（捐赠资金），持续不断地支持慈善信托长期运行，持续发挥慈善信托的捐赠功能。

（3）在Z先生的慈善信托中，设置由三名子女组成决策委员会，子女共同确定慈善目标、筛选公益项目、制定捐赠计划等，在决策过程中培养慈善理念、学习慈善领域知识。

Z先生的慈善信托设立至今，已经向需要救助的困难人群分配了超过650万元的信托利益。他的子女们也奉献了自己的爱心，并传承了Z先生优良的品质。

第四节 家族信托的其他功能

家族信托除了具有财富保护、财富传承、公益慈善功能之外，还有很多其他的附属功能，每一项功能既可以单独使用，也可以和其他功能联合使用。家族信托的这些独特功能，确实可以帮助我们企业家解决很多实际的财富规划问题。

一、养老保障功能

我们每个人都会有老的一天，如果我们提前设立家族信托，可以把自己指定为受益人，每年或每个月固定分配一笔生活费，遇到重大的医疗费再从信托财产中支出，这样养老就可以有所保障。

子女不孝，老父借力信托养老

K先生原来是位企业家，早年攒下了不少家产。但是近年来因为行业不景气，又因自己年龄渐老，故将企业出售后退休在家。K先生的老伴一直是全职太太，目前也闲赋在家。K先生有两个儿子，大儿子患有自闭症，无法独立生活，一直由母亲照顾；小儿子在外做生意，但心思却不在生意上，还经常向父母伸手要钱，平时很少回家，除了要钱，对二老一直不管不顾。

K先生与老伴一直担心，万一哪天自己老糊涂了，谁来照顾自己和大儿子？本来想把钱都给小儿子，今后万一有事让小儿子来照顾，但是看小儿子现在对老两口的态度，很难保证他能孝顺父母，而且大儿子还需要有人照顾。K先生十分为难，但又没有什么好的办法。

为此，K先生找到律师咨询，律师建议K先生设立家族信托，将自己和老伴以及大儿子指定为受益人，每个月由信托公司固定支付一笔费用，用于养老，如果将来K先生夫妇住进养老院，就由信托公司直接支付给养老院。K先生夫妇百年之后，信托公司可以继续向大儿子的护理机构支付费用，这样就可以保证大儿子的生活，同时避免财产落入小儿子手中。当然，在家族信托中，也可以为小儿子保留一定的受益权份额，确保对两个儿子相对公平。

K先生听了律师的建议，设立了家族信托，再也不用为谁来为自己和大儿子养老发愁。

二、保障财富定向传承

家族信托可按照企业家的意愿，选择不同的信托管理方式，定向指定受益人及受益方案，包括受益人范围、受益顺位、受益金额、受益条件和分配频率等。比如，将信托利益明确为子女个人单独所有的财产，这样即使子女发生婚变，亦可保障其财产利益不受影响。

财富定向传承，承载父母的爱

Y先生是一家上市公司的董事长，事业有成，家庭美满。Y先生有一个独生女儿，今年29岁，不仅独立自信，还非常孝顺，但是女儿对金钱不是很在意，也没有什么概念。女儿有一个交往了2年多的男朋友，两个人感情很好，已经到了谈婚论嫁的地步。Y先生虽然对女儿的婚事非常高兴，而且准备给女儿一大笔钱作为嫁妆。但是，Y先生也有一些顾虑：女儿对钱没什么概念，结婚后肯定将嫁妆钱交给女婿保管，但是现在离婚率太高了，万一女儿将来不幸离婚，那财产就白白损失，等于是赔了夫人又折兵。

Y先生为此咨询律师，有什么好方法可以保障女儿嫁妆的安全？律师建议 Y 先生为女儿设立一个家族信托，将给女儿的嫁妆钱放入家族信托，除了有投资收益，还可以指定受益权归女儿一个人单独所有，这样就不会成为女儿的夫妻共同财产，即便万一婚变，也没有损失。

Y 先生听后一下子就放心了，很快为女儿设立了家族信托，这份家族信托，承载的是 Y 先生对女儿满满的爱，无论发生什么情况，这份爱都一直伴随着她。

三、防范监护人道德风险

如果企业家的子女在继承遗产时尚未成年，或者子女的抚养费由监护人保管，很难避免监护人将子女的财产据为己有，或者挥霍一空。如果将子女指定为家族信托的受益人，受托人将按照企业家的意愿，向受益人分配信托利益，而不受未成年子女的监护人的意志影响，同时可以防范监护人或其他人虚构债务索债。

夫妻离婚，子女抚养费有保障

L 总是上市公司高管，今年 40 多岁，身家数亿元，与前妻生有一个女儿。现任妻子比他年轻 16 岁，两人结婚才 2 年，生有一个儿子刚满一岁。由于双方性格不合，经常争吵，最终两人决定离婚，因为结婚时间较短，双方对财产分割都没有争议，主要是小孩的抚养问题。

L总已经有了一个女儿，加上儿子不满2周岁，根据法律规定儿子应当由女方直接抚养。L总特别疼爱这个儿子，想让儿子过上优渥的生活，但在抚养费的支付上，双方发生了争议。L总希望按月支付抚养费，标准可以高一些。但女方坚决反对，要求L总一次性支付抚养费3000万元，否则就拒绝L总探视孩子。实际上，L总也同意一次性支付儿子3000万元抚养费，但又担心一次性支付这么大金额的抚养费，万一被女方挪作他用，或者自己私吞了怎么办？而且，女方将来不配合他探视孩子，也没有办法制约。

最后，双方达成了通过家族信托支付抚养费的共识，即L总以3000万元作为信托财产，设立一份抚养子女的家族信托，儿子作为唯一受益人，信托公司每个月向儿子分配6万元的生活费，今后如果需要教育费用、医疗费用，则可以从信托财产中另外支出。

四、激励子女学业有成

作为家长，我们肯定希望自己的子女接受优良的教育，并且希望子女学业有成，那么家族信托就可以成为好帮手。我在前面讲过家族信托可以按照委托人的意愿，设置受益人获得信托利益的前提条件。在孩子的教育方面，同样可以根据孩子的学习进度和需求，在家族信托中规定获得奖励的前提条件。如果孩子的学业进度达到信托文件的条件，就可以获得相应的信托利益；如果没有达到要求或指定条件，则不能分配信托利益。

望子成龙，巧立学业激励计划

M先生在花甲之年喜得一子，他开始从长远的角度为小儿子规划未来，毕竟自己年事已高，很可能不能见证孩子成长的每一个重要时刻。经过多方考虑，设立家族信托成为M先生的最终选择，除了在家族信托中安排小儿子的生活费用之外，M先生最看重的就是对小儿子的教育问题，他希望小儿子将来能学业有成。

为此，M先生在家族信托中，对小儿子的学业激励方面作了这样的规定：

（1）大学奖励，当小儿子考入大学本科，可一次性领取入学奖励金100万元；在校期间每年领取学费支持金50万元；顺利毕业可以领取毕业奖励金200万元。

（2）硕士研究生奖励，当小儿子考上硕士研究生，可一次性领取入学奖励金200万元；在校期间每年领取学费支持金100万元；顺利毕业可以领取毕业奖励金300万元。

（3）博士研究生奖励，当小儿子考上博士研究生，可一次性领取入学奖励金500万元；在校期间每年领取学费支持金200万元；顺利毕业可以领取毕业奖励金1000万元。

五、长期关怀特殊人士

据官方报道，我国生活不能自理的残疾人已经超过2500万人。很多残疾人的父母或近亲属，都已经年迈或去世，那么在这种情况下，他们的生活护理问题以及生活费用的支出问题，就需要有专门的机构来负责管理。另外，还有一些有高风险因素的特殊职业，如职业运动员，虽然他们收入不低，但在发生意外时很难保障自己的生活。面对这种情况，我们该怎么办？有什么预防措施？

设立家族信托可以解决这些特殊人士的正常生活问题，给他们提供长期的关怀。

信托公司可以根据信托文件的规定，按照特殊人士的实际需求，提供信托资金支持，并且为他们安排合适的护理机构。通过家族信托的安排，可以保障这些特殊人士得到长期有生活质量的照顾和关怀。

高危运动，保障生活靠信托

N女士是国家一级跳水运动员，从小就在国家队训练。她非常有天赋，加上严格的训练，成绩一直非常优秀，基本上每次比赛都能拿到很好的名次，并且在奥运会上获得了冠军。N女士成名之后，很多广告商都找她代言，这给她带来了不少财富，虽然跳水运动给她带来了名誉与财富，但是她知道这项运动危险性很高，容易发生意外。而且运动员都是吃青春饭，退役之后就没有收入，等年纪大了，该怎样保障自己的生活？

N女士选择了家族信托，她将大部分的资金都放进了家族信托，平时信托公司帮她进行投资理财，并且定期给她一笔资金，保障她衣食无忧。信托文件同时规定，如果她发生意外需要在护理院生活，那么信托公司将按照信托文件，定期将护理费用支付给护理院。

六、激励家族企业员工

在现今社会，员工跳槽的概率很高，为了留住重要员工，企业家除了可以提高他们的工资待遇，还可以把他们设为家族信托的受益人。这就利用了家族信托财产隔离、灵活可控、稳定安全的特点，既让这些重要员工看到实实在在的利益，又不能马上支取收益，只能留下来同公司一起创造更多的财富。通过产生定量的激励资金，这种劳动合作关系更加稳固坚定。需要提醒注意的是，激励资金即使不能提前支取，也是确定发放给员工的资金，只要信托文件预设条件成立，信托公司就会向这些员工分配，企业家无权随意变更或解除。

厨师频跳槽，老板急寻高招

P总是一家餐饮企业的老板，因为他经营有方，加上有一批非常优秀的厨师和管理人员，在短短几年间，从一个有十来名员工的小餐厅就发展到有上千名员工的连锁高档餐厅，年营业额已经超过10亿元。P总虽然对公司发展很满意，但有一件事却令他十分头疼，餐厅的厨师经常向他提出辞职，他只能不断地提高薪水，但还是有很多好的厨师跳槽。P总知道，问题还是其他公司高薪挖墙脚，但是就算自己提高厨师的工资，总有其他公司比自己的出价还要高。

为了解决这个问题，P总咨询了他的律师，律师建议P总设立厨师专项激励资金家族信托。公司定期把激励资金提取出来，既不直接发给员工，也不放在公司，而是作为信托财产放进家族信托，受益人是他指定的重要厨师，信托公司按照设定的条件向厨师分期发放，如果离职就失去受益资格。

P总最终采纳了律师的建议，设立了厨师专项激励资金家族信托。目前，他的公司运行良好，厨师离职率大幅下降。

七、资产合理配置功能

当我们拥有一定数量的财富时，是时候进行一些合理的资产配置了。那么，我们应该选择传统的资产配置方式，还是转向新兴的财富配置理念？从传统的资产配置方式到新的财富配置理念，我们应该怎么做？目前选择设立家族信托是流行的做法。家族信托除了财富保护和传承的基本功能，财富的保值增值也是其一项功能，因为信托资金用于投资是常规的操作方式，投资所产生的收益同样也归入于信托财产。

投资有风险，信托有保障

Q先生是职业股民，凭借他出色的投资能力，在证券市场上获得了成功，借助一波牛市行情，资产翻了数十倍，达到近亿元。Q先生非常谨慎，由于投资有风险，担心赚来的钱又亏掉，于是打算套现离场，暂时离开股市。但离开股市之后，Q先生拥有了大量的现金，又担心资产贬值，于是他选择了投资稳健的家族信托。信托公司按照Q先生的指令，将信托资金主要投向保本理财产品，这样家族信托不但实现了财产保护的功能，还能为Q先生保值增值。等到时机成熟，Q先生可以终止信托，将资金重新投入到股票市场。

第三章

家族信托的设立

通过前面的章节，我们对家族信托的概念和功能有了基本的了解。如果企业家要设立一个家族信托，具体应该怎么操作？设立家族信托的流程是怎样的？家族信托设立之后，又是怎么运行的？接下来本章的内容，我主要就是讲解如何设立家族信托，这样我们对家族信托的整个设立过程，就会有一个清晰的了解。

首先，我们应该明白家族信托是财富传承最重要的法律工具，它可以称得上是保护家族财富的一把“尚方宝剑”。从家族信托的功能我们可以知道，家族信托的主要目的不是投资理财，而是家族财富的安全和有序传承，它关系家族基业长存的核心问题，意义远大于简单的投资理财。

其次，我们也要明白设立家族信托是一项非常重要的法律安排，而家族信托文件作为一个严密的法律架构，直接关系家族信托的有效性与合法性。家族信托事务既涉及婚姻、家庭、继承等民事法律关系，也涉及公司、合伙、金融、税收等商事法律关系，而处理民商事法律关系是律师的长项。所以，设立家族信托应当以律师为主导，由专业律师设计符合委托人的意愿与需求，并且具有法律可行性的信托方案。而且需要律师对家族信托的各方当事人以及信托财产进行尽职调查，需要律师起草各类信托文件，并协助办理信托财产的转移和登记。另外，律师事务所还可以担任家族信托运行的保护人。

第一节　委托人需求分析

我作为一名家族财富律师，先谈一下我对企业家设立家族信托的一些感触。家族信托业务属于非诉业务，不像诉讼业务具有紧迫性，虽然很多企业家咨询之后，我们律师团队都会给到相应的法律意见书，但是不同的企业家有不同的想法。有些企业家沟通两三次之后，就决定设立家族信托，有些企业家需要沟通多次，经过很长时间的考虑，才决定设立家族信托。这可能和企业家的年龄和认识有一定关系，一般来说年龄越大，委托的概率越高，这个和立遗嘱的情况有些相似。

一旦企业家决定设立家族信托，那么我们律师团队就需要与企业家进行进一步沟通。我们需要充分了解企业家的需求和设想，以及担忧的问题。我们还要了解企业家的背景情况，包括家族成员、家族财产以及债务情况等。然后我们会对企业家的需求进行法律分析，这样才能设计出切实可行的家族信托方案。

一、设立家族信托的主要目的

家族信托是一个非标的定制产品，所以委托人在设立家族信托之前，需要与律师进行详细讨论沟通，把需求和设想告诉律师，设立家族信托最主要的目的是什么？是财富的风险隔离，还是财富的传承，或者是想通过家族信托集中持股，还是其他目的，这些都需要和我们律师认真详细地进行沟通。根据我们服务企业家客户的经验，企业家作为家族信托的委托人，主要有以下几个方面的需求和目的。

1. 家族企业传承的需求

第一代企业家经过几十年的艰苦奋斗，家族企业一般都颇具规模，有的家族企业甚至成为行业的标杆。家族企业的接班问题，是第一代企业家普遍关注的问题，也是企业家切实的需求，但由于每个家族企业情况不同，所以企业家的需求也就不相同。有些企业家很早就开始培养自己的接班人，经过多年的培养，在二代子女中也有合适的人选接班。那么对于这种情况，企业家可能倾向采用股权赠与或者遗嘱继承的方式传承家族企业，而不一定打算设立股权家族信托。但是，对于另外一些家族企业，由于家族子女对经营家族企业缺乏兴趣，或者因为自身能力有限无力经营家族企业，又或者因子女年幼，不合适作为接班人，这个时候，一代企业家就会考虑设立股权家族信托。

2. 避免遗产继承纠纷的需求

一代企业家作为一个家族的家长，都希望家族关系和睦，最不愿意看到家族成员为了争夺遗产而发生内斗，最后导致整个家族瓦解。但是，在遗产数量巨大以及继承人众多的情况下，无论企业家是否有遗嘱，都很有可能会引发家族的继承纠纷，导致诉讼。现实中有太多因为遗产继承纠纷导致家族矛盾的案例。

如果企业家认识到这个问题，就会想办法提前安排，此时，通过设立家族信托的方式来避免继承纠纷，应当是企业家会考虑的需求。设立家族信托对凝聚家族精神、保证家族繁荣昌盛有着重要作用，当一代企业家通过家族信托，对所有家族成员都有妥善安排的时候，家族成员之间就可以避免利益冲突，不会因为经济利益而反目成仇，这样可以确保家族成员保持和谐亲密的血缘关系。

3. 避免婚变财产分割的需求

现代社会的婚姻关系极不稳定，如果没有提前的财产防范措施，一旦离婚，势必产生分割夫妻共同财产的问题，导致家族财富严重缩水。婚变通常有以下几种情况：

（1）原配夫妻离婚。一般原配夫妻经过几十年的婚姻，而且所有的夫妻共同财产都是在婚姻存续期间创造的，一旦离婚，基本上所有的家族财富都要被分割，这是最为严重的后果。对于这种情况，企业家要考虑提前通过家族信托安排，把重要的家族资产装入信托，确保信托财产与夫妻共同财产相分离，万一发生婚变，可以尽量把财产分割的风险降到最低。

（2）企业家再婚离婚。对于再婚的情况，企业家在再婚之前，会有提前规划财富的需求，以设立家族信托的方式，确保家族财产与婚姻隔离。

（3）企业家子女离婚。企业家的子女离婚同样可能导致家族财产被分割，根据法律规定，赠与和继承所得的财产均为夫妻共同财产。如果企业家将家族财产赠与给了自己的子女，或者家族财产直接被子女继承了，那么这些财产也将转化为子女与其配偶的夫妻共同财产，万一离婚就会导致家族财富外流。所以，企业家对于子女的财富安排，也会有设立家族信托的需求。

4. 防止子女挥霍家产的需求

子女挥霍败家，这也是企业家担心的问题。企业家在生前尚可控制子女的经济，一旦家族财富由子女继承，大量财富由子女自己控制的时候，就非常危险了。一旦家族财富挥霍完毕，整个家族就可能会陷入经济危机。在这种情况下，企业家为了防范这一风险，肯定会有设立家族信托的意愿与需求。

5. 避免债务风险的需求

企业家常年经营企业，企业对外负有债务是不可避免的，一般只要在良性的负债率前提下，企业家都可以掌控，不会发生严重的后果。但是，经营企业充满变数，很多债务不可预见，比如，市场变化导致的经营亏损、自然灾害导致的经济损失、合同违约导致的经济赔偿，还有因为个人担保导致本不应承担的债务等，即便是再精明的企业家，也不可能完全掌控这些债务风险。为了防范债务风险的再次发生，就需要将辛苦创造的家族财富与债务风险相隔离。在这个时候，企业家就会考虑用设立家族信托的方式，达到避免债务风险的目的。

二、了解家族成员情况

在了解了委托人的需求与信托目的之后，我们律师还要向委托人了解家族的背景情况，主要是家族成员情况。因为家族信托主要是为了受益人的利益设立的，而受益人通常都是家族成员，包括配偶、父母、子女、孙子女、兄弟姐妹等，有时候还包括非婚生子女。对于不同的家族成员，根据重要程度及特殊性来区别，委托人肯定会有不同的安排。我们律师要了解每个潜在受益人的背景情况，包括年龄、性别、职业、婚姻、身体状况等。了解这些情况，对于与委托人沟通具体的受益方案有重要帮助，因为我们律师需要根据委托人的安排设想，结合受益人的具体情况，给出可行的受益安排方案。

三、了解信托财产情况

律师首先要了解，委托人打算将哪些财产装入家族信托？比如资金、不动产、企业股权等，以及这些资产的具体金额、房屋坐落、企业持股情况等。然后，我们律师会把这些财产进行归类统计，包括财产的种类、名目、金额等，制作成信托财产统计表。统计并整理这些财产，对于后续进行律师尽职调查有着重要意义，因为我们律师的尽职调查将主要围绕信托财产的权属、合法性、是否有权利限制等进行调查核实，以确保信托财产没有法律上的瑕疵。

四、了解委托人债务情况

了解委托人的债务情况也是非常重要的，因为《信托法》第12条第1款规定："委托人设立信托损害其债权人利益的，债权人有权申请人民法院撤销该信托。"根据该规定，债权人可以撤销信托有两个前提条件：一是设立信托之前债务已经存在；二是因为设立信托导致委托人的财产不能清偿债务。为了避免家族信托被债权人撤销的风险，在设立家族信托之前，我们律师必须要梳理委托人的对外债务情况，包括银行贷款、合同欠款、民间借贷、担保之债等。了解委托人对外债务的目的，是要确保装入家族信托之后的剩余财产，可以完全覆盖委托人的全部对外债务。

五、对委托人的需求进行法律分析

在了解了委托人的需求和信托目的、家族成员情况、家族财产以及债务情况之后，我们律师需要对委托人的需求进行法律分析：在目前的法律框架下，委托人的实际需求是否能够得到满足和实现？是否存在哪些法律障碍？比如，财产是否存在权利限制、家族成员是否有特殊需求、债务是否妨碍家族信托的设立等。如果存在法律上的障碍，那么就需要我们律师提出具体的解决方案，为顺利设立家族信托扫清法律陷阱。

第二节 律师尽职调查

律师的尽职调查对于合法设立家族信托至关重要，这是设立家族信托的基础环节，调查的结果是律师为委托人提供具体信托方案的基石。律师尽职调查的范围一般包括信托当事人及参与人的主体信息（包括委托人、受托人、受益人、保护人的信息）以及信托财产的合法性。

一、对委托人的尽职调查

对于委托人相关信息调查，我们律师一般采取对委托人提供的书面材料，进行必要审核的方式，根据委托人的主体性质不同，委托人可以分为自然人和企业法人，所以律师尽职调查的范围也不同。

1. 委托人是自然人

对于委托人是自然人的，主要对以下信息进行核查：

（1）对委托人的身份信息进行核查。委托人需要提供户口簿、居民身份证、港澳台通行证、外国护照等材料，如果不是中国税收居民，还要提供非税收居民金融账户的相关信息。另外，如果委托人已经结婚，需要提供结婚证明文件，以及配偶的身份材料；如果配偶身故的，提供身故证明；如果离异，需要提供离婚证和离婚协议，或者离婚的判决书、调解书。

（2）对委托人的信用状况进行核查。委托人需要提供自己和配偶的中国人民银行个人征信报告。另外，我们律师可以通过政府行政部门、司法部门的官方网站，查询委托人与配偶是否存在被执行、纳入失信人员名单、限制高消费等信息。

（3）对委托人的民事行为能力调查。如果委托人的年龄比较大，或者精神状态不是很好，那么需要提供有完全民事行为能力的证明文件。因为根据《信托法》的规定，有效设立信托的前提，是委托人具有完全民事行为能力，没有完全民事行为能力的自然人，是不能设立信托的。

2. 委托人是企业法人

对于委托人是企业法人的，主要对以下信息进行核查：

（1）对委托人的主体信息进行核查。主要由委托人提供企业的营业执照、法定代表人身份证明、股东名册、公司章程等。

（2）对委托人的信用状况进行核查。包括对外债务情况、行政违法情况、司法案件情况、被执行人情况、失信情况等。

二、对受托人的尽职调查

家族信托的受托人一般都是信托公司，我们律师会对信托公司的主体信息、信用状况进行调查。对于信托公司的主体信息，律师可以通过国家企业信用信息公示系统、各地市场监督管理部门查询。具体查询信息包括：信托公司的基本组织结构、注册资本、经营范围、股东名册、公司章程、信托业务资质、财务年报等。对于信托公司的信用状况，律师可以通过企查查、天眼查、爱企查等商业信用咨询机构 App 查询，具体查询信息包括：股东结构、公司高管背景、股权质押冻结情况、对外债务情况、行政违法情况、司法案件情况、被执行人情况、失信情况等。

目前全国有 67 家信托公司，都持有金融牌照，而且多数是国有控股。除了个别已经停业的信托公司，像安信信托、四川信托、新时代信托、华信信托有比较大的风险，绝大部分信托公司的可靠性是没有问题的。如果发现信托公司经营异常或者有信用风险，我们律师会建议委托人另外选择合适的信托公司作为受托人。另外，考虑到委托人的投资偏好及风险承受程度，律师会对不同信托公司的投资领域及风控能力进行尽职调查，确保委托人与信托公司的投资风格相匹配。

三、对受益人的尽职调查

家族信托受益人通常是委托人的家族成员，或符合法律规定的其他主体。我们律师主要核查受益人的身份证明文件，包括受益人身份信息以及与委托人的亲属关系证明等。另外，还需要对受益人的背景情况进行调查，包括受益人的年龄、性别、学历、职业、身体健康状况、精神状况等。这些基础材料可以为我们律师分析受益人的特别需求、设计具体的信托受益分配方案，提供可靠的参考信息与材料支持。如果受益人是家族企业的管理人员，需要考虑信托利益的激励分配方式；如果受益人是未成年人，需要重点考虑未来的教育基金需求；如果受益人是老年人，需要重点考虑养老保障需求；如果受益人是残障人士，则需要考虑怎样得到长期关怀的需求。

四、对保护人的尽职调查

如果委托人准备为家族信托设置保护人，我们律师需要对保护人进行尽职调查。调查内容包括：保护人的主体信息或身份信息、保护人是否合法存续或具有完全民事行为能力、保护人的信用情况、保护人的业务或职业与信托财产管理是否存在利益冲突、有没有同业竞争关系等。

首先，担任保护人最基本的条件，对于机构来讲是合法存续，对于自然人来讲是要具有完全民事行为能力。如果保护人的主体有瑕疵，那么就无法履行保护人的职责，保护人所实施的监督行为就没有合法性。

其次，保护人的信用也非常重要，委托人是基于对保护人的信任，才委托保护人对家族信托进行监督的。如果保护人的信用存在问题，那么保护人的可靠程度是值得怀疑的。

最后，如果保护人从事的业务，与信托财产的管理存在利益冲突，则可能发生保护人损害信托财产的情况。

所以，为了确保保护人有充分的可靠度，让委托人能放心把家族信托的监督权交给保护人，这就需要我们律师对保护人的上述情况进行充分的尽职调查。

五、对信托财产的尽职调查

我们律师对于信托财产进行尽职调查，首先需要委托人提供财产权属的证明文件。比如信托财产是资金的，要提供银行的存折或存款证明；如果是不动产，要提供不动产权证、产调信息；对于公司股权，要提供公司章程、出资凭证、股东名册等证明文件。其次还需要委托人提供信托财产不存在权利限制、司法查封和其他法律风险的证明文件。我们律师也可以通过书面审查、实地调查、网络查询、政府部门查询等方式进行核实。比如不动产是否有抵押或者被查封，产调信息上面都会有显示；股权是否有质押或冻结情况，从工商部门也可以查询到。另外有个细节需要注意，就是信托财产是否为夫妻共同财产，也要委托人提供相应说明。

对信托财产进行尽职调查，首先要确保信托财产的合法性，因为根据《信托法》的规定，以非法的财产以及法律禁止的财产设立的信托无效。所以，必须要对信托财产的合法性进行详细调查，避免因为信托财产不合法或者是法律禁止设立信托的财产，而导致信托无效的风险。其次对于有权利限制的财产，也不建议委托人用来设立家族信托，因为根据《信托法》的规定，设立信托前债权人已对该信托财产享有优先受偿的权利，可以申请法院强制执行。如果将有权利限制的财产设立家族信托，则很可能受到债权人的挑战，而导致家族信托被击穿，所以我们律师对有权利限制的财产，也需要进行仔细核查。

在完成律师尽职调查工作后，我们律师会对收集到的材料进行梳理、分析，然后为委托人出具书面的尽职调查报告。在这份报告中，我们律师会披露发现的问题，提示可能出现的法律风险，并提供相应解决方案或建议。比如，如果委托人因为债务问题，被法院纳入被执行人或失信人员名单，那么建议要先清偿债务，排除信托可能被债权人撤销的风险；如果受托人资质或信用存在问题，建议更换资质与信用良好的受托人；如果保护人的主体资格或信用存在问题，会建议更换更加可靠的保护人；对于信托财产，如果存在合法性或权利限制问题，会建议更换其他合法财产，或者排除财产的权利限制，以确保信托财产没有法律风险。在排除了所有法律风险之后，我们律师就可以开始设计信托方案了。

第三节　设计、审查家族信托方案

设计和审查家族信托方案，是搭建信托架构的关键所在。在这个阶段，我们律师要确保信托的每一个构成要素符合法律的要求。一个合法合规的信托方案，是家族信托能够顺利运行的前提。

一、设计家族信托方案

我们律师设计家族信托方案的主要内容通常包含：信

托目的、信托当事人、其他信托参与人、信托财产的类型、信托财产的投资方案、受益权的安排、信托利益的分配方案等。

信托目的：通常可以包括风险隔离、财富传承、子女教育、家族治理、资产规划、公益慈善等一项或多项信托目的。

信托当事人：包括委托人、受托人、受益人。

其他信托参与人：保护人。

信托财产：可以为现金资产，也可以为非现金资产，如不动产、公司股权、艺术品等，信托方案中还应当明确信托财产投资运用的具体方案。

受益权的安排：包括受益人的范围、信托成立之后受益人变更的原则，还要包括受益权的转让和继承安排。

信托利益的分配方案：包括分配金额、分配时间、分配方式、分配频率、分配条件等。

二、审查家族信托方案

我们律师在审查家族信托方案的时候，将重点关注信托方案的合法性审查，同时也需要审查方案的可行性问题。在对信托方案进行合法性审查时，我们将注意审查以下几个方面：(1) 信托方案不能和现行的法律法规相冲突。

（2）信托财产应当为委托人合法所有的、确定的财产，而且财产的金额或价值不能低于1000万元。（3）家族信托不能单纯以追求信托财产保值增值为主要信托目的，不能以家族信托的名义变相从事投资理财业务。（4）家族信托受益人应当是委托人的家族成员，或者符合法律法规规定的其他主体。（5）信托文件要充分提示信托财产的投资风险。（6）信托财产的投资运用，要符合法律法规以及政府的监管规定。

律师设计、审查好信托方案之后，要与委托人进行及时的沟通，解释清楚方案当中涉及的法律问题。如果有法律风险也要向委托人进行披露，然后再最终修改、完善、确定家族信托方案。方案确定之后，律师就可以开始起草相关的信托文件了。

第四节　起草、审定家族信托文件

律师需要起草和审定的家族信托法律文件是比较多的，其中主要的文件包括：信托风险申明书、信托合同、配偶同意函、投资顾问协议、保管协议、保护人委任协议、保密协议等。

一、信托风险申明书

信托风险申明书一般至少包含以下主要内容：

（1）委托人系具备完全民事行为能力的自然人，或符合《信托法》、其他相关法律法规规定的委托人资格。

（2）委托人应当对交付的信托财产享有合法、完整的所有权和处分权，不得非法汇集他人资金或以代持财产设立家族信托。

（3）委托人所交付的信托财产如存在其他共有人的，委托人已将该事项告知财产共有人，并取得了财产共有人的同意。

（4）委托人设立家族信托，不存在侵害债权人或其他第三方合法利益的情形，也不存在非法利益输送的情形。

（5）信托不承诺保本和最低收益，具有一定的投资风险，适合风险识别、评估、承受能力较强的委托人。

（6）委托人所提供文件真实、准确、完整、合法，向受托人和投资顾问（如有）提供的有关投资目的、投资偏好、投资限制和风险承受能力等基本情况真实、完整、准确、合法，不存在任何重大遗漏或误导。

二、信托合同

信托合同是家族信托的核心文件，是根据信托方案形成的具有法律效力，并对各方信托当事人具有法律约束力的重要法律文件。

（一）信托合同应当载明的事项

（1）信托名称及信托目的；

（2）信托当事人的名称、证件类型和证件号码、联系方式等基本信息；

（3）信托其他参与主体，如保护人、财务顾问、保管人、法律顾问的名称、联系方式等基本信息；

（4）信托规模与期限；

（5）信托成立与生效；

（6）信托财产投资、运用方式，包括但不限于投资决策主体、投资流程、投资范围、投资策略等；

（7）信托财产的估值方式；

（8）信托利益分配方式；

（9）信托财产应承担的税收和费用及信托管理费、保管人费用、投资顾问费等费用的计算和支付方式；

（10）信托受益权的转让、继承和放弃等；

（11）信托终止、清算及信托财产归属；

（12）信托当事人及其他参与主体的权利、义务；

（13）新受托人的选任方式；

（14）风险揭示与风险应对措施；

（15）信息保密与披露；

（16）信托当事人的违约责任及纠纷解决方式；

（17）法律法规要求或信托合同当事人约定的其他事项。

（二）信托合同条款的注意事项

我们律师在起草具体信托合同条款时，将重点注意以下事项：

1. 信托财产的交付与追加交付

信托合同应当明确约定，信托成立时的信托财产类型、金额或价值、交付方式等事项。家族信托允许委托人在信托存续期间追加交付信托财产的，信托合同应当明确约定信托财产追加交付的流程等事宜。信托财产类型比较复杂的，律师可以建议并起草信托财产清单，作为信托合同的附件。

2. 信托财产管理运用

信托合同应当明确约定信托财产的管理运用方式，包括投资决策主体、投资流程、投资范围和投资策略等事项。

家族信托投资运用委托人决策型、投资顾问决策型的，信托合同还应当明确约定委托人或投资顾问的决策权限、投资指令发送和执行、投资后果和风险承担等事项。

3. 信托业保障基金

家族信托按照有关规定缴纳信托业保障基金，信托合同应当明确约定信托业保障基金的缴纳主体、缴纳标准等事项。

4. 信托报酬

信托公司管理家族信托，需要收取信托报酬，信托报酬一般由信托财产承担。信托合同应当明确约定信托报酬计算方式、支付方式等事项。

5. 其他信托费用及税收

信托合同对其他信托费用，包括但不限于保管费、投资顾问费、保护人报酬、律师费、审计费、清算费用以及信托财产管理、运用、处分过程中产生的各项费用等，应当明确约定计算方式、承担主体等事项。

6. 信托受益权及信托利益分配

信托合同应当明确约定信托受益人和其享有的信托受益权，以及信托受益权转让、继承的条件、程序、限制等事项。信托合同应当明确约定信托利益的分配方式，通常应当约定以下内容：

（1）信托合同应当约定信托存续期间的分配方式，通常包括定期分配、情景分配（受益人发生结婚、生育、疾病等特定事件时的分配）、指令分配等方式。信托合同约定情景分配的，应当明确不同的分配情景下，受益人提交的证明材料及保护人的审查核实义务。

（2）信托终止时，可以采用现金分配和信托财产原状分配方式。采用信托财产原状分配方式的，应当明确约定非现金信托财产的接收主体、移交方式、过户登记手续办理等事项，向委托人、受益人充分揭示原状分配的风险。

7. 风险揭示与风险承担

信托合同应当对家族信托可能面临的风险，充分地向委托人、受益人进行揭示，并明确约定风险的承担主体、风险的应对措施。

8. 信托终止

信托合同应当明确约定信托正常终止以及提前终止的条件，信托合同通常约定有下列情形之一的，信托终止或提前终止：

（1）信托文件规定的终止事由发生；

（2）信托的存续违反信托目的；

（3）信托目的已经实现或者不能实现；

（4）信托当事人协商一致的；

（5）信托被撤销；

（6）信托被解除；

（7）信托财产已全部分配完毕；

（8）其他导致家族信托终止的情形。

三、配偶同意函

如果委托人是已婚的状态，那么无论设立信托的财产在法律上是夫妻共同财产，还是个人财产，都需要配偶出具书面的同意函。因为如果委托人夫妻之间有财产约定，约定双方婚前财产都属于夫妻共有，那么即便是一方在婚前就有的财产，也属于夫妻共同财产。但是我们律师有可能了解不到这个情况，所以为了避免可能的法律风险，就必须要求委托人配偶书面同意设立家族信托。

四、投资顾问协议

在家族信托中，委托人可以聘请第三方机构作为投资顾问，为信托财产的投资运用提供专业化建议，这时候就需要签订投资顾问协议。

五、保管协议

信托公司可以聘请保管人对信托财产进行保管，保管人通常是银行等金融机构。家族信托聘请保管人的，律师可以协助起草、审查及修改信托财产保管协议。保管协议主要包含保管人基本信息、保管费用、保管期限、保管人权利和义务、保管报告等内容。

六、保护人委任协议

家族信托可以根据委托人的需要设置保护人，对受托人和家族信托的运行进行监督，维护委托人和受益人的权益。保护人通常是由委托人本人指定的，所以律师需要起草保护人委任协议。

七、保密协议

家族信托的保密协议是非常重要的内容，信托当事人对保密信息的范围、保密义务、保密期限以及保密豁免、适用法律、违约条款、争议解决等均需要作出明确规定。

以上所有的信托文件起草好之后，我们律师要与委托人、信托公司进行沟通，再做进一步的修改。委托人与信托公司达成一致意见之后，双方签署信托文件。如果有必要，委托人与信托公司可以对信托文件的签署进行公证或律师见证。

第五节　信托财产的交付与登记

信托文件签署之后，委托人就要根据信托文件的规定，交付信托财产以及办理信托登记，信托财产的交付登记与信托登记，是家族信托生效的要件。一般信托文件规定，信托财产的交付是信托合同生效的前提，并且《信托法》规定，根据法律规定应当进行信托登记而没有登记的，应当补办登记，不补办登记的，该信托不产生效力。

一、交付登记

委托人在交付信托财产时，要注意以下三点：（1）要将信托财产转移给信托公司占有；（2）要办理信托财产的转移过户登记，如果交付的信托财产是公司股权、不动产，这些需要办理过户登记的财产，律师可以协助委托人办理信托财产的过户登记手续；（3）在交付过程中，律师还要起草相关的文件，如信托财产明细清单、信托财产的转让协议、信托财产交付确认书等。

二、信托登记

信托登记与交付登记是两个不同的概念，信托财产要办理交付登记，是因为《信托法》规定，委托人要把信托财产转移给受托人，所以才需要办理过户登记，但这并不是信托登记。

信托登记是信托登记机构对信托公司的信托产品、受益权信息以及信托变动情况予以记录的行为。《信托法》第10条规定："设立信托，对于信托财产，有关法律、行政法规规定应当办理登记手续的，应当依法办理信托登记。未依照前款规定办理信托登记的，应当补办登记手续；不补办的，该信托不产生效力。"另外，《信托登记管理办法》也规定，信托机构开展信托业务应当办理信托登记。所以，如果是信托公司作为受托人的家族信托，应当进行信托登记。

根据《信托登记管理办法》的规定，我们国家的信托登记机构是中国信托登记有限责任公司，但是这个管理办法是针对是集合资金信托，也就是营业信托的登记规定。

所以目前来讲，只能对资金型的家族信托进行信托登记，而对非资金型的不动产家族信托与股权家族信托，还没有办法直接进行信托登记，处于有法可依、无法操作的尴尬境地。

那么，实践当中设立的非资金型家族信托，比如股权家族信托，是怎样突破现行信托登记制度缺陷的？因为《信托法》第 14 条第 2 款规定："受托人因信托财产的管理运用、处分或者其他情形而取得的财产，也归入信托财产。"所以，变通的做法一般是委托人可以先设立一个资金型家族信托，并做信托登记，然后再用信托资金购买目标公司股权，把购买的公司股权过户登记到信托公司名下。这只是一个大致的流程，实际上设立股权家族信托还是比较复杂的，更具体的内容我会在第六章股权家族信托来展开阐述。

当然，我们也不用太过担心信托登记问题，因为中国信托登记有限责任公司一直在积极推进信托财产登记试点工作。2021 年 6 月，全国人大常委会授权上海市人大及其常委会制定浦东新区法规，这为从制度层面解决信托财产登记问题带来了良好契机。《2022 年上海市国际金融中心建设工作要点》也将"研究不动产信托财产登记试点"列为 2022 年重点工作之一。2022 年 6 月，上海市人大常委会颁布的《上海市浦东新区绿色金融发展若干规定》第 19 条明确规定，中国信托登记有限责任公司可以在浦东新区试点信托财产登记。为落实规定内容，中国信托登记有限责任公司正加速形成信托财产登记试点方案，相信在不久的将来，国内信托登记制度就将真正实际落地。

第四章

家族信托的运行

当委托人设立家族信托之后，就要按照信托文件的规定，开始运行家族信托。家族信托只有得到有效的实际运行，才能达到它的效果和功能，从而实现委托人的信托目的。否则，如果家族信托得不到有效运行，那么设立家族信托就没有意义了。

家族信托的正常运行，主要包括两类内容：第一类是信托财产的管理，第二类是信托事务的管理。

第一节　家族信托的财产管理

家族信托的财产管理，是指通过投资或管理，实现信托财产的保值和增值。根据信托财产类型的不同，家族信托可以分为资金型家族信托、股权家族信托、不动产家族信托、动产类家族信托。对于不同类型的家族信托，信托财产管理的方式也各不相同。

一、资金型家族信托的财产管理

如果委托人设立的是资金型家族信托，那么对于信托资金的投资与管理，主要是由信托公司、商业银行、保险公司等资产管理人，通过发挥专业能力进行多样化的投资。比如，购买基金、债券、保险、理财产品等，或者可以投向非标产品，如房地产开发项目、城投项目、政府基建类项目等。不同的投资方向，收益和风险也各不相同，这需要资产管理人根据委托人的需求与偏好，结合自身的投资风格，制定投资策略与方案。

投资策略一般包括资金投向的配比、投资领域、投资风险等内容；投资方案包括具体的投资项目、投资金额、投资期限等相关具体事宜。投资策略与方案是由资产管理人起草的，委托人可以聘请投资顾问，对投资策略与方案进行审核，在通过投资顾问审核并经过委托人的同意之后，资产管理人开始具体执行投资策略与方案。

对于信托资金的具体投向，根据委托人的风险偏好不同，主要有稳健投资型、中性风险型、高度风险型三种投资模式，这三种模式的资金投向是不一样的。稳健投资型信托一般主要投资到货币市场，比如银行的大额定期存款、国债市场、央行票据等流动性良好的金融产品，这些金融投资项目基本没有什么风险，相对投资收益较低。中性风险型信托主要投资到证券市场的股票、基金、公司债等金融产品，或者是房地产、城投项目等非标产品，这些投资项目具有一定的风险，但风险可控，相对的收益也较高。高度风险型信托主要投向风险较高的次级债市场、期货市场、股指期货、权证市场等金融衍生品，这些投资项目的风险很大，同时收益也高。以上三种投资模式，可以满足不同风险偏好的投资需求，委托人可以根据自身的投资风格，选择合适的家族信托投资项目。

在通常情况下，委托人设立家族信托的目的，是财富的保护与传承，而并非追求高收益。所以我建议，投资风格总体上要采取比较稳健的投资策略，首先要保证信托财产本金的安全，在这个基础上，适当增加一些风险类的产品配比，以获得更多收益的可能。通过这样优化投资的方法，来实现家族信托的目的，即家族财富的保护和安全传承。

二、股权家族信托的财产管理

家族企业的股权一般是企业家最重要的家族资产，同时也是创造其他家族财富的源泉。所以在股权家族信托中，对于股权收益的管理应该是最为重要的。信托公司对股权收益的管理，主要有以下两个方面的内容：

一是获得股权收益。因为信托公司是以自己的名义持有信托架构中的企业股权，所以股权收益一般以股息红利的方式分配给信托公司。至于信托公司获得的具体金额，则是需要根据企业的经营情况以及企业决定当年的红利分配方案。虽然信托公司持有企业股权，但一般不直接参与企业的管理，企业的控制权仍在委托人的手中，企业红利的分配方案实际上是由委托人决定的。所以，作为家族信托的委托人，可以控制信托公司获得股权收益的多少。

二是信托公司应当为股权收益依法纳税，信托公司获得股权收益之后，应当先根据相关法律法规的规定，履行依法缴纳相关税负的义务。只有在依法纳税之后，剩余的股权收益才可以全部分配给受益人。多数情况下，信托架构中的企业是有限合伙企业，而信托公司是作为合伙企业的法人合伙人。根据财税〔2008〕159 号文等税收文件的规定，合伙企业层面不征收所得税，合伙企业生产经营所得和其他所得采取“先分后税”的原则由合伙人各自缴纳。合伙人是自然人的，缴纳个人所得税；合伙人是法人和其他组织的，缴纳企业所得税。因此，合伙企业进行应税所得的核算，并将确认的应税所得发放给信托公司，由信托公司按照其适用的企业所得税规则计算缴纳所得税。

三、不动产家族信托的财产管理

除了家族企业的股权，不动产可以说也是企业家的重要财富。对于不动产家族信托的财产管理，相对来说比较简单，不像资金型家族信托需要资产管理人提供多种投资方案，它主要是由信托公司委托有房地产经营经验的专业人士或公司来管理，财产管理的内容主要是收取租金和支付不动产的管理费，如物业费用、修缮费用等。另外，如果信托文件规定需要出售不动产，信托公司还可以通过出售不动产来获得信托收益。

四、动产类家族信托的财产管理

其他动产类家族信托，主要是艺术品、收藏品、珠宝、贵金属等贵重物品。有些企业家有收藏艺术品的爱好，经过多年的收藏，也需要对这些贵重物品有一个合适、安全的安排。那么最为理想的方式，就是把它们也装入家族信托当中。对于这些财产的管理有几种方式：第一，因为收藏品信托的主要目的，不是增值，而是妥善的保藏，所以要为收藏品提供适宜的条件以及安全的场所进行保管、储存；第二，艺术收藏品可以用于出租、展览，来获得一定的信托收益；第三，如果信托文件规定需要通过处分收藏品来获得收益，那么信托公司可以通过拍卖行拍卖获得信托收益。

五、家族信托是否存在暴雷风险

最近，多家信托公司的信托产品暴雷的相关信息纷纷引起媒体与公众的关注，首当其冲的是“中植系”旗下的中融信托，该信托公司的多款信托产品出现了逾期兑付事件。

随着信托公司的负面消息不断，信托产品已然成为超高风险的投资，人们纷纷避之不及。而家族信托是否也存在暴雷的巨大风险，这引起了众多企业家与高净值人士的疑惑，并且导致很多委托人放缓了设立家族信托的步伐。毕竟委托人要将家族的重要资产设立家族信托，资产的安全性是放在第一位的，而目前，信托公司是否可靠的问题，也成了设立家族信托的“拦路虎”。

我们先来看一下信托产品与家族信托有什么不同？信托分为营业信托与民事信托，信托产品属于营业信托，家族信托属于民事信托。

我们购买的信托产品属于营业信托，营业信托是持有金融牌照的信托公司的专营投资业务，它一般是信托公司将众多投资者的资金集合起来投向某一个项目，项目的投资回报就是信托收益，而传统的信托投资领域集中在城投、房地产、基建类项目，也就是集合资金信托计划。既然购买的信托产品是一种投资，自然存在风险，而且投资收益与风险是成正比的。随着城投类项目的大规模债务违约，必然导致此类信托产品出现逾期兑付甚至无法兑付，所以某些信托产品发生暴雷也是必然的。

而家族信托是属于民事信托，它与营业信托完全不同。在民事信托中，信托财产的投资回报不是主要目的，信托财产的保护与传承以及信托事务的管理才是民事信托的重点内容，所以家族信托与信托产品是两个完全不同的概念。而且在信托的实际运行中，二者追求的信托目的也是完全不一样的，信托产品追求的是高收益高回报，是纯粹的投资理财；而家族信托的信托目的是实现家族财富的安全与有序传承，要做到财富的细水长流，它不会追求高收益。所以家族信托即使要投资，一般也只投向稳定的低收益项目，如定期存款、国债、货币基金这些固投类项目，故而只要不投资高风险的项目，家族信托本身就不会发生暴雷风险。

另外，如果信托公司破产倒闭了，对家族信托也不会有任何影响，委托人只需要更换新的信托公司就可以了。这个问题我在前面的内容已经讲过，这里就不再赘述。

第二节　家族信托的事务管理

委托人设立家族信托之后，除了需要把信托财产交付给受托人管理之外，还需要受托人按照信托文件的规定，对信托事务进行管理。具体包括家族企业治理、受益权管理、信托利益分配、家族子女教育等方面。

一、家族企业治理

在家族企业中，随着家族成员的增加，会产生利益上的冲突，这是一个很严重的问题。家族成员之间明争暗斗、争夺家族企业控制权的情况随时可能发生，这肯定会影响到整个家族的发展。同时，随着家族企业不断扩大，也同样面临如何更加有效治理的问题。

对于这些问题，我们可以把家族企业治理与家族信托进行关联，可以这样操作：先把家族企业的股权装入家族信托，在信托文件中作出规定，企业的控制权由委托人保留，对于积极参与企业管理的家族成员，除了获得一般的受益权之外，还可以获得额外的受益权。对于具体怎么参与管理、管理的效果怎么考核以及额外受益权的具体金额，可以根据家族企业的具体情况量身定制方案。

企业家将家族企业的股权设立家族信托可以达到两个目的：一是家族信托起到集中股权的作用，确保家族企业的股权不会分散，不会受到家族成员的婚姻变化、法定继承等各种不确定因素的影响；二是信托公司只是名义上持有家族企业股权，实际由委托人保留企业控制权，企业的表决权、经营权等股东权利仍然由委托人行使，信托公司并不实际参与家族企业的经营和管理，只根据信托文件的规定，领取企业经营的收益以及将信托利益分配给委托人的家族成员。

二、受益权管理

如果要为家族成员设立家族信托，肯定要在信托文件里确定具体的受益人，家族成员能否取得信托利益，就取决于他在家族信托中的受益权。但是，在家族信托的运行当中，总会发生一些意外的情况，受益人是很可能会发生不断变化的，受益权管理是信托事务管理很重要的内容，主要包括受益权的取得、变更、放弃等。

（一）受益权的原始取得

受益权的取得其实有很多种情况，最主要的取得方式是原始取得。原始取得就是指委托人在信托文件中指定的受益人，一般都是家族成员，包括委托人的配偶、子女和孙子女，也有可能包括父母、兄弟姐妹等近亲属。委托人可以在信托文件中列出受益人的范围和条件，只要符合条件，就算是信托设立时还没有出生的人，也可以作为受益人，一旦出生他就直接享有受益权。当然，作为家族信托的委托人，也可以把自己指定成为受益人。

（二）信托文件变更取得

受益权的第二种取得方式，是根据信托文件的变更来取得。《信托法》规定在四种情况下委托人是可以变更受益人的：一是受益人对委托人有重大侵权行为；二是受益人对其他受益人有重大侵权行为；三是经受益人同意；四是信托文件规定的其他情形。第一种、第二种情况很好理解，如果受益人严重侵害委托人或者其他受益人，这肯定是委托人不希望发生的事情，委托人可以直接取消他的受益权。第三种情况是经受益人同意，这个操作起来好像不太实际，因为一般人总归是不愿意放弃自己利益的。《信托法》还有一条兜底条款，就是信托文件规定的其他情形。也就是说委托人可以在信托文件中规定，在任何情况下委托人都可以随时变更受益人，而不需要经过受益人的同意。如果这样规定的话，委托人的权限就非常大了。另外，在家族信托的运行过程中，可能会出现一些委托人没有预料到的情况，比如需要增加或减少某类受益人，或者需要增加或减少某个受益人的受益权，那么只要委托人在信托文件中有这样的权限，就可以进行变更。

（三）转让取得和继承取得

受益权取得的第三种方式是转让取得和继承取得，《信托法》第 48 条规定："受益人的信托受益权可以依法转让和继承，但信托文件有限制性规定的除外。"虽然法律允许信托受益权可以转让，但是一般信托文件都禁止转让。这主要是委托人为了保持家族凝聚力，防止家族以外的人进入家族信托，或者为了防止受益人通过转让受益权获得利益并挥霍。对于受益权的继承，只要是信托文件没有限制，受益人的继承人也可以成为家族信托的受益人。那么这里有一个问题，就是对于继承取得的受益权，如果继承人是有配偶的，那么他的配偶是否也享有受益权？根据《民法典》第 1062 条的规定，继承所得的财产属于夫妻共同财产，除非遗嘱中确定只归一方所有的财产。根据这个法律原理，原则上继承所得的信托受益权也属于夫妻共同财产，故而继承人的配偶同样可以享有信托受益权。

（四）受益权的放弃

《信托法》规定，受益人可以放弃信托受益权。在实务当中，受益人主动放弃受益权的情况非常少见。但也有些子女不想依靠父母，想通过自己的努力创造财富，或者子女与父母发生了重大的矛盾，不愿接受父母的财产。那么，受益人放弃受益权之后会产生一个问题，就是受益人放弃的信托利益最后归谁所有？这个问题我们还需要再看一下《信托法》的规定，它分为两种情况：首先如果信托文件有相关的规定，那么就应当按照信托文件处理；其次如果信托文件没有规定，那么先按照由其他受益人享有的原则分配，如果没有其他受益人的话，那信托利益就归委托人所有。

三、信托利益分配

委托人设立家族信托的最终目的，肯定是要根据自己的意愿，将信托利益分配给受益人。一般情况下，委托人的家族成员往往人数较多，每个受益人的情况也不相同，所以在信托文件中通常会对信托利益分配的原则、分配金额、分配频率、分配时间、分配条件等都作出详细的规定。实际上，委托人在开始设立家族信托的时候，就应该考虑清楚这几个问题：第一，受益人在什么情况下可以分配信托财产？第二，信托财产在什么时候分配？第三，怎么估算受益人对信托财产分配的需求？总之，委托人作为家族的家长，应当要认清自己的意图，了解家人的需求，委托人把意图和家人的需求向律师表述得越清晰，我们律师就越能设计出更好的信托方案。

但是，即使有好的信托分配方案，如果在家族信托实际运行中，信托利益没有按照信托文件分配，或者实际上是违背委托人的意愿在分配，这肯定不是委托人希望看到的结果。所以除了受益权的管理，信托利益的分配管理也是整个家族信托运行中的重要环节。对于信托利益分配管理，要重点关注这几个方面：第一，信托利益的分配方案一定要有实际可行性，否则分配方案将得不到实际执行；第二，信托利益的分配方案最好不要设计太过复杂，否则容易造成不同的理解，引发信托纠纷；第三，信托公司作为家族信托的受托人，应当及时向委托人报告信托利益的分配情况；第四，作为家族信托的保护人，要对信托公司是否按照信托文件的规定分配信托利益进行严格监督。只有以上几点都做到位，信托利益的分配才能完全按照委托人的意愿进行。

四、家族子女教育

委托人设立家族信托，可以在信托文件中对子女教育问题作出相应的安排。在子女不同的学习成长阶段，根据教育的需要情况来分配信托利益。比如，在子女进步的时候要给予鼓励；在子女取得成绩的时候给予适当的支持；在子女获得学校荣誉的时候要给予奖励；在子女考上名牌大学的时候也给予相应的奖学金；甚至子女攻读了硕士学位、博士学位的时候，要给予更多的奖励。这种激励的方式，可以让家族子女有更多的动力主动学习，接受更好的教育。

当然，制定子女的教育规划，是一件很复杂的安排，设立家族信托只是其中一种支持方式，另外还需要对子女言传身教，培养子女积极向上、奋发图强的生活和学习态度。

第三节　家族信托的变更

家族信托设立以后，在信托运行过程中，可能会发生各种始料未及的事件。这些事件在法律上可能会导致家族信托的变更、撤销、解除或终止，所以要格外注意。

律师在起草信托文件时，会对未来可能出现的变故，提前设置好变更信托条款的前提条件，这样就算出现变故，也能尽可能按照委托人的意愿进行变更。当然，信托文件不可能把所有的情况都规定进去，如果信托文件有规定，就按照规定进行变更；如果信托文件没有规定，就按照《信托法》的规定变更。

具体来讲，家族信托的变更主要有两个方面：一是信托财产管理方式的变更；二是信托当事人的变更，包括受托人、受益人还有保护人的变更，有一点要说明的是，委托人是不能变更的。

一、信托财产管理方式的变更

关于信托财产的管理方式，在家族信托设立的时候，信托文件里面就规定好了，这些规定都是根据当时的经济形势制定的。但是家族信托存续的时间很长，经济形势可能会发生变化，原来的管理方式就不一定适合。到了那个时候，家族信托财产管理方式、投资方向就需要进行变更了。

信托财产管理方式的变更，大体可以通过以下几种方式：一是委托人在信托文件中保留相应的权利，只要在认为需要的情况下可以直接指令信托公司变更管理方式；二是委托人在信托文件中授权信托公司，允许信托公司在特定情形下，对信托财产的管理方式进行变更；三是委托人可以授权财务顾问、保护人等，允许在特定情形下，对信托财产的管理方式、投资范围和比例进行变更。当然，委托人可以选择以上几种方式组合运用，比如在信托文件里可以规定由委托人与信托公司共同决定投资的方式。

另外，对于信托财产管理方式的变更权，《信托法》也有明确的规定，即便信托文件没有规定，委托人也可以直接根据法律要求信托公司变更信托财产的管理方式。

二、受托人的变更

在设立家族信托的时候，受托人是由委托人本人确定的，通常都是信托公司。受托人的责任是按照委托人的意愿，管理信托财产和事务，通常情况下，家族信托都可以正常运行。但是如果在运行当中发生一些意外，比如由于受托人的过失造成投资失败，委托人不再信任受托人，或者受托人不愿意继续担任受托人，这时就可能涉及受托人的变更。

受托人的变更有两种情形：一是委托人解任受托人，二是受托人主动辞任。根据《信托法》的规定，委托人要解任受托人，前提是受托人有重大过错，委托人并不能随意变更受托人。另外《信托法》也规定，经过委托人和受益人的同意，受托人可以主动辞任。这也说明受托人自己是不能随意辞任的。要注意，这是和普通的委托关系不一样的地方，对于普通的委托合同，委托人和受托人都有权随时解除委托关系，但是信托合同是不可以的，这是因为它们的法律基础和功能都不一样。

三、受益人的变更

家族信托是委托人为了受益人的利益设立的，所以受益人在信托关系当中是必不可少的。家族信托生效之后，受益人就享有了信托利益，除非委托人明确保留相关权利，否则一般是不会随意变更受益人的。委托人设立家族信托的主要目的，是实现家族财富的传承，所以家族信托的受益人通常是委托人的家族成员。为了防止受益人挥霍财产，通常在信托文件中可以作出一些限制性的规定，比如可以在信托文件中规定受益人不得参与赌博，否则就取消受益人的资格。这里需要注意一个问题，因为家族信托的期限非常长，如果委托人身故或者无法行使权利，那么信托的保护人可以根据信托文件的授权，来行使变更受益人的权利。

受益人的变更，除了根据信托文件之外，还可以根据法律的规定。《信托法》第 51 条对这个问题有明确的规定，受益人对委托人或其他共同受益人有重大侵权行为的，委托人可以变更受益人。如果受益人实施了重大的侵权行为，这肯定是委托人不愿意看到的，所以应当允许委托人变更受益人，这就体现了公序良俗的法律原则。

第四节　家族信托的撤销

家族信托在特定情况下可能会被撤销，主要有委托人撤销及委托人的债权人撤销两种情况。一般被撤销的合同都是自始无效的，合同被撤销之后，应当恢复原状或返还财产。但是信托合同被撤销，产生的后果不会完全自始无效，和其他合同有很大的区别，这个问题我下面会讲到。

一、委托人撤销家族信托

根据私法自治的原则，委托人设立家族信托后，可以在信托文件中为自己保留一定的权利，以便根据将来的情况变化，在必要时撤销该信托，这就是可撤销信托。但是在我国的《信托法》中，并没有委托人可以撤销信托的具体规定。而西方国家的信托，一般可以分为可撤销信托和不可撤销信托。可撤销信托的委托人保留的权利是非常大的，等于信托财产随时可以撤回，这样就严重影响信托财产的独立性，所以可撤销信托在法律上可能就不具备风险隔离功能。为了保险起见，要确保信托财产的独立性，我一般建议委托人不要保留撤销信托的权利。如果确实需要终止信托，可以通过设计委托人保留解除信托的权利，来达到同样的效果。

二、委托人的债权人撤销家族信托

家族信托设立后，信托财产就转移给了信托公司，并且不再属于委托人自己。如果委托人因为设立家族信托导致不能清偿债务，或者是为了逃避债务而设立信托，那么就会损害债权人的利益。所以，法律为了保护债权人的利益，债权人是可以请求法院撤销信托的。《信托法》第 12 条第 1 款规定：“委托人设立信托损害其债权人利益的，债权人有权申请人民法院撤销该信托。”从这个规定看，债权人行使撤销权需要具备三个条件：一是委托人的债务在设立信托前已经存在；二是因为委托人设立信托导致无法清偿债务；三是债权人向法院申请撤销信托。如果是家族信托设立之后产生的债务，就不会影响信托的有效性。

对于债权人撤销信托，还存在另一个问题，就是已经向受益人分配的信托利益怎么办？要不要返还？这个问题我在前面的章节中已经讲过，所以这里就不再赘述，具体可以参考第一章第四节的内容。

第五节　家族信托的解除

家族信托除了可以被撤销，还可以进行解除。作为委托人，可以根据法律或信托文件的规定，对家族信托行使解除权，使信托法律关系归于消灭。另外，法院也可以根据信托当事人的申请，依法解除家族信托。信托解除的后果和其他合同解除是一样的，对于已经履行的部分，是否需要恢复原状或者赔偿损失，要看信托文件的规定或者解除的原因，对于没有履行的部分就不再履行。

一、委托人解除家族信托

根据《信托法》的规定，对于委托人解除信托，有三种情况：一是受益人对委托人有重大侵权行为；二是经受益人本人同意；三是信托文件规定的其他情形委托人可以解除信托。委托人在解除家族信托的时候，需要注意两个问题：一是委托人行使解除权，要受到信托文件的限制，如果信托文件另外有规定，应当优先适用信托文件的规定；二是如果委托人单方面解除信托，信托公司的报酬就会减少，委托人可能需要对信托公司进行补偿。

在实务当中，委托人不太可能会主动解除家族信托，因为设立家族信托的主要目的是要实现家族财富的保护和传承，而家族信托一旦解除，就无法继续实现这个目的。但是，如果发生受益人集体不务正业、生活糜烂等情形，致使委托人对受益人及家族信托的存续失去信心，那么委托人有可能会解除家族信托，另行处置家族资产。

二、法院解除家族信托

如果信托当事人对解除家族信托有争议，可以向法院起诉，申请解除家族信托。法院审查之后认为符合解除条件的，包括符合信托文件或者符合法律规定，就可以判决解除家族信托。

第六节　家族信托的终止

家族信托的终止和其他合同的终止，有一些不一样的地方，比如委托人身故或者受托人辞任，都不会终止家族信托，其他的方面基本都差不多。

一、家族信托终止的事由

《信托法》第53条规定："有下列情形之一的，信托终止：（一）信托文件规定的终止事由发生；（二）信托的存续违反信托目的；（三）信托目的已经实现或者不能实现；（四）信托当事人协商同意；（五）信托被撤销；（六）信托被解除。"从该法律规定可知，家族信托的终止可以有很多原因，比如信托被撤销、被解除，或者是信托文件规定的事由，当然，信托当事人协商一致也可以终止。《信托法》对设立家族信托采取的是意思自治的原则，那么对于信托终止的事由，法律通常也会同样尊重。所以，委托人可以在信托文件中明确规定终止的事由，这个事由一旦发生，家族信托就可以终止。

实践中，信托文件中规定的终止事由各不相同，但只要不违反法律法规的强制性规定和公序良俗原则，都可以纳入家族信托文件中。最常见的终止的事由是发生了违背委托人意愿的事件，如子女参与吸毒、赌博等，当然，如果只是部分受益人出现这些情况，委托人还可以通过其他方式剥夺受益权，不一定要终止家族信托。

二、家族信托终止的法律效力及后果

家族信托终止后，信托法律关系就不复存在了，那么对于剩余的信托财产如何处理就涉及信托财产的归属问题。一般情况下，信托文件会对信托终止后的信托财产归属作出规定，但如果信托文件没有规定，那么剩余的财产应该归谁？根据《信托法》第 54 条的规定，如果信托文件没有规定，信托财产归属的第一顺序是受益人或者他的继承人，第二顺序是委托人或者他的继承人。

第五章
资金型家族信托

第一代的企业家经过多年的打拼，积累了相当的财富，实属不易。企业家积累的财富类型，应该是多种多样的，其中常规的资产主要包括资金、股权、不动产、证券、保险等。如果用不同的资产设立家族信托，那么它们的功能和管理方式也是不尽相同的，比如，资金型家族信托偏向于财富增值、股权家族信托偏向于财富传承、不动产家族信托则偏向于风险隔离。为了我们对不同财产类型的家族信托有更进一步的了解，接下来的几章内容，我将介绍几种主要财产类型的家族信托，本章先介绍有关资金型家族信托的内容。

第一节　了解资金型家族信托

企业家拥有的资产应该说种类繁多，包括现金、股权、不动产、动产等各种形式，其中，现金是流动性最好、转让最简便、管理最灵活的资产。因此，资金型信托是家族信托中最常见的一种类型，目前国内的家族信托大多数以资金型家族信托为主。

一、资金型家族信托的定义

我们先来了解一下，什么是资金型家族信托？从字面意思其实是很好理解的，简单地讲就是委托人用现金资产设立的家族信托。从概念上来定义是这样的：资金型家族信托，是指委托人将其合法的资金作为信托财产委托给受托人（一般为信托公司等金融机构），受托人按照信托文件的规定，为了受益人的利益对信托财产进行管理、运用、处分的行为，以实现委托人财富保全和财富传承的信托目的。

通俗地讲，我们可以把资金型家族信托理解为委托人的一个“大钱包”，这个钱包的特点就是委托人按照信托文件往里面放钱，保护里面的钱不因时间的流逝而缩水，而且还可以做到“钱生钱”。如果到了需要支取的时候，就按照信托文件的规定提取资金。除此之外，任何人不能从这个钱包里拿钱，这就是资金型家族信托的本质功能。

委托人设立资金型家族信托，会更有利于财富保值和增值，这是因为设立资金型家族信托后，资金是交由具有专业能力的信托公司等机构管理的，它们会严格按照信托文件以及委托人的投资意向进行投资，不存在人为干预的情况。通常的形式就是委托人与信托公司签署资金型家族信托合同，并约定投资范围和资产配置的比例，由信托公司进行信托产品认购和赎回，一般的期限有 10 年、30 年、50 年甚至更久。

二、资金型家族信托要注意的问题

委托人设立资金型家族信托，应该注意以下几个方面的问题：

（1）首先要严选受托人。信托公司等金融机构可以成为家族信托受托人，而商业银行一般以资金托管的第三方身份介入。从减少法律风险，使信托财产保持独立性，为资金型信托设置长远的架构考虑，受托人为信托公司较为稳妥。从我国实际情况来看，对于营业性质的家族信托，受托人只能是持有信托牌照的信托公司。所以，我建议选择信托公司，不建议选择第三方机构和商业银行。原因有两点：第一，信托公司由国家金融监督管理总局直接监管，属于强监管，并且具备雄厚的资金实力和产品线，能够胜任受托人工作；第二，商业银行虽然也是金融机构，但以第三方身份介入，最后还是由它们委托信托公司作为受托人，这中间就存在多收费的问题。另外，对于选择信托资金托管的开户银行，建议选择经营稳健的商业银行，以保证信托资金的安全性。商业银行通过信托合同、托管协议对托管资金进行安全保管，并履行投资监督、核算估值、资金清算、代收代付等职责。

（2）要把信托资金的安全性放在第一位。因为资金的流动性比较强，对信托公司的投资水平及管理能力要求较高，资金型家族信托的主要投资方向应该是低风险及收益稳健型产品。我们一定要谨慎追求投资领域的“高风险，高收益”，而是要追求安全运营下的保值、增值。所以，我建议信托资金主要可以投资于国债、货币基金、银行存款、人寿保险、银行理财产品等。

（3）资金型家族信托的受益人一般是委托人的配偶、子女、父母、兄弟姐妹等家族成员，而且法律并未禁止家族成员之外的人成为受益人，家族企业高管、员工也可以成为受益人，甚至还可以包含公益慈善目的，以特定需要救助的人群作为受益人。所有的家族信托都是他益信托，资金型家族信托也不例外，所以委托人不能是资金型家族信托的唯一受益人。

（4）在信托文件中要明确受益权，并细化出可预测事项的受益权调整方案。信托文件尽量明确受益权的分配规则，对分配的时间、数额、间隔期限尽可能量化，由信托公司严格按照信托文件，向受益人履行分配的义务。另外，委托人还可以在信托文件中规定，在何种情况下可以取消受益权，比如受益人不按规定完成学业、受益人出现严重故意犯罪的情形等。

（5）设置保护人也非常重要。由于国内家族信托起步较晚，目前在国内并未出现家族信托的“百年老店”，而且信托公司也存在专业人才缺乏、客户信任度不高等问题。而资金型家族信托一旦签订信托合同，委托人就得交付信托资金，信托公司就拥有了长期管理处分信托资金的权限。信托公司在管理信托财产、处理信托事务的过程中，可能存在违背信托义务的道德风险。虽然《信托法》并未明确规定保护人制度，但基于法无禁止即可为的原则，考虑到信托公司的上述道德风险，委托人可以在信托文件中引入“保护人”条款，以起到监督信托公司的作用。

（6）资金型家族信托设立时，初始的信托资产类型是现金，在设立此类信托时，不仅要保证信托资金来源合法，而且要特别注意在以夫妻共同财产作为信托财产时，要取得配偶一方的书面同意。避免配偶一方以信托财产属于夫妻共同财产为由，主张信托无效，最终不能实现委托人的财富安排目的。

第二节　资金型家族信托的优势

资金型家族信托除了具有家族信托的一般功能之外，它和其他类型的家族信托相比还拥有一些特有的优势，这是基于信托资金的特点决定的。资金型家族信托因为流动性好、投资方便、易于分配，所以有以下四个方面的优势。我们在设立资金型家族信托的时候，这些优势可以作为一个考量的因素。

一、信托的设立更加自由

资金型家族信托的信托财产是资金，交付起来非常方便自由，只需要将资金直接划款给信托公司就完成了交付，不需要委托人再办理其他的手续。如果用其他类型的财产设立家族信托，比如公司股权、不动产，除了要将这些财产交给信托公司占有之外，还需要办理相关的财产过户登记手续，相对繁琐，而且还有费用支出。

资金型家族信托设立之后，委托人可以在信托文件中规定投入的最高额资金数量，委托人可以随时追加新的资金，扩大信托资金的规模，而不需要重新签订信托合同，非常自由灵活。但如果是其他类型的信托财产，委托人想要增加新的信托财产，每次都要重新设立一个新的家族信托，等于所有的流程都要再操作一遍，而且还会产生新的信托设立费用等，这样就非常麻烦和不便。

二、不存在信托登记的障碍

我在前面讲过，由于我国的信托登记制度相对不完善，对于公司股权、不动产等非资金型的家族信托，信托登记是比较麻烦的问题，事实上目前是没有办法直接办理信托登记的。《信托登记管理办法》第10条第1款规定："信托机构应当在集合资金信托计划发行日五个工作日前或者在单一资金信托和财产权信托成立日两个工作日前申请办理信托产品预登记（简称信托预登记），并在信托登记公司取得唯一产品编码。"这是针对信托公司从事营业信托业务的信托登记规定。对于资金型家族信托，信托公司可以直接办理信托登记，而不存在任何障碍。而对于其他财产类型的信托登记，我们一般要采取变通的方式，就是需要先设立资金型家族信托并做信托登记，然后再用信托资金购买目标财产。通过这样的方式，将其他类型的财产装入信托，从而达到信托登记的要求。

三、可实现信托财产的保值增值

我们知道，信托公司的传统业务是营业信托，也就是以信托资金的投资盈利为经营目的，所以从事各类投资经营活动是信托公司的强项。我们常说购买信托产品，实际上就是通过信托投资来获得收益。资金型家族信托正好契合了信托公司的经营目的，信托公司可以运用信托资金，投向各个经济领域来获得收益。比如，把信托资金投到房地产项目、城投基建项目、金融理财等领域，这样就可以实现信托财产的保值增值。

而其他财产类型的家族信托，则无法通过直接投资来实现信托财产的保值增值。比如股权家族信托，只能通过股东分红的方式来获得信托收益，股权本身无法用于投资；不动产家族信托，只能通过出租收取租金的形式来获得信托收益。它们都无法达到资金型家族信托保值增值的效果。

四、信托利益分配更加自由

委托人设立家族信托的最终目的，无非是要按照自己的意愿，把全部信托财产分配给家族的子女和后代，直到信托终止。资金型家族信托的分配，相对于其他信托财产更加灵活方便自由，因为它除了信托收益，信托财产的本金部分也可以参与分配。只要信托文件中有相关的规定，分配金额的多少、分配的时间都非常灵活，这就要归功于信托资金的强流动性和可分割性。

而其他财产类型的家族信托则有很多限制条件，比如股权家族信托的收益只有股东分红，而不动产家族信托的收益只有租金。它们在金额上都相对有限，所以在分配上也就没有那么自由和灵活。

五、税收优势

资金型家族信托在税收上有很大的优势，除了在信托资金投资的过程中会产生相应的所得税之外，在信托的设立阶段、信托利益的分配阶段以及信托终止的时候，都不会产生额外的税收，所以资金型家族信托的税负是非常低的。而其他财产类型的家族信托，无论是在设立阶段还是运行阶段，包括信托终止的时候，都会产生税负，尤其是不动产家族信托在各个阶段的税负是相当沉重的。

对于家族信托的税负问题，我将在本书的第十章详细讲解，因为税负问题应该也是我们设立家族信托非常关心的问题。

第三节 资金型家族信托的业务模式

我们设立资金型家族信托，也需要了解一下目前信托公司运作的业务模式，以便我们做出选择。因为不同的业务模式，对于信托资金的管理方式、收益情况、费用成本都是不一样的。根据信托行业的分析报告，以及信托公司在实践中不断发展的现状，目前国内资金型家族信托主要为以下四种业务模式。

一、信托公司主导模式

如果采用的是信托公司主导模式，那么信托公司将占据主导地位，主导进行信托产品的设计，选择信托产品的投资去向，以及为委托人提供具体的投资方案，当然最终投资方案是由委托人决定的。以这种模式开展家族信托业务的信托公司，大多属于大型金融集团的子公司，自身拥有一定的客户资源基础，且大多经营时间较长，拥有较强的信托投资管理能力，信托公司得以依托自身的客户资源为基础，并以信托投资管理能力主导家族信托业务的开展。在这种模式下，根据信托文件，信托公司需要向委托人及时反馈信托资金的资产配置、投资收益等信息。这种信托业务模式主要有以下的特点。

1. 定制式、可撤销信托，委托人与受托人共同管理信托资金

信托公司可以根据委托人的意愿和具体情况定制产品，在产品存续期间，还可以根据委托人的实际情况和风险偏好，来调整资产配置方式和运作策略。在受益人设置及信

托财产的分配上，这类信托的受益人可中途变更，也可限制受益人权利，委托人与信托公司共同管理信托资产，决定权最终在于委托人。

2. 利益分配多样化，产品运作信息向委托人公开

在信托利益分配上，可选择一次性分配、定期定量分配、不定期不定量分配、临时分配、附带条件分配等不同的形式，不仅可以保障委托人家人的基本生活，还可“附带条件分配”以有效约束信托受益人。同时，委托人可以参与或监督信托管理，信托公司会定期或不定期将信托财产运作情况，以邮件等方式向委托人报告。信托公司做重大决策前，也会充分征询委托人的意见并得到同意，委托人对信托资金的运作有完全的掌控。

3. 信托资金组合运用，预计年化收益为“固定+浮动”

信托公司主导的资金型家族信托，主要针对高端企业法人和私营企业主客户销售，如全国500强民营企业、上市公司实际控制人或高管、各类基金会等。其资金主要投向房地产、基建、证券以及加入集合资金信托计划，预计年收益在4%～4.5%。固定管理费年费率为信托资金的0.5%～1%，年信托收益率高于4.5%以上的部分，收取20%作为超额服务管理费。

2013年年初，平安信托推出了国内首个资金型家族信托产品——“平安财富·鸿承世家”，即是以信托公司为主导的家族信托产品。该信托产品为单一资金信托，信托财产仅包含资金，投资门槛为5000万元，合同期为50年，信托资金由委托人和受托人（平安信托）共同管理，委托人在该信托中享有较大权限。

二、私人银行主导模式

自“家族信托”这一概念引入国内后，不仅信托公司关注家族信托业务的发展，私人银行、第三方财富机构等都对这一领域颇为关注。事实上，根据兴业银行与波士顿咨询公司（BCG）发布的《中国财富传承市场发展报告》，私人银行甚至已经成为高净值人群选择家族信托的首选机构，而家族信托业务开展的第二种模式便是以私人银行为主导的模式。

在这种模式下，私人银行在信托业务开展中占主导地位，私人银行以自身拥有的优质客户资源及产品营销团队，为客户提供购买信托产品、保险产品等多种金融产品的顾问服务和购买渠道。相对应地，信托公司往往处于被动地位，投资领域的选择以及信托产品的设计均由私人银行完成，信托公司在其中仅起通道作用。

1. 委托人为超高净值客户，不可撤销信托

私人银行的家族信托基金主要针对家庭总资产 5 亿元以上的客户设计，其资金门槛为 3000 万元，期限一般为 30~50 年，为不可撤销的信托。在 2013 年 5 月，招商银行私人银行正式签约首单财富传承家族信托。

2. 受益人为子女，信托利益分配的两种形式

这种资金型家族信托的模式，设立的信托财产全部是委托人的现金资产，信托受益人一般是其子女，信托利益的分配分为一定比例的定期与最终分配两种形式。委托人在满足资金门槛的前提下，可以采用此信托模式妥善安排传承其财富。比如在信托文件中可以规定：第一，子女可定期领取一定的信托资金，信托期限设为 50 年，遇到婚嫁、买房买车、创业、医疗等大事，也都可以从信托资金中拿钱埋单；第二，信托到期之后，剩余信托资金可以一次性分配给子女。

3. 私人银行主导，信托公司参与

整个家族信托都是由私人银行主导，私人银行在其中承担财务顾问与托管角色。信托公司只需要与委托人签订信托合同，参与信托方案的设计，负责分配信托利益。

4. 银行与信托公司共同受益，收取年费及超额管理费

这种模式下每年的管理费，是按托管资金的一定比例收取，比例取决于信托的复杂程度。如果委托人参与信托管理，收费比例低一些；如果完全由银行管理，银行的责任更大，收费会更高。超额管理费则按照行规，超出预期收益部分，一般按20%的比例提取。此外，作为受托人的信托公司，也按一定比例收取费用。私人银行将行内资产装入信托资产包，在客户端会收取投资顾问费，在信托端还会收取项目咨询费，对于收费的具体数额，私人银行会根据委托人的具体情况协商确定。

三、私人银行与信托公司合作模式

在这种模式中，私人银行与信托公司处于比较平衡的地位，双方优势互补。比如，在产品投资策略与方向选择上，由资金管理经验丰富的信托公司与私人银行的投资顾问共同决定；在高净值客户营销方面，则由具有高净值客户资源的私人银行进行客户需求分析和产品推介。这种模式与银行主导的信托模式主要的区别是信托资金的管理主体与投资方向有所不同，对于管理费用与受益权安排方面基本一致。

北京银行与北京信托在2013年合作开展的家族信托，是银信合作模式的典型代表。在这一信托产品中，北京银行与北京信托共同组建项目团队，由投资顾问、执行经理和法律顾问等组成，由委托人和北京信托签订信托协议，信托财产主要投向货币市场、资本市场以及实体经济领域。

四、保险公司与信托公司合作模式

这种模式是家族信托发展的一种全新模式，也被称为“人寿保险信托”或“保险金信托”。这是由信托公司与保险公司联合推出的全新信托模式，大大降低了家族信托的设立门槛。在这种模式下，保险公司会为委托人指定专属的私人保单管家，并提供多重增值服务。委托人将自己购买保险所获得的保险金请求权设立信托，当保险公司需要给付保险金时，信托公司通过委托人的保险金请求权，将保险金直接转化为信托财产进行信托资金管理。

随着社会的发展，保险金家族信托已经成为各大保险公司主推的大额保单业务的增值服务，确实可以实现保险与信托的双重功能。为使我们对保险金信托这一工具有进一步的了解，我将在后面第七章专门来讲解保险金家族信托。

第四节 资金型家族信托的投资

资金型家族信托的收益主要来自信托资金的对外投资，但是投资存在风险，能否有收益、有多少收益，都存在不确定性。前面我多次强调过家族信托的安全性和稳定性永远是放在第一位的，所以对于信托资金投资的风险问题要格外关注。

一、信托资金的主要投资对象

对于资金型家族信托的投资对象，鉴于家族信托的安全性与稳定性考虑，我建议委托人可以把信托资金投向以下对象。

1. 银行存款

银行定期存款虽然稳定，但是利息收入非常低，平均年收益率很难超过3%，在保证资金流动性的前提下，银行存款在投资组合中所占比例应当尽量减小。

2. 国债

国债是很好的稳定收益的投资产品，国债的年收益率一般在4%～5%。如果有年化收益率达到5%的国债产品，建议信托资金对国债的持有比例可以不受限制。

3. 公司债券

公司债券一般是上市公司公开发行的债券，根据上市公司的信用不同，年化收益率一般在5%左右。上市公司因为有政府监管要求，公开发行债券需要符合发债条件，以及需要提供担保人与担保物，所以公司债券的安全性比较高，而且它的变现流动性也比较好。建议对于年化收益率超过5%的公司债券，信托资金持有比例可以不受限制。

4. 货币基金

货币基金是聚集社会闲散资金，由基金管理人运作，基金托管人保管资金的一种开放式基金，专门投向风险小的货币市场工具。区别于其他类型的开放式基金，它具有高安全性、高流动性、稳定收益性，具有“准储蓄”的特征。货币基金资产主要投资于短期货币工具，一般期限在一年以内，平均期限120天。根据最新数据，货币基金的平均年化收益率为3.45%。信托资金可适当投资货币基金。

5. 人寿保险

人寿保险具有较高资金的杠杆，只需要较少的保费就可以获得高额的保险金。只是人寿保险的期限非常长，会让投资者丧失资金的机会成本，但是这正好与家族信托的长期限性相契合，因为家族信托本身设置的期限就长达30年、50年甚至更长。所以，人寿保险作为储蓄工具和避险工具，一方面收益稳定，另一方面投资少回报高。建议可以把部分信托资金投入人寿保险，这是信托资产配置的必要工具。

6. 银行理财产品

银行理财产品可以分为固定收益类和浮动收益类，固定收益类几乎无风险，但收益低；浮动收益类具有一定风险，但也可能获得较高的收益。在金融市场上，风险永远是和收益成正比的。用信托资金投资一定要理性稳健，要坚守设立家族信托的初心，切不可受到高收益产品的诱惑。建议年化收益在6%以下的理财产品是可以投资的，对于承诺收益过高的理财产品，则不建议用信托资金投资。

7. 集合资金信托计划

集合资金信托计划就是信托公司经营的营业信托，主要的投向是房地产、基建、股权投资等非标项目。这个产品在房地产黄金时期是非常好的投资产品，但是随着我国房地产业从增量市场到存量市场的转变，未来的发展存在不确定性，而且已经有某些信托公司的集合资金信托计划赎回延期甚至暴雷。不建议将信托资金大量投入集合资金信托计划，即便要投入，也只能少量尝试。

二、信托资金的投资原则

1. 安全第一，兼顾收益

首先，家族信托的首要功能是家族财富的保护与传承，因此信托资金的安全性是最重要的；其次，设立家族信托的资金通常都是长期资金，家族信托的存续时间一般在30年甚至50年以上，为了实现家族财富的长久传承，家族信托还应实现信托财产的保值增值，增强自身的造血能力。

2. 投资方案与家庭的流动性需求相匹配

家族信托的财富传承功能，主要通过向受益人分配信托利益来实现，所以委托人在和信托公司确定投资方案的时候，要与分配方案相结合，提前进行流动性安排。根据生命周期资产配置理念，一个家庭在家庭成熟期时，流动性需求较低、风险承受能力较强，这个阶段可以适当增加权益类和另类资产的配置比例。但是，如果已经到了养老期，那么随着家庭的收入减少、支出增加，家庭流动性需求增加、风险承受能力变弱，这个时候应增加现金管理、固收类资产的配置（见表 5-1）。

表 5-1　投资方案与家庭需求匹配

具体方面	家庭形成期	家庭成长期	家庭成熟期	养老期
收支特征	收入较少 支出较多	收入增加 支出增加	收入稳定 支出较少	收入减少 支出增加
流动性需求	高	中等	低	高
风险承受能力	弱	中等	强	弱
资产配置建议	现金管理、固收（超配） 权益类、另类（低配）	现金管理、固收（标配） 权益类、另类（标配）	现金管理、固收（低配） 权益类、另类（高配）	现金管理、固收（超配） 权益类、另类（低配）

3. 严格风控，建立完备的投资体系

委托人将信托财产交给信托公司进行管理和投资，虽然信托公司的投资行为必须符合信托文件的规定，但是不排除信托公司的投资会出现失误，所以委托人也要主动监督或者委任保护人监督信托公司。为了规范信托公司的投资行为，委托人应该建立完备的投资体系，具体应包括投前的投资决策机制、投中的复核机制以及投后的跟踪和信批机制，而且风控与合规人员应全程参与监控。在此前提下，发挥信托公司的主观能动性，力求使委托人获得长期稳健的信托投资回报。

三、针对信托投资的建议

当前，在我国经济增速换挡、宏观经济结构调整的大背景下，市场利率持续下行，企业信用风险频发，资本市场频繁波动，这对信托公司的投资能力和风控能力都提出了挑战，对家族信托的投资也提出了新的要求。在家族信托的投资环节应做到以下几点。

1. 从主要投资地产类固收转向均衡配置

由于国内家族信托整体的发展历史较短，投资策略还远未成熟，目前主要投向于房地产类固收产品，但在“房住不炒”的大背景下，单纯投资房地产类固收的风险也在逐步加大。建议可以增加权益类、商品类和另类资产的配置，兼顾家族信托投资的安全性和收益性。一方面，通过资产类别的分散和单一产品投资集中度的限制来分散风险，降低整体投资组合的波动性；另一方面，通过配置一定比例的权益类和另类资产，来提高整体组合的长期投资回报。

2. 从仅配置自有产品转向全市场配置

目前国内家族信托主要投向信托公司或资产管理人发行的产品，很少投资于外部产品。但从家族信托受益人的角度来看，建议投资应放眼全市场，挑选最优质的产品和资产，以期实现家族信托受益人的利益最大化。

3. 重配置轻择时，定期再平衡

家族信托完成初始投资后，是否根据市场情况对各类资产的配置比例进行调整，这也是业内广泛讨论的话题之一。我认为信托投资应当“重配置轻择时”，一方面，由于家族信托的投资模式类似 TOT 或 TOF，仓位调整要受到底层产品开放日和封闭期的限制，仓位调整的时效性较差；另一方面，择时的胜率非常依赖信托公司或资产管理人的择时能力，即使是最优秀的基金经理，择时的胜率也不高。

第六章
股权家族信托

我在前面的章节讲了一个渔夫的小故事，我把腌好的鱼比作为信托财产。实际上，渔夫家的渔船才是最重要的财产，渔船就好比是家族企业，它是创造其他财富的源泉，没有渔船就不可能出海捕鱼。所以毫无疑问，家族企业就是最重要的家族财富。

本章是本书的重点，也是企业家需要认真深入了解的内容，因为作为第一代创业的企业家，对自己辛勤经营多年的家族企业，如同自己的孩子一样无法割舍，它是企业家一生智慧和勤劳的结晶，是最重要的家族财富。如果没有家族企业，那么企业家的人生可能就没有存在的意义。然而，设立股权家族信托同样意义重大，因为它关系到家族基业长存的根本问题。

第一节　了解股权家族信托

根据我办理家族信托业务的体会，在目前家族财富传承的潮流下，以股权作为信托财产的家族信托热度日渐高涨，尤其当企业家面临家族企业接班人的交替以及股权传承的需求时，股权家族信托必将成为家族财富传承的重要途径。

既然设立股权家族信托如此重要，那么我们在决定设立股权家族信托之前，肯定需要对它有一个充分的了解，了解股权家族信托的基本概念，了解它有哪些类型和模式，以及它能为我们解决哪些问题。否则，作为心智成熟、处事谨慎的成功企业家，在不了解股权家族信托的情况下，无论如何都不会考虑设立股权家族信托的。

一、股权家族信托的定义

股权家族信托，顾名思义，就是由企业家作为委托人与信托公司签订信托合同，将家族企业股权作为信托财产交付给信托公司，信托公司根据信托合同的规定，为了受益人的利益管理家族企业股权，并将相应的股权分红收益分配给受益人，由保护人监督信托公司运行家族信托的一种信托形式（见图 6-1）。

在家族财富传承与家族企业治理中，股权家族信托可以实现家族利益最大化，造福家族后代子孙。一方面，它实现了企业股权所有权和受益权的分离，企业股权作为信

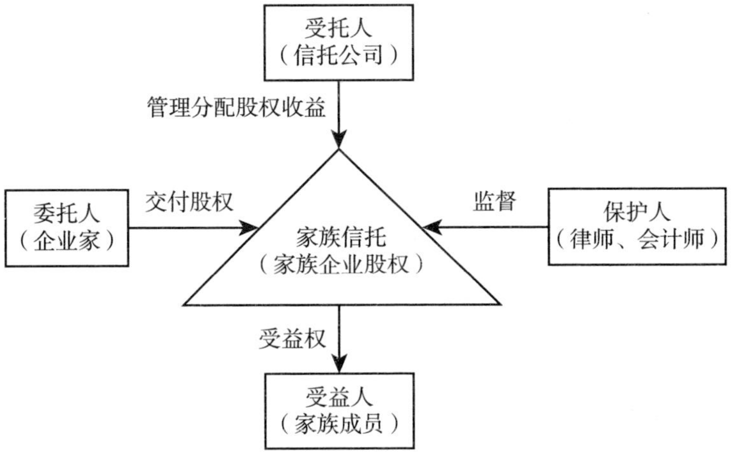

图 6-1　股权家族信托架构

托财产，所有权由信托公司名义持有，而企业股权所产生的利润分红，则由企业家指定的受益人享有。另一方面，信托公司对企业股权只拥有名义所有权，并不享有实际利益，而受益人对于企业股权只享有受益权，并无财产所有权，不能随意处置企业股权。鉴于此，家族企业股权被紧锁在家族信托之中，不会因企业家的债务、婚变或继承等个人原因导致企业股权被清偿、分割或强制执行，从而使家族企业股权作为一个整体，在法律保障中得以完整保存。而企业家的家族成员，无论是现有的或是未来出生的，均可以指定成为家族信托的受益人，并享有家族企业股权所产生的实际利益。

企业家设立股权家族信托的目的，应该和其他类型的家族信托目的是一样的，都是家族财富的保全与传承。只是因为信托财产的类型不同，财产的重要性不同，所以它们在具体功能和运作模式上就会存在差异。而且，它们产生信托收益的来源也各不相同，比如股权家族信托是通过企业经营的利润分红来获得信托收益，资金型家族信托是通过对外投资获得信托收益，而不动产家族信托一般是通过出租获得租金产生信托收益。

具体来说，股权家族信托与其他类型的家族信托相比，最大的区别在于财产的权利属性不一样。其他的信托财产只具有单纯的财产权利属性，而股权除了具有财产权利属性外，还具有企业决策权、管理权、经营权这些人身权利属性。企业家决定设立股权家族信托，我理解的是企业家可以放弃企业的所有权，但是对于企业的管理权利，是绝对不能放弃的。如果让信托公司来直接管理企业，企业家是完全不能接受的，因为企业家对自己的企业最为了解，只有自己绝对控制企业才会放心。否则，就算家族信托再怎么好，企业家都不会考虑。

事实上，信托公司是没有能力对企业进行实际管理的，当然也不愿意参与企业管理。对于股权家族信托，律师都会通过信托架构的合理设计，既确保家族信托的有效性，又保证企业家对家族企业的绝对控制权。

二、股权家族信托要注意的问题

设立股权家族信托对于企业家来讲，是极为重要的决定，所以对于相关的法律问题，都需要考虑周全。为了确保股权家族信托的合法性和安全性，谨防在法律上被认定无效或是被法院撤销的风险，以及防止信托受托人损害信托财产，尤其要注意以下几个问题。

1. 委托人要具有完全民事行为能力

企业家作为设立股权家族信托的委托人，首先在法律上必须是适格的主体，《信托法》第 19 条规定："委托人应当是具有完全民事行为能力的自然人、法人或者依法成立的其他组织。"所以，委托人要确保具有完全的民事行为能力，否则，设立的股权家族信托在法律上是无效的。一旦信托无效，那么信托财产就要恢复原状，也就是企业股权要重新回到委托人的名下，恢复到原来的民事法律关系，所设立的家族信托将失去全部的功能。为了规避这个风险，委托人可以在设立信托之前，由医院或者司法鉴定机构出具一份具有完全民事行为能力的精神鉴定报告，这是最保险的做法。

2. 严选信托公司

股权家族信托关系重大，委托人在选择信托公司的时候需要非常谨慎。股权家族信托设立之后，家族企业的股权要转移到信托公司名下，信托公司作为企业股权的名义所有人，要尽到善良管理义务，不能有损害企业股权的行为，如不能擅自质押、出售股权。如果信托公司因为故意或者重大过失，造成企业股权损害，股权家族信托就存在很大风险。所以，委托人在选择信托公司的时候要注意以下四点：第一，要审查信托公司是否为合法存续的企业法人；第二，要审查信托公司的信用情况，是否有重大诉讼纠纷、是否为被执行人、是否被纳入失信名单；第三，信托公司的股权是否有质押、司法查封或其他权利限制的情形；第四，尽量选择央企、大型国有金融机构背景的信托公司，它们的实力雄厚、资信可靠、管理经验丰富。

3. 严选保护人

委托人为股权家族信托设置保护人，就是要保护人监督信托公司严格执行信托文件，保护委托人和受益人的利益。如果没有了监督，那么信托公司就失去了法律上的约束，完全依靠道德约束，是不能确保它严格遵守信托文件的。而且在很多时候，信托公司没有办法判断它的行为是否符合信托文件，这时候就需要保护人来作出判断。比如，信托文件规定受益人在结婚时可以获得一笔婚嫁金，但是信托公司并没有能力来核查结婚证的真实性。如果有律师事务所作为保护人，这个问题就很好解决，律师有天然的调查权限，可以向相关部门调查核实，并可以为信托公司提供相应的证明文件，这样就可以确保信托公司不会犯错。

我在前面讲过，保护人最好是选择律师事务所和会计师事务所。对于应该选择怎样的律师事务所与会计师事务所，我个人建议，最好是选择一线城市的大型律师事务所，并且是专业的家族律师团队，他们是国内财富传承法律服务的优秀团队，拥有丰富的家族信托法律实务经验，具备信托法、家事法、公司法、税法多领域协同服务能力。另外对于会计师事务所，最好在传统的四大所中选择，他们拥有国内顶级的专业会计师，具备非常丰富的实务经验，他们的服务能力和信用毋庸置疑。

4. 企业股权没有权属争议

委托人将家族企业的股权装入信托，那么企业股权作为信托财产，它就要符合法律上的相关要求。《信托法》第7条规定：“设立信托的信托财产必须是委托人合法所有的财产。”它的意思是说，委托人名下的企业股权必须是属于合法所有，不能存在权属纠纷或争议。比如，委托人为他人代持的股权，它在法律上就不属于委托人，这样的企业股权是不能设立家族信托的。另外，如果企业股权存在质押的情况，要先涤除质押，否则除了无法办理股权的过户登记之外，也存在被法院强制执行的风险。因为根据《信托法》第 17 条的规定："设立信托前债权人已对该信托财产享有优先受偿的权利，并依法行使该权利的，可以对信托财产强制执行。"

5. 配偶要出具同意函

企业股权虽然是登记在委托人名下，但如果是在婚后成立的企业，那它在法律上属于夫妻共同财产，根据《民法典》第 1062 条的规定，"夫妻对共同财产，有平等的处理权"。也就是说，如果要用夫妻共有的企业股权设立家族信托，必须经过配偶同意，否则会因为擅自处分夫妻共同财产而归于无效。

因为配偶对企业股权有相应的共有权，所以在设立股权家族信托的时候，配偶可能也有相应的要求，尤其是对于受益人的安排上面，需要经过配偶的同意。家族信托设立之后，如果委托人要变更信托文件的条款，比如变更受益人，也需要经过配偶同意，否则配偶可能不会在同意函上签字。当然，如果配偶在同意函中明确表示授权委托人签署全部信托文件，包括今后信托文件的变更，也不需要另行征得配偶的同意，那这样自然是最好不过。

6. 最好没有债务纠纷

设立家族信托不得损害债权人的利益，否则债权人有权申请法院撤销信托，并且信托财产可以被强制执行。也就是说，如果因为委托人设立股权家族信托，导致不能清偿债务，那么股权家族信托就存在被撤销的风险。为了确保股权家族信托的有效性，在设立之前需要做到两点：一是最好对外没有大额的个人债务或夫妻共同债务；二是如果确有大额债务，那么在设立股权家族信托之后，要确保剩余财产足够偿还债务。

7. 企业股权价值超过1000万元

这是银保监会对于信托公司经营家族信托业务的最低金额要求，如果低于这个门槛，信托公司的经营可能将无利可图。

8. 律师尽职调查

实际上，股权家族信托要注意的以上问题，多数需要我们律师帮助委托人调查核实。如果企业家通过委托律师设立股权家族信托，那么这些工作都在律师尽职调查的范围之内，我们律师会根据调查结果，专门出具法律尽职调查报告供委托人参考。

第二节 股权家族信托的强大功能

我在前面的章节已经详细讲过家族信托的诸多功能。那么对于股权家族信托，它除了家族信托的一般功能之外，还有哪些强大而独特的功能？它的功能是不是企业家所需要的？或者它的功能是否能达到企业家的财富规划目的？本节的内容，我主要讲解股权家族信托的功能，我们在了解这些功能之后，可以对比一下自己的需求，是否能实现设立股权家族信托的目的。

一、完全保留企业家的控制权

企业家以家族企业股权设立家族信托，虽然失去了企业股权的所有权，但是并不会失去对家族企业的控制权。《信托法》也并没有限制或禁止委托人保留控制权，这就为企业家在股权家族信托中保留控制权预留了法律空间。另外，根据《公司法》的规定，公司章程可以对股东会、董事会的职权进行较为自由的分配和设计，以调整董事和股东之间的关系。

因此，我们利用《信托法》与《公司法》的这些特点，可以在设立股权家族信托之前，通过公司章程对董事的决策权、经营权、管理权等进行设计，保留企业家的实际控制权，进而使信托公司虽然成为企业的名义股东，但企业家仍然能够掌控企业的日常管理。这种做法不仅能够为企业家保留控制权，还能够减轻信托公司作为家族企业名义股东的管理责任，使家族企业继续在企业家的控制下得到发展。

如果企业家还不是特别放心，可以采取“资金+有限合伙”的模式设立股权家族信托，除了可以保留企业家对家族企业的绝对控制权，还可以将家族企业的控制权顺利传承给接班人。

二、股权没有被强制执行的风险

企业股权置入家族信托之后，基于信托财产的独立性原理以及家族信托的债务隔离功能，企业股权就成了不属于任何人的独立财产，而且股权家族信托也拥有了对抗企业家个人债务的效力。《信托法》第 17 条第 1 款规定：“除因下列情形之一外，对信托财产不得强制执行：（一）设立信托前债权人已对该信托财产享有优先受偿的权利，并依法行使该权利的；（二）受托人处理信托事务所产生债务，债权人要求清偿该债务的；（三）信托财产本身应担负的税款；（四）法律规定的其他情形。”所以，即便法院判决企业家要偿还他人的债务，除了上面的四种情形，法院也不能对家族企业的股权进行强制执行。

家族企业股权不会被强制执行的意义就在于，即使企业家因为个人债务破产，但是企业股权不会有任何风险。也就是说，企业家创造财富的原动力始终存在，除了可以保障企业家家族成员的生活，甚至还有机会通过家族企业的持续发展，使企业家有重新回归财富巅峰的可能。

三、避免婚变分割股权的风险

我们知道，婚后取得的企业股权是夫妻共同财产，如果企业家离婚，势必要面临企业股权的分割问题。有些甚至引发股权争夺大战，极有可能影响企业家对家族企业的控制，这是企业家不得不面对的风险。因此，提前做好相应规划，避免因为婚变分割企业股权的风险，减少离婚对财富的损耗，这也是家族财富保护的必要考虑。

因为婚变导致家族企业发生内乱的情况并不少见，像真功夫前董事长蔡达标、三一重工副总裁袁金华等，结局都令人唏嘘。其中社会影响最大的当属土豆网的创始人离婚案，土豆网曾经是网络视频行业的领军企业，在当时是非常优秀的一家企业，已经准备在美国纳斯达克上市。但是，就在土豆网递交上市申请的第二天，土豆网创始人王微的妻子杨蕾，一纸诉状将王微告上法庭，要求离婚并分割夫妻共同财产，而且冻结了王微名下的全部股权。王微和杨蕾的离婚诉讼，成了土豆网上市进程中最大的意外事件，IPO 进程因此被迫中止。最终在各方的压力之下，王微以 700 万美元作为补偿，与杨蕾达成离婚协议并和解。但是，由于这次离婚纠纷的影响，土豆网错过了当时最好的上市时机。当 2011 年土豆网重启 IPO 时，遭遇了美国资本市场的下行周期以及对“中概股”的看空风潮，股价表现一直非常惨淡，土豆网上市后不到一年，被多年的老对手优酷并购。

不管结局如何，夫妻婚变对家族企业的损害无疑是巨大的，为了防范这一风险，无论是在婚前还是婚后，企业家们都可以设立股权家族信托，将企业股权装进信托，利用信托财产的独立性特点，将家族企业与婚姻隔离。因为信托财产不属于夫妻共同财产，即便将来婚变，企业股权也不会被分割，所以对家族企业股权就不会有影响，也就不会影响家族企业的经营。

这里有一个问题：如果企业股权是企业家的婚前财产，

那是不是就不需要设立股权家族信托了呢？根据《民法典》的相关规定，一方婚前财产在婚后的经营、投资收益都属于夫妻共同财产。也就是说，婚前的企业在婚后经营所得的利润，以及企业股权在婚后的增值部分，均属于夫妻共同财产。所以，如果没有相反的夫妻财产协议，或者没有设立股权家族信托，即便是婚前的企业股权，离婚时也存在被分割的风险。因此，即便企业股权是婚前财产，从财富安全角度考虑，也应当设立股权家族信托。

四、避免继承分散股权的风险

遗产继承主要有两种方式，一种是法定继承，另一种是遗嘱继承。法定继承是指在被继承人没有遗嘱的情况下，由全体法定继承人继承遗产的方式。如果法定继承人不止一位，那么企业股权作为遗产，势必要在多位法定继承人之间分配，企业股权就分散到各个继承人名下，甚至还可能流散到家族成员之外的人名下。这样的话，家族企业没有了实际控制人，整个家族企业就会因此失控。由于没有遗嘱，继承人之间对遗产的分配容易产生纠纷，从而引发诉讼。在法定继承纠纷诉讼期间，由于家族企业没有实际控制人，企业的经营很可能会陷入混乱，而且诉讼耗时耗力，有可能继承官司还没打完，家族企业却已经因为管理失控而债务累累或破产了。

如果采取常规的遗嘱方式进行传承，即便将家族企业的股权全部由一名子女继承，也存在分散股权的可能性。

首先，如果子女有配偶，那么子女继承的股权属于夫妻共同财产，从这传承的第一步就可能分散了股权。如果将来夫妻不和，解除婚姻，势必要分割家族企业的股权，造成股权分散，甚至企业失控。

其次，就算一代企业家在遗嘱中明确企业的股权由一名子女单独继承，但是一代企业家无法控制子女的后代能一直将股权高度集中地传承下去。比如，子女在没有遗嘱的情况下意外身故，就会发生法定继承，家族企业的股权就会立即分散。又如，当子女身负债务无力偿还的时候，企业股权很可能成为被执行的对象，如果股权被拍卖，家族企业就不存在了。

为了规避继承分散企业股权的风险，设立股权家族信托是企业家最好的选择，根据《信托法》第 15 条的规定，信托财产不属于委托人的遗产，除非委托人是唯一受益人。所以，企业股权装入信托之后，就不会作为遗产被继承。另外，根据信托财产的独立性原理，企业股权已经不属于被继承人所有，所以继承人也就无法对企业股权提起继承纠纷诉讼，这样就避免了继承纠纷和繁琐的继承程序。由此可见，企业家通过设立股权家族信托，可以确保家族企业的股权永久保持高度集中，避免继承分散企业股权而导致家族企业失控的风险。

五、规避股权代持的风险

有些企业家出于某些原因无法自己持有股权，而是由亲戚、朋友等代持企业股权。股权代持的原因多种多样，可能是企业家不愿意公开自己的身份，或者是为了规避经营中的关联交易，或者是为了规避国家法律对某些行业持股上限的限制，也可能是有的公司对股东身份有特别的要求。

我作为专业律师，除非在极为特殊的情况下，否则不建议企业家采用他人代持方式管理股权，因为股权代持的风险不可估量。即使人性经受住考验，但在对抗善意第三人的时候，一纸代持协议也显得脆弱无力。在实践中，股权代持协议主要存在以下法律风险。

1. 股权代持协议无效的风险

我国有些产业禁止或者限制外国投资者投资，如果外国投资者规避中国法律，通过股权代持方式进入相关行业，根据最高人民法院的相关司法解释，此时实际出资者和名义股东之间的股权代持协议，会因违反中国法律规定而被认定为无效。

2. 股东的身份不被认可的风险

由于实际出资人的姓名并不登记在工商资料上，除非经过公司其他股东半数以上同意，否则在法律上实际出资人的股东地位是不被认可的。股东的表决权、管理权、分红权等一系列权利，都需要由代持股人行使，这必然导致风险的存在。

3. 代持股人损害实际出资人利益的风险

如果代持股人违反信义，滥用公司表决权、管理权、分红权等权利，则将给实际出资人造成重大损失。另外，如果代持股人蓄意转让股权、质押股权，实际出资人都很难控制。

4. 代持股人自身诉讼导致股权被强制执行的风险

当代持股人存在债务纠纷诉讼的时候，法院可以依法冻结其所代持的股权，并可以依据判决强制执行。实际出资人如果未能及时阻止，只能依据代持股协议向代持股人主张赔偿责任。

5. 代持股人婚变或身故导致股权分割的风险

如果代持股人婚变或发生意外身故，则其名下代持的股权，有可能涉及离婚或继承的法律纠纷，作为夫妻共同财产或遗产被分割。实际出资人将不得不卷入相关纠纷案件中，最终能否维护自己的权益尚未可知。

综上可知，当企业家遇到股权代持的问题时，完全可以用股权家族信托来替代，由信托公司作为股权的名义持有人，显然要优于其他人代持的方式。股权家族信托不需要股权代持人，所以就不会因为代持人的各种意外而出现不可控的风险。而且，对于股权代持的目的，家族信托基本都可以现实。因此，从企业股权安全性角度考虑，家族信托有明显的优势。

六、股权家族信托可以承载其他财产

作为企业家应该都知道，企业股权本身是一种可以承载其他财产的财产。企业股权承载其他财产有两种方式：一种是企业家可以通过缴付注册资本的方式，将财产转移给家族企业，用于出资的财产包括货币和非货币资产；另一种是企业家可以向家族企业出售资产，出售资产的价格应当相对公允。

虽然家族企业名下的财产归企业所有，但作为企业实控人，企业家仍然可以通过控制企业，进而间接控制企业的财产。因此，通过设立股权家族信托，可以间接实现将企业名下的财产设立信托的目的。

在实践当中，许多信托公司并不热衷于开展艺术品、收藏品等动产类家族信托，原因在于艺术品、收藏品的保管需要专业知识，且管理成本很高。但是，如果企业家将个人的艺术品、收藏品转让给家族企业持有，再将家族企业股权进行信托安排，这样不但可以实现将艺术品、收藏品间接装入信托的目的，还大大减轻了信托公司管理这类特殊动产的责任。

另外，在实践当中，用不动产直接设立家族信托的成本是非常高昂的，主要是涉及的交易税负非常高，普遍在不动产价值的10%~30%。在这种情况下，企业家可以考虑由家族企业来持有家族的不动产，通过股权家族信托的方式，间接将不动产置入家族信托，从而在尽量不增加成本的情况下，实现不动产家族信托的功能。

七、平衡家族成员之间的利益

如果企业家用遗嘱的方式，将家族企业的股权由具备管理能力的子女继承，那么股权的利益也只能由继承股权的子女享有。而其他子女或家族成员则丧失了家族企业的利益，可以说他们和家族企业之间就没有法律上的任何关系了。这样，维持家族关系的纽带自然也就不复存在，没有了共同利益的维系，整个家族可能将因此瓦解。

企业家设立股权家族信托的一个好处在于，可以平衡家族成员之间的利益。因为家族成员均可按照信托文件的规定，享受家族企业的经营成果，而不会让全部利益由某个家族成员独自享有，从而家族成员之间避免了经济矛盾。没有经济矛盾的家族，才有和谐稳定的基础。

当然，对于参与家族企业管理的成员，需要在信托文件中规定分配额外的信托利益，这样才能激发有能力的家族成员管理家族企业的积极性。至于具体的分配方式，可以根据每个家族的具体情况，设计相应的有可行性的分配方案。

第三节　股权家族信托的类型

我们在了解股权家族信托的功能之后，对股权家族信托有哪些类型也需要一个了解。因为每个家族企业的类型不一样，对于不同的企业类型，设立的股权家族信托类型不一样，要注意的法律问题也就不一样。按照《公司法》的规定，公司的类型分为有限责任公司与股份有限公司，股份有限公司又分为上市公司与非上市公司。如果以公司股份是否可以自由转让和流通为标准，可以将公司分为封闭型公司与开放型公司。所以，非上市公司（含有限责任公司）属于封闭型公司，上市公司属于开放型公司。

鉴于监管部门对非上市公司与上市公司存在不同的监管要求，对于相应的股权家族信托，也就存在不同的要求和法律问题。所以，对于股权家族信托的类型，我将分为非上市公司与上市公司两种类型进行介绍。另外，鉴于上市公司的重要性，上市公司股权家族信托是本节的重点内容。

一、非上市公司股权家族信托

非上市公司股权家族信托，就是企业家将其持有的非上市公司的股权，作为信托财产置入信托，委托信托公司管理并将相应的股权收益分配给受益人的一种家族信托方式。需要说明一下，这里所说的非上市公司包括有限责任公司和非上市的股份有限公司。因为非上市公司具有封闭性的特点，所以对于非上市公司的股权家族信托，只需要符合《信托法》与《公司法》的法律要求。

首先，股权家族信托需要满足信托登记的法律要求。《信托法》第 10 条规定："设立信托，对于信托财产，有关法律、行政法规规定应当办理登记手续的，应当依法办理信托登记。未依照前款规定办理信托登记的，应当补办登记手续；不补办的，该信托不产生效力。”但实际上，由于我国信托登记制度的缺失，股权家族信托目前是无法直接办理信托登记的。所以在实践中，为了规避信托登记对信托效力影响的风险，企业家可以通过先设立资金型家族信托并办理信托登记，然后再用信托资金购买指定目标公司的股权，用股权转让的方式完成股权交付，这是目前设立股权家族信托最常用的操作模式。

其次，既然是通过股权转让方式将目标股权置入家族信托，那么就要满足《公司法》对股权转让的法律规定：第一，如果公司是有限责任公司，则其他股东有优先购买权，所以需要其他股东承诺放弃优先购买权；第二，股权转让需要按照交易过户的要求缴纳相应的税负，虽然这会产生一定的税负成本，但在目前的法律框架下，也只能如此操作。

最后，非上市公司股权家族信托设立之后，因为企业家需要完全控制家族企业，所以需要根据《公司法》的规定，通过修改公司章程，对董事的决策权利、管理权利等进行设计，由企业家作为董事保留实际的控制权。除此方法之外，还可以采取“资金+有限合伙”的模式设立股权家族信托，同样可以保留企业家的绝对控制权。

二、上市公司股权家族信托

上市公司股权家族信托，是指企业家将其持有的上市公司的股份，作为信托财产置入信托，委托信托公司管理并将相应的股份收益分配给受益人的一种家族信托方式。因为上市公司是开放型的公众公司，企业家设立上市公司股权家族信托，除了需要符合《信托法》与《公司法》的规定外，还要符合《证券法》以及证监会对上市公司的监管规定，所以在实践操作中，需要注意以下几个实际问题。

（一）家族信托持股企业只能在特定条件下上市

对于拟在 A 股上市的企业，监管层要求在 IPO 之前必须对“三类股东”进行清理，即资管计划、信托计划、契约型基金，如果存在这“三类股东”是很难成功上市的。近年来，随着我国证券发行制度从审批制向注册制转变，监管层对于“三类股东”在满足一定的条件下能否上市的问题，也逐步持开放的态度。而且在实际操作中，对于资管计划、契约型基金持股企业上市，在很早之前就已经有成功的先例，但是对于家族信托持股，监管层的态度却一直很谨慎。

直到 2021 年 6 月，沪深交易所发布《关于进一步规范股东穿透核查的通知》，明确对持股数量少于 10 万股或占比少于 0.01%的股东，在合规原则下可不进行穿透披露。这一政策对家族信托持股上市释放了积极、友好的信号。上述文件发布后，到 2021 年 9 月，家族信托持股的振华新材通过了监管层的审查，成为首家国内家族信托持股上市的企业。自此以后，国内家族信托持股上市的公司开始逐渐增多。

到了 2023 年 2 月，证监会发布《监管规则适用指引——发行类第 4 号》将“三类股东”调整为“两类股东”：资产管理产品、契约型私募投资基金。并且明确将其中的“资产管理产品”限制为《关于规范金融机构资产管理业务的指导意见》规定的产品。而根据 2023 年 3 月银保监会发布的《关于规范信托公司信托业务分类的通知》规定，家族信托不属于《关于规范金融机构资产管理业务的指导意见》规定的产品范畴。这或许意味着，家族信托可能不再需要受到“两类股东”限制，从而可以成为上市公司控股股东。

（二）信托财产只能非交易过户登记，税费成本高

对于已经上市的公司，企业家要将上市公司股票装入家族信托，只能通过信托资金购买股票的方式，并且还要受限于上市公司股票过户的相关规定。根据有关规定，上

市公司股票交易需要在中国证券登记结算有限责任公司办理过户登记，股票的过户登记分为集中交易过户登记（交易过户）和非集中交易过户登记（非交易过户）两种方式。企业家要实现上市公司股份向家族信托的转移，不能通过集中交易的方式，因为集中交易的对象是不特定的，所以只能通过大宗交易方式或协议转让方式，相应地，过户方式也只能采取非交易过户登记。

根据《中国证券登记结算有限责任公司证券登记规则》及《证券非交易过户业务实施细则（适用于继承、捐赠等情形）》的规定，非交易过户情形主要包括股份协议转让，司法扣划，行政划拨，继承、捐赠等，其中适用于家族信托的方式仅有协议转让。而且，协议转让需要满足严格的监管限制条件：一是转让股份数量不低于上市公司总股本5%，转让双方存在实际控制关系、均受同一控制人所控制及法律法规、本所业务规则另有规定的除外；二是股份转让价格不低于转让协议签署日公司股份大宗交易价格范围的下限（市价的九折）。

基于上述监管规定，企业家要面临两个问题：一个是资金成本增加，需要根据二级市场价格支付股票交易款项；另一个是税务成本提高，如果企业家持有的是上市公司原始股，解禁后通过大宗交易方式或者协议转让方式，将股票直接或间接装入家族信托，除了需要缴纳印花税外，还要按照纳税所得额的20%缴纳个人所得税。

（三）上市公司股东合规义务的限制

对于已经成功装入家族信托的上市公司股份，需要受到上市公司的流通股转让规则、股份过户制度、一致行动人认定、大股东减持限制、信息披露等诸多方面的合规要求。

如果家族信托或其下设持股平台作为上市公司的控股股东、实际控制人的一致行动人，从维护上市公司持股架构的稳定性出发，减持限制往往不可避免。包括但不限于上市之日起36个月内不得转让股票、集中竞价交易在任意连续90日内减持总数不得超过1%、大宗交易90日内不得超过2%、窗口期减持禁止、短线交易禁止等。除此之外，还需要履行法律法规及交易所要求的信息披露义务。因此，在设计家族信托持股结构时，通常需要律师事务所对家族信托是否与上市公司控股股东、实际控制人构成一致行动人出具法律意见。

原则上，如果监管机构认为家族信托或持股平台仍然由上市公司控股股东、实际控制人控制，则一般会认为其和控股股东、实际控制人之间构成一致行动关系，那么家族信托或其持股平台就需要严格满足前述控股股东、实际控制人及其一致行动人减持相关的合规要求。

（四）登记制度不完善，不能直接办理信托登记

信托财产登记制度不完善，是限制我国家族信托发展的一个重要原因。虽然我国有《信托法》，但是与之相对应的配套制度并不完善。在目前的法律框架下，上市公司股份无法进行信托登记，所以现在多数采用“资金+有限合伙”信托模式，将上市公司股份通过买卖交易方式，过户登记到有限合伙企业名下。这虽然解了燃眉之急，但需要采用交易方式实现信托财产转移，极大地提高了设立家族信托的成本。因此，建立信托财产登记制度势在必行，各大信托公司目前也正在积极给监管部门提出建议：可以由财产所在地的主管部门进行分散登记，也可以由中国信托登记有限责任公司进行统一登记。我认为，只要信托财产的登记制度真正建立，国内 A 股上市公司股权家族信托将迎来井喷式的发展。

（五）上市公司股权家族信托的展望

家族信托持有上市公司股份，对于企业家经营家族企业具有重要的意义。第一，可以大大减少企业家由于人身变故、婚姻家庭、继承等问题导致的各类股权纠纷；第二，在保障上市公司股份独立性、隔离资产风险的前提下，保留企业家对上市公司日常经营与重大事项的决策权，有利

于家族企业的安全和长远发展；第三，可以根据企业家的家族需求，整体定制信托利益分配机制，框定受益人范围，结合各受益人的生理特征、需求层次、职业规划、家庭规划等场景，设置相应的信托利益分配计划，通过有针对性的利益分配安排引导受益人的行为表现，从而塑造符合家族精神的价值观。

在国外成熟的资本市场，能够长期延续存在的上市公司，背后几乎都有家族信托的影子，我国在纽交所或港交所上市的优秀公司，很多也采取了家族信托持股模式。随着中国经济的不断发展，A 股市场上出现了越来越多的家族企业，家族财富也在不断增加，这奠定了家族信托持股的基础。在目前阶段，间接、少量的家族信托持股已经不影响国内 A 股上市，相信随着信托登记制度、税收制度的完善，上市公司采取家族信托持股方式，将会得到越来越多的企业家的青睐。

第四节　股权家族信托的结构模式

企业股权不同于其他财产，它除了具有财产权利外，还具有管理公司的人身权利。所以，股权家族信托需要考虑股权管理的实际需要，以及监管机构对企业的监管要求，故而也就存在不同的股权家族信托结构。在实务操作当中，股权家族信托结构主要有三种模式：信托直接持股、通过有限责任公司持股、通过有限合伙企业持股。

无论是哪一种模式，在股权家族信托设立之前，我们都要先解决一个问题，那就是家族企业股权架构的合理化。合理的股权架构是设立股权家族信托的前置条件，它要考虑到家族信托设立之后，企业的产权明晰、企业控制权、税务合理筹划、股权激励、融资上市等多个因素。对于不合理的股权架构，就需要专业家族律师团队（包括信托法律师、公司法律师、税法律师）进行股权架构梳理与重组，不考虑合理股权架构的家族信托是没有意义的。

股权架构重组并不是简单地搭建持股平台，有很多企业家都认为，股权架构重组就是公司顶层持股的主体和比例问题。实际上没有这么简单，除了设计顶层架构外，还需要选择一个合适的目标公司以及下层架构搭建，这对于股权家族信托同样重要。结合实际情况，我们一般把股权架构重组的工作分成三个步骤进行。

第一步骤：选择合适的目标公司。目标公司也称为“壳公司”，目标公司的股权就是拟装入家族信托的信托财产。要选择一个没有股权“硬伤”的目标公司，并把有发展潜力的核心业务公司装入目标公司，这非常重要。选择目标公司，先要做好律师尽职调查，很多律师忽视了这一步的重要性，在没有充分尽调的情况下，盲目搭建持股架构，最后导致企业有合规“硬伤”，或者在非核心业务的公司上搭建了各种持股平台。为避免这种情况发生，在选择目标公司的环节，要通过全面尽职调查方式解决两个主要问题：一是目标公司是否存在合规“硬伤”；二是选择适合的业务类型，并通过重组形成完整的业务体系。

第二步骤：顶层架构设计。选择哪种类型的顶层持股主体来控股目标公司，还有大股东的持股比例，怎么选择既能保证大股东的控制权，又解决不同发展阶段公司税务筹划的问题，还能不对公司未来的融资上市带来障碍，这些都是在设计顶层架构时需要重点考虑的问题。设计顶层股权架构，要把握信托主体、控制权、税务筹划和上市四个维度，这是股权架构重组的重点。在选择哪种类型的持股主体方面，个人、个人独资企业、有限合伙企业、有限责任公司这四种法律主体都可作为目标公司的持股主体，但具体如何选择，就要考验律师团队工作的专业性了。

第三步骤：下层架构设计，就是目标公司下面的分公司、子公司的架构搭建。根据公司的业务类型、战略布局调整下层架构，利用下层架构进行税务筹划，是这部分要解决的问题。在业务类型选择方面，如果是经营多类型业务的公司，应该重点关注是否包含金融、农业、劳动密集型传统行业，以及产能过剩行业，因为这类业务是无法上市或很难上市的业务类型。要看清楚公司核心业务未来能否融资上市，将核心业务公司进行重组，剥离非核心业务。

在解决股权架构合理化重组的问题之后，下面我们就可以了解股权家族信托的三种结构模式，这三种模式有个共同点就是都需要先设立资金型家族信托，这样做是为了解决信托登记合法性问题。信托登记问题我在前面已经讲过了，这里就不再复述。

一、信托直接持有目标股权模式

信托直接持有目标股权的股权家族信托设立流程及运行模式如图 6-2 所示：

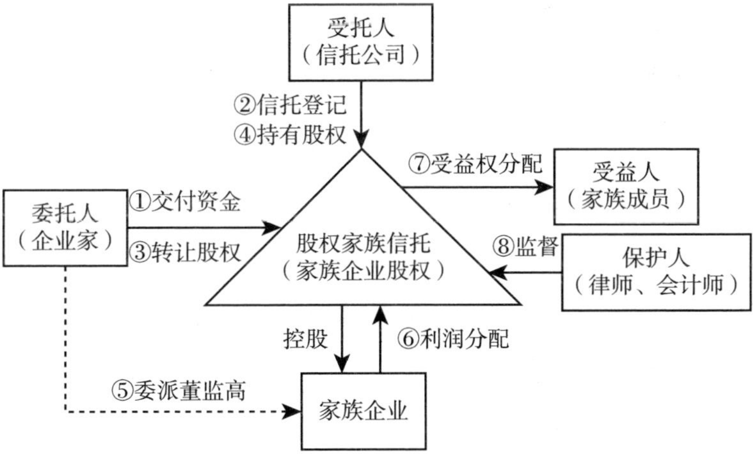

图 6-2 信托直接持有目标股权模式架构

（1）企业家先设立资金型家族信托，确定受托人（信托公司）、受益人和保护人，向信托公司交付信托资金；

（2）由信托公司办理信托登记；

（3）企业家向信托公司转让目标（家族企业）股权；

（4）信托公司以自己的名义直接持有目标股权；

（5）企业家根据信托文件规定，指令信托公司向家族企业委派董监高，进行家族企业的运作管理工作；

（6）家族企业的利润直接分配给信托公司；

（7）信托公司根据信托文件规定，在依法纳税之后，将剩余利润分配给受益人；

（8）保护人负责监督信托公司管理信托财产及事务。

在这种模式下，目标股权的实际管理由信托公司进行。因为信托公司行使股东权利，需要经过复杂的内部审批程序，该模式适合对目标股权的运作管理较为简单，并且业务与信托公司的现有业务较为契合的情形。这种模式结构简单，股权转让及利润分配直接在家族信托内部进行，在现阶段有一定的税收递延筹划作用。

但是，信托公司作为家族企业的直接股东甚至是实控人，将直接参与公司的日常经营当中，这也会产生较高的管理成本和经营风险。而对于企业家在公司控制权方面，仅能在信托文件中加以规定。例如，由企业家来指定和委派公司的董事、监事及高级管理人员，或者通过指令表决来安排家族企业的管理人员。这在某种程度上偏离了股权家族信托所有权、控制权和经营权分离的要求。

二、通过控股公司持股模式

通过控股公司持股的股权家族信托设立流程及运行模式如图 6-3 所示：

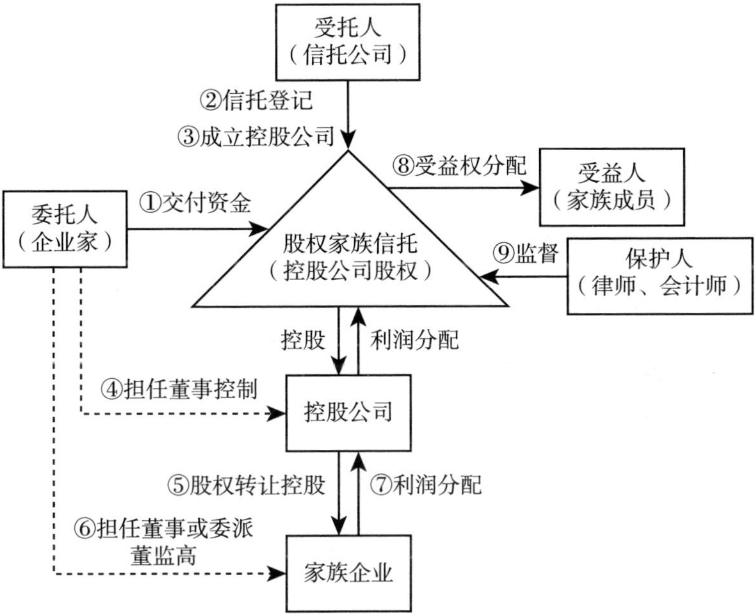

图 6-3　通过控股公司持股模式架构

（1）企业家先设立资金型家族信托，确定受托人（信托公司）、受益人和保护人，向信托公司交付信托资金；

（2）由信托公司办理信托登记；

（3）由信托公司作为大股东、企业家作为小股东，以信托资金作为注册资本，成立一家有限责任公司作为控股公司，信托公司持有控股公司的股权即为信托财产；

（4）通过信托文件及公司章程确定企业家对控股公司的控制权；

（5）企业家向控股公司转让目标（家族企业）股权，控股公司成为家族企业的大股东；

（6）企业家作为控股公司实控人，直接管理家族企业股权，企业家可担任家族企业的董事，或向家族企业委派董监高，进行家族企业的运作管理工作；

（7）家族企业的利润分配给控股公司，控股公司再将利润分配给信托公司；

（8）信托公司根据信托文件规定，在依法纳税之后，将剩余利润分配给受益人；

（9）保护人负责监督信托公司管理信托财产及事务。

在这种模式下，家族企业的实际管理由企业家或其委派的董监高进行。信托公司主要配合设立控股公司、搭建股权构架及信托受益权管理等。该模式为全功能家族信托，控股公司可以发挥管理家族各类财富的作用。这种模式功能最为完善，信托公司对控股公司、家族企业干预非常少，超高净值家族做永续传承可以采取这种架构模式。但是，这种模式的管理运行成本高，税收筹划作用比较弱。

三、通过有限合伙企业持股模式

通过有限合伙企业持股的股权家族信托设立流程及运行模式如图 6-4 所示：

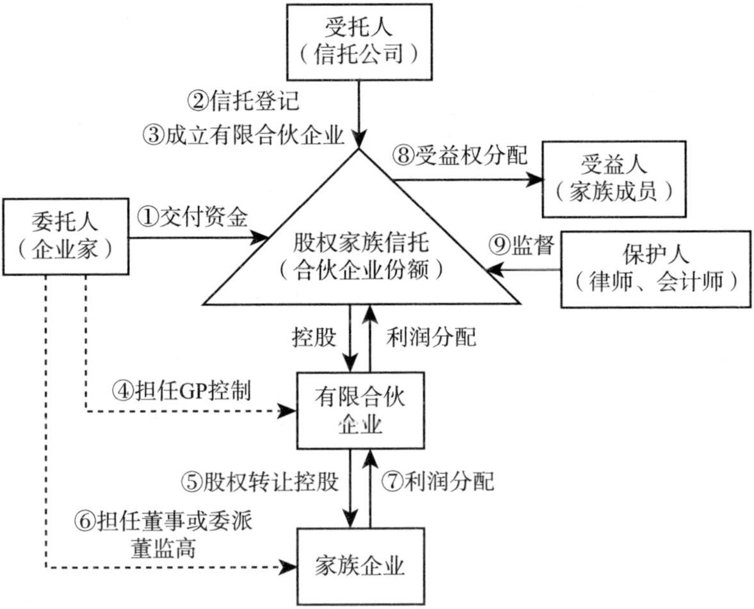

图 6-4　通过有限合伙企业持股模式架构

（1）企业家先设立资金型家族信托，确定受托人（信托公司）、受益人和保护人，向信托公司交付信托资金；

（2）由信托公司办理信托登记；

（3）由企业家作为普通合伙人（GP）、信托公司作为有限合伙人（LP），以信托资金作为注册资本，成立一家有限合伙企业，信托公司持有合伙企业的合伙份额即为信托财产；

（4）通过合伙协议确定企业家作为 GP 对合伙企业的控制权；

（5）企业家向合伙企业转让目标（家族企业）股权，合伙企业成为家族企业的大股东；

（6）企业家作为合伙企业的 GP，直接管理家族企业股权，企业家可担任家族企业董事，或向家族企业委派董监高，进行家族企业的运作管理工作；

（7）家族企业的利润分配给合伙企业，合伙企业再将利润分配给信托公司；

（8）信托公司根据信托文件规定，在依法纳税之后，将剩余利润分配给受益人；

（9）保护人负责监督信托公司管理信托财产及事务。

这种模式就是我在前面讲过的“资金+有限合伙”信托架构模式。在这种模式下，家族企业的实际管理由企业家或企业家委派的董监高进行，信托公司只负责收取合伙企业的分红及承担信托收益分配的职责。这种模式的优点十分显著，对企业家而言，企业家作为 GP 全权管理有限合伙企业，所以家族企业实际由企业家控制；对信托公司而言，信托公司作为LP没有管理义务，只承担分配信托收益的事务职能，有效实现所有权、控制权和收益权的三分离。

另外，这种模式无额外税负，合伙企业层面不征税，现阶段有一定税收筹划空间。对于企业家作为合伙企业的GP，如果担心需要承担无限连带责任的问题，则可以在合伙企业上层再设置一层有限责任公司持股的架构，来规避企业家的无限连带责任。

基于“资金+有限合伙”信托架构的突出优点，目前国内A股上市公司股东设立股权家族信托，多采用此种信托架构模式。

第五节 上市公司股权家族信托案例

家族信托在近年来受到高净值人群越来越多的关注，很多具有远见目光的企业家已经提前规划，纷纷设立自己的家族信托。但是，绝大多数设立的是资金型家族信托，股权家族信托还是新鲜事物，大部分企业家还没有意识到它的重要性。然而，也有一些企业家开始布局，并积极试水股权家族信托。目前，国内公开报道设立股权家族信托的都是上市公司股东，这是因为上市公司有信息披露义务。

当然，披露的信息仅限于信托持股，对家族信托的具体内容仍是保密的。对于目前已经实操落地的上市公司股权家族信托，一般都采用“资金+有限合伙”的信托架构模式设立。本节内容我主要介绍两例上市公司股权家族信托的案例，此外，我还将介绍一例未设立股权家族信托的警示案例。

一、振华新材股权家族信托案例分析

2021 年 6 月 11 日，上交所发布科创板上市委员会 2021 年第 36 次审议会议结果公告，贵州振华新材料股份有限公司（以下简称振华新材）通过科创板上市委员会会议，符合发行条件、上市条件及信息披露要求。

根据招股说明书，振华新材的上市架构中包含国内家族信托，云南国际信托有限公司（以下简称云南信托）代表“云南信托-合禧世家 008 号家族信托”（以下简称 008 号家族信托）间接持有振华新材 0.0059%的股权，属于振华新材的第三层股东。对于该家族信托的详细安排，振华新材的招股说明书、法律意见书均未披露。

另外，根据云南信托的官网公示，008 号家族信托成立于 2020 年 6 月 2 日，信托期限为 10 年。008 号家族信托参与投资振华新材的方式为：先设立资金型家族信托，家族信托再通过有限合伙企业间接持有振华新材的股权，具体架构如图 6-5 所示：

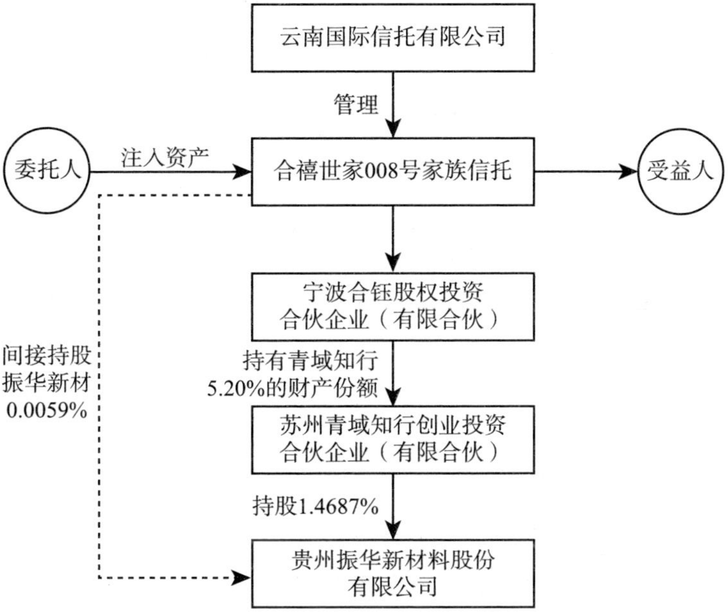

图 6-5　008 号家族信托架构

上交所在对振华新材的第一轮问询函中提出询问要求：发行人须说明，发行人直接或间接股东中是否存在契约型基金、信托计划、资产管理计划等“三类股东”的情况？出资的资金来源是否合法合规？是否存在股份代持、委托持股等情况？

针对上述询问要求，发行人的律师在核查后向上交所公开回复如下要点：

（1）发行人直接股东中不存在“三类股东”，发行人控股股东、实控人、第一大股东不属于“三类股东”。

（2）发行人间接股东中存在“三类股东”，但持股比例低，间接股东中的“三类股东”依法设立并有效存续，已纳入国家金融监管部门有效监管，并已按照规定履行审批、备案或报告程序，其管理人也已依法注册登记。

（3）经部分“三类股东”管理人确认，不存在杠杆、分级、嵌套等不符合《资管新规》规定的情形，不涉及相关过渡期安排，对发行人持续经营不存在不利影响；未能确认的“三类股东”，其股份占比非常低，对发行人持续经营不构成重大不利影响。

（4）经书面确认，发行人控股股东、实际控制人、董事、监事、高级管理人员及其近亲属，本次发行的中介机构及其签字人员不存在直接或间接在上述“三类股东”中持有权益的情形。

（5）发行人股东出资来源合法合规，股份不存在代持、委托持股情况。发行人“三类股东”已作出合理安排，可确保符合现行锁定期和减持规则要求。

上交所在得到振华新材上述明确回复之后，在第二轮问询中不再出现关于“三类股东”这样的问题，这也就意味着，监管层认为振华新材的家族信托架构符合规定，对上市并无影响。

值得注意的是，在振华新材的公开回复中，并未披露008号家族信托的委托人、受益人以及信托分配方案的情况，这一做法确保了家族信托保密性的关键优势。原因在于，振华新材的家族信托架构位于发行人第三层股东，持股比例只有0.0059%，符合证监会《关于进一步规范股东穿透核查的通知》，该通知明确对持股数量少于10万股或占比少于0.01%的股东，在合规原则下可不进行穿透披露。所以从监管角度来看，继续穿透披露该家族信托的实际控制人已属多余。

振华新材的过会说明，监管机构对境内家族信托参与投资IPO企业的逐步认可，加之2023年2月证监会发布《监管规则适用指引——发行类第4号》，将“三类股东”调整为“两类股东”，并与其他监管规定共同明确家族信托不属于“两类股东”。所以，我认为，只要经过合理信托架构安排，家族信托参与投资IPO企业，已经基本不存在实质障碍。家族信托也可以参与IPO，使家族财富得以进一步增值。我相信，在今后A股资本市场中，会出现越来越多的家族信托身影。

二、欧普照明股权家族信托案例分析

2022年9月，A股市场公开报道一起典型案例，欧普照明股份有限公司（以下简称欧普照明）实控人马秀慧女士设立的股权家族信托。下面我将根据公开报道的信息，从法律层面对该案例进行分析，以剖析股权家族信托对家族企业的重要意义。

2022 年 9 月 10 日，欧普照明发布《关于实际控制人增加一致行动人及一致行动人之间内部转让达到 1%的提示性公告》，对外披露实际控制人马秀慧女士基于资产规划需要，于 2022 年 9 月 8 日通过大宗交易的方式，向上海峰岳企业管理合伙企业（有限合伙）（以下简称上海峰岳）转让欧普照明股份 760 万股，约占公司总股本的 1.01%。

本次受让方上海峰岳，其执行事务合伙人（GP）为马秀慧女士的一致行动人中山市欧普投资有限公司（以下简称中山欧普），中山欧普持有上海峰岳的股权比例为 0.0017%；上海峰岳的有限合伙人（LP）为光大兴陇信托有限责任公司（以下简称光大信托），持股比例为 99.9983%。因此，上海峰岳为马秀慧女士的一致行动人。

马秀慧女士为“光信 · 国昱 1 号家族信托”的唯一委托人，受托人光大信托按马秀慧女士的意愿进行管理、运用该家族信托，受益人为马秀慧女士及其家庭成员。

根据公开披露信息，欧普照明的实际控制人马秀慧设立的家族信托基本情况如表 6-1 所示：

表 6-1　光信 · 国昱 1 号家族信托基本情况

信托名称	光信 · 国昱 1 号家族信托
委托人	马秀慧
受托人	光大兴陇信托有限责任公司
受益人	马秀慧女士及其家庭成员
信托类型	信托财产主要投资管理方式为指令型，无须受托人主动管理。委托人/被授权人指令受托人选择其认可的投资标的进行投资，委托人或被授权人向受托人发送指令函，在不违反法律、法规、监管规定以及信托约定的情形下，受托人将依照指令函进行标的资产的投资
信托期限	50 年，自该信托的信托生效日（包含该日）起算

根据公告中的持股变动情况，我们看一下欧普照明在家族信托成立前后的股权结构变化情况如图 6-6、图 6-7 所示：

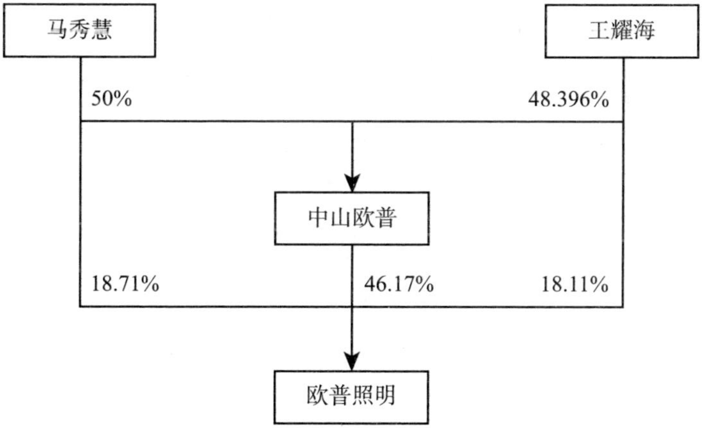

图 6-6　欧普照明成立家族信托前的股权结构

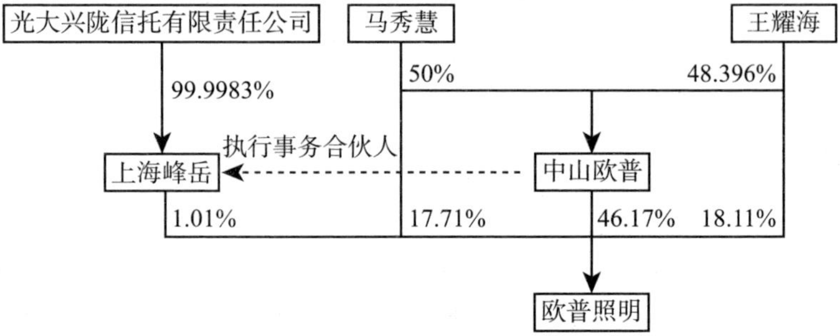

图 6-7　欧普照明成立家族信托后的股权结构

根据“光信·国昱1号家族信托”基本情况，以及家族信托成立前后的股权变动情况，可以得出欧普照明家族信托的架构图（见图 6-8）。

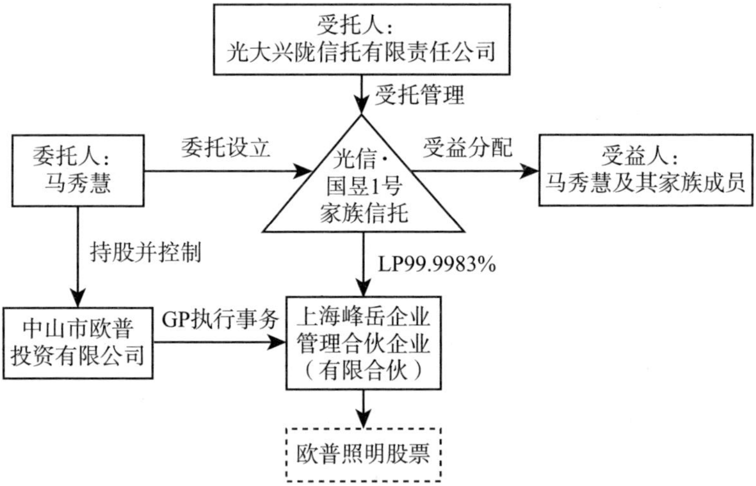

图 6-8　欧普照明家族信托架构

欧普照明股权家族信托设立的流程分为四个步骤：

第一步骤：先由马秀慧作为 LP、中山欧普作为 GP 成立一家有限合伙企业上海峰岳，上海峰岳的注册资本为 60,001 万元。其中，马秀慧作为 LP 出资 60,000 万元持股 99.9983%、中山欧普作为 GP 出资 1 万元持股 0.0017%。而中山欧普的实控人也是马秀慧和王耀海夫妇。

第二步骤：由马秀慧作为委托人、光大信托作为受托人，设立一个 60,000 万元资金型家族信托"光信·国昱 1 号家族信托"，信托期限为 50 年，受益人为马秀慧的家庭成员，主要是两名子女。信托文件规定，信托资金用来购买指定的企业股权，即马秀慧名下的上海峰岳 99.9983%合伙份额。

第三步骤：信托设立之后，光大信托按照信托文件，以 60,000 万元信托资金向马秀慧购买上海峰岳 99.9983%合伙份额，并办理了工商变更登记，上海峰岳 99.9983%合伙份额就成了信托财产。虽然光大信托持有上海峰岳 99.9983%合伙份额，中山欧普只持有上海峰岳 0.0017%合伙份额，但是光大信托是 LP，中山欧普是 GP，所以上海峰岳的实际控制权仍然是在马秀慧手中。

第四步骤：上海峰岳置入信托架构完成之后，马秀慧通过上交所大宗交易方式，将其名下 760 万股欧普照明股份（约总股本的 1.01%），以 14.48 元/股转让给上海峰岳，交易价格为 1.1 亿余元。

到这里为止，上市公司欧普照明 1.01%的股份就置入了家族信托，这样一个完整的上市公司股权家族信托就实操落地了。后面运行家族信托的方式，就是欧普照明把股息红利分配给上海峰岳，上海峰岳再分配给光大信托，光大信托按照信托文件的规定，将信托收益分配给受益人。另外，因为上海峰岳的控制权归属于马秀慧，所以上海峰岳在资本市场意义上应视为马秀慧的一致行动人。

除此之外，2023 年 3 月 21 日，马秀慧女士再次通过大宗交易的方式，向上海峰岳转让欧普照明 1.98%的股份。至此，上海峰岳持有欧普照明股份达到 2.99%。从马秀慧女士的该行为判断，马秀慧家族在未来会持续将更多的欧普照明股份装入家族信托。

我们从这个案例看到，企业家设立股权家族信托的意义就在于，通过将家族企业的股权置入家族信托，企业实控人的后代只需通过信托受益权，就可以获得企业经营的收益。这样可以避免因为后代婚姻变化、法定继承等原因，导致家族企业股权分散、家族财产外流的问题，从而确保家族企业永续传承和经营。

那么我们重点要探讨一下“资金+有限合伙”的信托架构模式有哪些突出的优势？通过“资金+有限合伙”家族信托架构模式，可以解决企业家关心的家族信托合法性问题以及企业控制权问题，达到家族信托合法有效运行的预期结果。

第一，由于我国目前对于非现金资产直接装入信托，存在信托登记的障碍，现行的法律法规没有股权信托登记的具体规定，实践中也没有具体的部门进行股权信托登记。通过“资金+有限合伙”很好地解决了该问题，因为资金型信托可以进行信托登记，这直接受到银保监会的监管。另外，根据《信托法》的相关规定，管理信托财产所获得的其他财产和收益，同样归于信托财产。所以，通过先设立资金型家族信托，利用信托资金购买的合伙企业份额，在法律上就归于信托财产了，这样就解决了目前信托登记的问题，也就解决了股权家族信托的合法有效问题。

第二，家族企业的实控人虽然只持有少量合伙份额，但其是合伙企业的GP，能通过合伙企业实际控制经营性实体，进行投融资、并购、重组、增发等各种经营行为，而不需要信托公司的同意。信托公司虽然持有绝大部分的合伙份额，但是由于它是LP，不参与合伙企业实际经营，这样就免除了信托公司对合伙企业的事务性管理义务，也解决了信托公司被经营纠纷与诉讼牵连的风险。

第三，家族企业的二代、三代实控人只需要继承合伙企业的GP身份，即可实现从财产所有人向职业经理人身份的转换，既能轻松行使经营管理权，又不担心因债务、婚变和继承产生的财富风险。合伙企业控制下的经营实体所产生的利润分红，最终回到家族信托里，通过对信托方案的巧妙设计，能够解决家族成员的生活需求、健康保健、子女教育、公益慈善等信托目的，能更好满足家族财富传承的需要。

第四，对于企业股权之外的其他家族财富，“资金+有限合伙”信托模式可以轻松装入包括现金、私人飞机、游艇、汽车、珠宝字画古玩等各种可流通动产、不动产及无形资产，实现家族资产的最大范围保护。比如，对于家族的不动产资产，如果直接设立不动产家族信托，将负担高昂的税费，通过家族企业持有的不动产，绕开直接交易，无论是交易税费还是持有税费都大大降低，且能够规避限购政策，这样就可以把不动产资产也归入家族信托。

“资金+有限合伙”信托模式的运用，对于我国家族信托的发展将会起到极大的助推作用。就像美国信托业权威斯考特先生所说的：信托的应用范围，可以与人类的想象力相媲美。我完全同意他的观点，我们不要怀疑家族信托功能的强大，我们要做的就是通过对家族信托的深入了解和灵活运用，去解决在财富保护与传承中遇到的问题。

展望未来十年，很多家族企业家，都将面临接班人安排的问题。如何挑选合格的接班人，或者在家族成员无力接班的情况下，如何保障家族企业的基业长存，首选方案必定是股权家族信托。股权家族信托虽然不是完美无缺的传承方式，因为世上本来就没有完美无缺的事物，但股权家族信托无疑是家族企业传承的最佳方式。

三、杉杉股份未设立家族信托的警示

2023 年 2 月 10 日，A 股上市公司宁波杉杉股份有限公司（以下简称杉杉股份）前董事长郑永刚突发心脏病去世，郑永刚生前并没有留下遗嘱。其现任太太周婷和他前妻所生之子郑驹，一度为争夺公司控制权而剑拔弩张。

2023 年 3 月 23 日，郑驹在被选举为杉杉股份董事长时，周婷曾现身公司指责股东大会程序违法，理由是她是郑永刚的配偶和三名亲生子女的监护人，应当继承杉杉股份的实际控制权。

据公开披露，周婷已于 2023 年 3 月向上海市静安区人民法院提起法定继承纠纷诉讼，并申请冻结郑永刚名下的宁波青刚投资有限公司 51%股权（即杉杉股份的控股公司），2023 年 4 月 10 日法院批准冻结。

在遗产数额巨大以及继承人众多的情况下，无论是否有遗嘱，有很大可能性会产生继承纠纷诉讼。而且，继承纠纷可能引发诸多家族财富风险，而设立家族信托是规避此类风险的良方，下面我以杉杉股份继承纠纷为例，分析家族财富在继承中的法律风险问题，提示未设立家族信托的财富传承风险，以供企业家参考。

（一）郑永刚家族基本情况

男方郑永刚，女方周婷，结婚时间为 2017 年，男方与女方婚后生育一女二子，共三名子女，目前均未成年。

郑永刚婚史：1982 年郑永刚与周继青结婚，2015 年离婚。1983 年生育长子郑斌，1991 年生育次子郑驹。

郑永刚的法定继承人：周婷与其三名子女、郑斌、郑驹，共六人。（据公开渠道消息，郑永刚的父母已经去世）

（二）郑永刚名下主要财产的基本情况

1. 宁波青刚投资有限公司（以下简称宁波青刚）

2014 年 9 月 1 日成立，注册地为宁波市北仑区，注册资本 30,000 万元。其中，郑永刚认缴出资 27,000 万元占股 90%、周继青认缴出资 3000 万元占股 10%，两人均需在 2024 年 8 月 10 日前缴足出资。2015 年 11 月 18 日，郑永刚与周继青签订股权转让协议，郑永刚将 39% 的股权以

11,700万元的价格转让给周继青。股权转让之后，郑永刚认缴出资15,300万元占股51%，周继青认缴出资14,700万元占股49%，两人均需在2024年8月10日前缴足出资。

2. 上海杉杉投资管理有限公司（以下简称杉杉投资）

2018年8月16日成立，注册资本1000万元，郑永刚持股44%。

3. 上海唯众传媒股份有限公司（以下简称唯众传媒）

2006年7月12日成立，注册资本3750万元，郑永刚持股2.65%。

4. 金峰顺泰知识产权有限公司（以下简称金峰顺泰）

2009年4月28日成立，注册资本5325万元，郑永刚持股0.6623%。

（三）郑永刚遗产继承法律问题分析

1. 遗产的范围

继承的首要问题，就是先要确定郑永刚的遗产范围，以郑永刚与周婷2017年的结婚时间为分割点，郑永刚名下的财产分为婚前财产与婚后财产。

首先，对于2017年之前郑永刚的婚前财产是否完全属于其遗产，要看在前次婚姻中，郑永刚与前妻是否已经将夫妻共同财产分割清晰。如果郑永刚与前妻的离婚文件已经将婚姻存续期间的财产全部分割完毕，则郑永刚名下的婚前财产全部属于其遗产；如果郑永刚与前妻的共同财产没有全部分割清晰，则需要在分割之后，才能确定郑永刚的婚前财产中属于其遗产的部分。（特别说明：郑永刚与前妻的离婚文件中是否有关于财产继承的约定，是极为重要的。如果有财产继承的约定，则该约定一般具有法律效力。本文以下的法律分析，均假设在没有财产继承约定的前提下进行）

其次，对于2017年之后的婚后财产，无论是在郑永刚名下，还是在周婷名下，原则上属于郑永刚与周婷的夫妻共同财产。所以需要先对夫妻共同财产进行分割（一般为平均分割），在分割之后，其中归于郑永刚的财产属于其遗产。

最后，对于郑永刚婚前的公司股权、股票、基金等投资类资产，自2017年结婚后的增值和投资收益部分，均属于郑永刚与周婷的夫妻共同财产，所以需要将相关资产的增值和投资收益部分先进行分割，然后其余部分再作为郑永刚的遗产。

2. 遗产的分配比例

对于郑永刚的遗产，在没有遗嘱或遗赠的情况下，原则上由郑永刚的现任妻子周婷、全体子女作为第一顺位的法定继承人平均继承。但是因为继承人中有未成年人，从未成年人利益最大化的角度考量，未成年人获得的遗产比例一般应多于其他成年继承人。郑永刚的法定继承人有周婷与三名子女、郑斌、郑驹，共六人，原则上将各分得 1/6 的遗产。但因为周婷的三名子女尚未成年，故可以适当多分，但多分的数量比较有限。

3. 遗产的分割方式

郑永刚名下的公司股权应该是最主要的遗产，郑永刚名下有四家公司，分别是宁波青刚、杉杉投资、唯众传媒、金峰顺泰。其中宁波青刚是杉杉股份的控股公司，是郑永刚的家族企业，也是最重要的家族资产。其余三家公司是郑永刚的对外投资，与家族企业几乎没有关联，所持股权比例也不高。所以，实际上对于郑永刚的遗产继承问题，宁波青刚的股权如何继承分配是极为重要的问题，它将决定郑永刚家族企业杉杉股份将来的发展与命运。图 6-9 为宁波青刚旗下主要的杉杉系子公司的控股架构图。

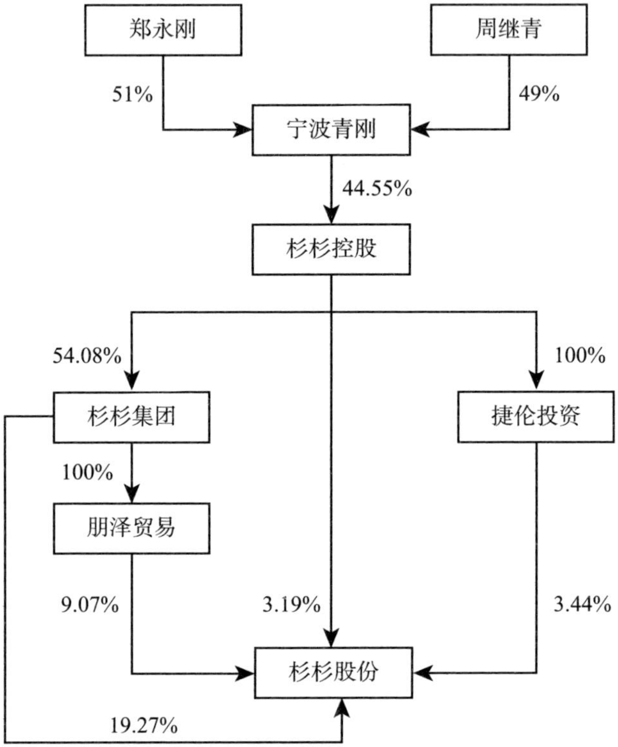

图 6-9　宁波青刚控股架构

在图 6-9 中，杉杉股份作为 A 股上市公司，也是郑永刚家族最重要的资产。杉杉股份的总股本为 22.64 亿股，根据图 6-9，可计算出郑永刚通过宁波青刚间接持有杉杉股份 4.99%的股份，合计 1.13 亿股。按照目前每股约 17 元的价格，郑永刚拥有杉杉股份的价值为 19.2 亿元。当然郑永刚家族企业中的杉杉控股与杉杉集团还有大量其他资产，所以对于郑永刚持有的股权具体价值，需要参考公司的财务报表，或者需要进行评估和审计。

对于周婷来讲，需要考虑的是直接分配相应的股权还是获得相应的股权折价款。因为周婷从未参与公司管理，如果直接分配股权，考虑到公司的人合性，今后是否能顺利参与公司管理，以及能否顺利取得公司经营的分红收益，都存在问题。所以正常来讲，周婷会考虑以分配相应股权折价款的方式获得遗产。但是，由于郑永刚持有家族企业的股权估值很可能超过 20 亿元，再加上其他遗产总价值可能超过 30 亿元，按照周婷与其三名子女至少享有 2/3 的遗产比例计算，郑驹等继承人需要支付周婷的金额将超过 20 亿元。这对杉杉股份来讲，无疑将是重大失血。

而且还有另外一个重要问题，就是对于股权价值的确认，如果各方继承人不能达成一致，还将对涉案公司的股权价值进行评估和审计，这又是一个漫长曲折而花费巨大的过程。

（四）郑永刚家族企业控制权问题分析

按照宁波青刚目前的股权结构，如果将郑永刚持有的 51%股权在继承人之间直接分配，那么周婷与三名子女将持股 34%、郑斌与郑驹将持股 17%。由于周继青与郑斌、郑驹是母子关系，所以他们三人必然是一致行动人，故而加上周继青 49%的股权，周继青母子将持股 66%成为大股东。

双方如此持股，确实是一个非常尴尬的持股比例。

首先，在周继青母子成为大股东的情况下，极有可能损害周婷与三名子女的利益。比如，公司故意不进行分红、将关联公司的资产进行转移、支付公司高管超高薪资等，周婷对这些问题事后采取法律行动进行保护，事实上极为困难。

其次，因为周婷与三名子女持股超过1/3，对公司的重大事项有一票否决权。如果周婷对公司重大事项投反对票，那么公司的发展将会受到很大的限制，公司可能无法融资、无法并购，从而失去发展壮大的机会。这对郑驹一方来讲，无疑是重大掣肘。

最后，还要注意一点，如果周婷与三名子女直接继承宁波青刚34%股权，因为郑永刚并未实缴出资，根据公司章程，周婷需要在2024年8月10日之前缴纳相应的出资款10,200万元。这笔资金对周婷来讲，也是一笔非常大的负担，如果周婷在支付这笔巨额出资款之后，却未能获得相应的股权收益，将会得不偿失。

由此可见，由于郑永刚没有设立家族信托，导致家族财产发生继承纠纷，从而引发家族企业的控制权之争，这对杉杉股份的发展带来了重大影响，杉杉股份的未来将不可预测。如果郑永刚提前设立了家族信托，尤其是将家族企业的股权装入信托，那么由于信托财产不属于遗产，也就不可能发生继承纠纷。而且，郑永刚可以通过信托文件规定受益人以及信托利益的分配方案，完全按照自己的意愿安排家族财产。而对于家族企业的控制权，则可以通过股权架构与信托架构的设计，由有管理能力的家族成员担任家族企业的实际控制人，从而达到企业所有权、管理权、受益权的分离，这样可以真正实现家族企业的基业长青。

第七章

保险金信托

创富、守富、享富、传富，是家族财富的进化路径，也是我们企业家期盼的四部华章。很多企业家经过多年的奋斗，已经度过了“创富”期，目前应该正处于“守富”和“传富”阶段。那么在财富传承的过程中，可能会使用到多种财富工具，包括赠与、遗嘱、保险、家族信托、基金会等。但是每一种工具都有它的局限性，并不能满足企业家的全部传承需求。所以基于高净值人群的需求，金融与法律界在实践中，研发出保险金信托这一创新财富工具。保险金信托兼具保险和信托的双重优势，可以有效满足企业家的财富保护、传承和管理需求。本章的内容，我将系统介绍保险金信托，希望它可以成为企业家们的一项财富传承选择方案。

第一节　了解保险金信托

保险金信托实际上是保险与信托相结合的创新财富工

具，兼具保险与信托制度的双重功能优势。一方面借助保险利益的确定性与杠杆功能，另一方面借助信托的财富保护与传承功能，可以更好地实现资产隔离保护、家族财富定向传承以及隐私保护的目的。

一、保险金信托的定义

保险金信托是金融与法律界在实践中创设的，是为了实现高净值人士的财富规划需求，所以它并没有法律上的具体规定。虽然我国先后出台了《保险法》和《信托法》，但没有任何一部法律明确规定保险金信托的概念。只是银保监会出于业务监管的需要，最近才对保险金信托制定了部门规定。

2023 年 3 月 20 日，原银保监会发布《信托公司信托业务具体分类要求》（银保监规〔2023〕1 号），对保险金信托的规定是这样的："信托公司接受单一自然人委托，或者接受单一自然人及其家庭成员共同委托，以人身保险合同的相关权利和对应利益以及后续支付保费所需资金作为信托财产设立信托。当保险合同约定的给付条件发生时，保险公司按照保险约定将对应资金划付至对应信托专户，由信托公司按照信托文件管理。"

具体而言，保险金信托是保险投保人以财富的保护和传承为目的，由投保人与保险公司签订保险合同并与信托公司签订信托合同，或者由投保人与保险公司、信托公司签订三方保险金信托合同，指定或变更信托公司为保险受益人，以人身保险合同的权益（未来产生的保险理赔金或年金、保险分红等）和资金（或有）为信托财产，一旦保险事故发生，保险公司直接将理赔资金交付于信托账户，信托公司根据信托合同管理、运用、分配保险理赔金，将信托利益交付于信托受益人（见图 7–1）。

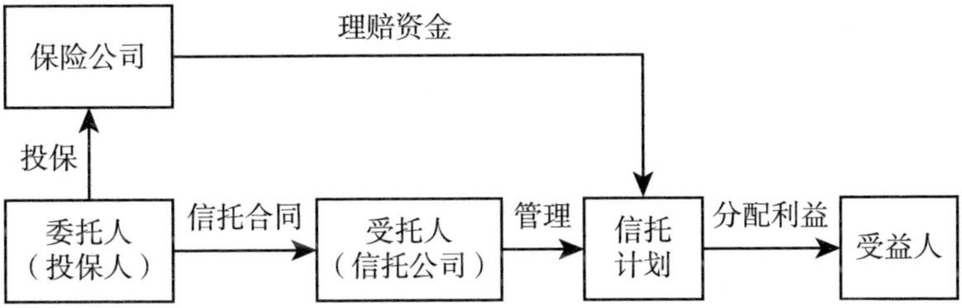

图 7–1　保险金信托架构

二、保险金信托与保险相比的优势

保险金信托除了保险产品的各项功能之外，它结合了信托产品的优势。相比单纯的保险而言，它可以充分实现委托人对于财富规划的各项安排，以及达到风险隔离、财产保全的目的。

1. 扩大受益群体范围

保险金信托可以在保险产品中安排法定受益人之外的受益人，如孙子女、兄弟姐妹以及其他旁系亲属等，将保险金信托的受益人扩大到一个特定的范围，可以实现家族财富的跨代际传承。

2. 灵活安排利益分配

对于单纯的保险产品，如果委托人想要将保险金分期支付给受益人，虽然很多保险公司可以提供这样的服务，但是灵活度非常有限，一般只能规定支付的时间，而不能设置支付的前提条件。而保险金信托不同，它可以根据委托人的特殊需求，设定灵活多样的给付条件，如受益人的年龄条件、学历条件、结婚条件、创业条件等，而且委托人还可以为自己保留调整分配方案的权利，这就充分体现了委托人的自身意愿，满足家族财富传承的个性化需求。

3. 风险隔离机制完善

一般情况下，委托人如果仅仅是单纯购买保险，保单利益仍属于自己的财产，它不能有效隔离债务、婚姻、继承等风险，也不能对抗法院的强制执行。但是保险金信托设立之后，保单利益属于信托财产，就成为区别于委托人的独立财产，而且理赔后的保险金进入信托专户，作为信托财产与受益人的其他财产隔离，这样无论是委托人还是受益人的债务、婚姻等风险，都不影响保险金信托中的财产利益。

4. 财产分配较为安全

对于大额的保险理赔金，在正常情况下，如果一次性给到家庭成员，很难确保他们可以合理有序地使用资金。如果他们自己没有规划，将保险金挥霍一空，也没有办法来制约。而保险金信托可以有效避免这类风险，因为保险金理赔之后，首先是由信托公司保管，信托公司会严格按照信托合同来分配保险金，委托人可以根据每个受益人的实际需求情况，在信托合同里面提前设置分配的条件，这样就可以充分保障保险理赔金的合理使用。

5. 保值增值更为有效

对于单纯的保险产品，在保险事故发生之后，虽然很多保险公司都可以提供保险金分期给付受益人的服务，但对于还没有给付的剩余资金，留在保险公司是没有任何收益的，这对保险金的保值增值不利。而保险金信托不同，一旦保险金进入信托账户，信托公司除了按规定分配资金给受益人之外，还将根据委托人的投资要求，将剩余的保险金投入相应的投资领域，在保证一定流动性的前提下，可以同时实现保险金的保值增值。

三、保险金信托与家族信托相比的优势

保险金信托除了家族信托的一般功能之外，兼具保险的保障功能，与其他家族信托相比，保险金信托在资金门槛、资金杠杆和收益保障等方面都具备一定的优势。

1. 资金门槛较低，受众范围更广

我们知道，根据银保监会的监管规定，家族信托的财产金额或价值不低于1000万元，而且大多信托公司实际资金要求都在3000万元以上，这就大大限制了中产阶层的资金门槛。而保险金信托的最低门槛为100万元，并且保费不需要一次性趸交，可以分期缴纳，比如，每年缴纳保费10万元，分10年期缴。这样就使更多的中产家庭可以参与保险金信托，从而实现家庭财富的合理配置与安排，同时为家庭子女规划美好的未来生活。

2. 有效利用保费，实现杠杆效应

家族信托只能通过常规的投资产生收益，即便有收益，金额也十分有限。而保险具有杠杆的效应，一是少量的资

金投入可以获得高额的保险金，二是每年分期支付保费可以大大减轻资金压力。比如，某位客户给自己配置了一份终身寿险，同时订立了一份保险金信托合同，年缴保费 30 万元，缴费 10 年，他就可以拥有 800 万元保额的身故保险金。一旦触发理赔，800 万元的保险金立即进入信托账户，信托公司按照信托合同进行管理与分配。通过保险较高的杠杆，客户可以使用较少的保费实现较高的保额，可妥善保障信托受益人的后续生活。

3. 切实获得保障，获取收益可靠

对于通常的家族信托，我虽然建议采取比较稳健的投资方案，但是投资有风险，即便是稳健投资，也不可能完全保证不会亏损，而且就算投资没有亏损，但资金的贬值风险仍然是存在的。而保险产品的收益却是非常确定的，无论是终身寿险还是年金险，只要保险条件成就，那么保险公司就会支付高额的保险金。从这一点看，保险的投资风险很低，它的收益更加确定有保障。

第二节 保险金信托的构成要素

我们阅读到这里，虽然已经了解了什么是保险金信托，但对它的结构关系，可能还不是很清楚。因为保险金信托涉及保险和信托两层法律关系，所以它的法律关系相对复杂，涉及保险的投保人、保险人、被保险人、保险受益人，以及信托的委托人、受托人、信托受益人等。为了进一步了解保险金信托当事人之间的关系，下面我就对保险金信托的构成要素一一介绍，包括各方当事人的权利义务，以及哪些类型的保险产品适合放到保险金信托里面。

一、保险当事人及其权利义务

在保险合同关系中，主要包括的当事人及相关主体为投保人、保险人、被保险人以及保险受益人。

1. 投保人及其权利义务

《保险法》第10条第2款规定："投保人是指与保险人订立保险合同，并按照合同约定负有支付保险费义务的人。"在保险金信托中，保险投保人可能是信托的委托人或受托人。投保人主要有以下权利义务：(1) 在订立保险合同时，投保人对被保险人应当具有保险利益；(2) 投保人须按照约定交付保险费；(3) 投保人要如实告知被保险人的情况；(4) 投保人可以指定保险受益人，以及确定保险受益人的受益顺序和受益份额，投保人可以变更保险受益人；（5）投保人指定、变更保险受益人时须经被保险人同意；（6）除了《保险法》规定及保险合同另有约定外，投保人有权随时解除保险合同；（7）保险事故发生后，投保人要及时通知保险人，并提交相应证明材料。

2. 保险人及其权利义务

《保险法》第10条第3款规定："保险人是指与投保人订立保险合同，并按照合同约定承担赔偿或者给付保险金责任的保险公司。"保险人主要有以下权利义务：（1）保险人按照约定的时间开始承担保险责任；（2）除了《保险法》规定及保险合同另有约定外，保险人不得解除保险合同；（3）发生保险事故的，保险人应当承担赔偿或者给付保险金的责任；（4）投保人解除合同的，保险人应当按照合同约定退还保险单的现金价值。

3. 被保险人及其权利义务

《保险法》第12条第5款规定："被保险人是指其财产或者人身受保险合同保障，享有保险金请求权的人。投保人可以为被保险人。"被保险人主要有以下权利义务：（1）被保险人可以指定保险受益人，以及确定保险受益人的受益顺序和受益份额，被保险人可以变更保险受益人；（2）保险事故发生后，被保险人要及时通知保险人，并提交相应证明材料；(3) 被保险人享有保险金请求权。

4. 保险受益人及其权利义务

《保险法》第18条第3款规定："受益人是指人身保险合同中由被保险人或者投保人指定的享有保险金请求权的人。投保人、被保险人可以为受益人。"在保险金信托中，保险受益人可能是信托的受托人。保险受益人主要有以下权利义务：(1) 保险受益人由被保险人或者投保人指定；(2) 保险受益人享有保险金请求权；(3) 保险受益人知道保险事故发生后，应当及时通知保险人，并提交相应证明材料；(4) 保险受益人故意伤害被保险人的，丧失保险利益。

二、信托当事人及其权利义务

在信托合同关系中，当事人及相关主体主要包括委托人、受托人、信托受益人。

1. 委托人及其权利义务

《信托法》第19条规定："委托人应当是具有完全民事行为能力的自然人、法人或者依法成立的其他组织。"在保险金信托中，信托的委托人可能是保险的投保人。委托人主要有以下权利义务：(1) 委托人应当按照信托文件的规定，将信托财产交给受托人；（2）委托人有权了解信托财产的管理情况；（3）委托人有权调整信托财产管理方法；（4）委托人有信托财产损害的救济权；（5）受托人违反信托目的，管理和处分信托财产有重大过失的，委托人有解任受托人的权利；（6）委托人有变更信托受益人的权利；（7）委托人应当按照信托文件的规定，向受托人支付报酬。

2. 受托人及其权利义务

《信托法》第24条第1款规定："受托人应当是具有完全民事行为能力的自然人、法人。"在保险金信托中，信托的受托人可能是保险的投保人和保险受益人。受托人主要有以下权利义务：（1）善良管理的义务，即受托人应当遵守信托文件的规定，为信托受益人的最大利益处理信托事务；（2）受托人不得利用信托财产为自己谋利；（3）受托人应当定期将信托财产的管理情况向委托人报告；（4）受托人对处理信托事务负有依法保密的义务；（5）受托人有按照信托合同领取报酬的权利。

3. 信托受益人及其权利义务

《信托法》第43条第1款中规定："受益人是在信托中享有信托受益权的人。"信托受益人也就是保险金信托中真正的最终受益人。信托受益人主要有以下权利义务：（1）信托受益人有权了解信托财产的管理情况；（2）信托受益人有权调整信托财产管理方法；（3）信托受益人有信托财产损害的救济权；（4）受托人违反信托目的，管理和处分信托财产有重大过失的，信托受益人有解任受托人的权利；（5）信托受益人享有信托利益的分配请求权；（6）信托受益人对委托人或其他信托受益人有重大侵权行为的，丧失信托利益。

三、适合保险金信托的险种

保险的险种类型很多，主要分为人身保险和财产保险。不同的险种有不同的特点：有些保险理赔频繁，但是保额不高，如车险；有些保险保额很高，但是对保险金的需求却非常急迫，如重疾险；还有些保险理赔非常确定，保额也很高，如人寿保险。

保险金信托要满足设立信托的两个基本要求：一是信托财产确定，二是信托利益足够长期分配。从这两个条件看，人寿保险是最适合开展保险金信托的，而人寿保险中具有较强传承功能的终身寿险以及具有养老或教育规划功能的年金保险，是保险金信托的最佳标的资产。

1. 终身寿险

终身寿险，是指以被保险人身故为保险金给付条件的人寿保险。投保人为被保险人投保之后，无论被保险人在什么时候身故，保险公司都必须给付保险金，只要投保人按期缴纳保险费，保险人无权拒绝续保。按照缴纳保险费的方式不同，终身保险分为终身交费、定期交费和一次交费三种方式。对于保险的交费年限，有些保险公司会在合同中写明，如10年或20年保证付清，而有些保险公司不会在合同中保证20年付清。

传统终身寿险是人寿保险的重要险种之一，其特点是终身保障，保费是固定不变的，保单具有现金价值，保险费相对较高，除基本的保险成本外还收取部分用于投资，投保人不参与投资操作。由于有现金值的积累，到一定的年限可以不用再交保费，保障的额度也随现金值的增加而增加。在被保险人生存期间不能领取保险金，只能退保领取现金价值，不解决养老问题。这种保险适合于收入比较稳定，有较高资产，希望给家庭成员有高额回报和生活保障的人士。

终身寿险具有高额回报、保障家庭成员生活的特点，可以作为保险金信托最主要的保险类型。一方面，虽然保险理赔的时间不确定，但是保险利益是非常确定的，满足信托财产确定性这一要求；另一方面，终身寿险有相对较高的保额，可以满足信托受益人的长期分配要求。

2. 年金保险

年金保险是指投保人为了满足被保险人的生存需要，按照保险公司的合同约定缴纳保险费用，而保险公司则按照合同约定，有规则、定期给予被保险人约定的保险金，直到被保险人身故或保险合同到期的一种保险类型。年金保险可以同时将分红险和万能险合二为一，既有保障的作用，又有理财的功能。当投保人购买年金保险时，保险公司在为投保人提供一定的保障的同时，还会带来一些收益。年金保险产品最大的特点，是突出子女教育及养老功能，如果家庭有教育、养老的需要，那么合理地利用年金保险，可以对家庭中的这类风险进行提前管理。

年金保险从购买到领取，时间跨度可能相隔 10 年、20 年乃至更长的时间，且年金险的保费一般都比较高，因此年金保险是适合有较高收入家庭的产品。通常有养老规划的中产阶层，或为孩子做长远规划的父母，可以考虑配置年金保险。另外，对于一些高收入人群，以及目前经济状况良好但未来或有高负债风险的人，也可以选择配置年金险。

年金保险是人寿保险的一种，它也具备给付确定、保额较高的基本条件，因此它也是适合保险金信托的主要保险类型。

第三节　保险金信托的功能

我在前面的章节已经详细介绍了家族信托的功能，这些特有的功能，都是其他财富工具所不具备的，这也是我们考虑设立家族信托的原因所在。那么保险金信托作为信托的一种类型，同样具备家族信托的各项功能，它主要具有风险隔离、财富传承、资产规划、隐私保护、税务筹划等基本功能。

一、家庭与企业经营风险的“防火墙”

由于中国的创业现实，家企不分这种现象十分常见。家企不分的后果是：一旦企业家被判对公司债务承担连带责任，其多年心血便可能付诸东流。为了避免这种风险，设立保险金信托是一种不错的选择。

A先生白手起家创立了自己的企业，虽已有所成就，A先生却十分忧虑。因为他的家庭财产与企业财产联系密切，一旦企业出了问题，他的家庭财产很可能要承担连带责任。

在保险金信托下，A先生可以将资金交付信托公司，由信托公司来进行投保。由于信托财产是独立的，A先生的债权人便无法就保单利益进行受偿。而当保险赔付以后，保险赔付款直接进入信托账户，债权人同样不能要求强制执行。

二、防止婚变分割财产风险

据最新数据显示，2022年我国的离婚率已超过30%，北上广深等大城市的离婚率更是在35%以上甚至接近40%。婚姻的破裂往往伴随财产分割，身家千万的企业家一旦离婚很可能就变成了身家百万，财富流失的速度令人触目惊心。保险金信托可以很好地避免这种风险。

B先生的女儿在出国留学时与外国同学一见钟情，两人在短短2个月的恋爱后决定结婚。B先生原本打算给女儿一大笔嫁妆，但他对于这段迅速的异国恋十分担忧，既担心女儿遇人不淑，又担心女儿日后一旦离婚财产被外人瓜分。B先生向女儿建议订立婚前财产协议，被女儿以影响夫妻感情为由拒绝了。

其实，B先生可以使用保险金信托规避女儿的婚姻风险：可以用嫁妆钱设立保险金信托，无须与女儿的配偶订立婚前财产协议，也无须女儿的配偶知情。保险金信托设立后，该款项既不属于其女儿的个人财产，更不属于女儿的夫妻共同财产，而且具有相当程度的保密性，可避免伤害夫妻感情。在婚姻和谐时，信托分配的收益可以保证女儿及其配偶日常的需要，万一发生婚变，信托财产是独立财产，并不会被当作夫妻共同财产进行分割。

三、专业财富管理规划

设立保险金信托除了能达到资产灵活传承的目的，还可以凭借信托公司的专业能力，实现财富的安全保值和增值。

C先生在商场打拼多年，不仅财务自由，而且子女也均已成家立业。C先生觉得自己应该好好享受生活，于是希望辞掉工作，找个专业机构为他打理财富、照顾家人。C先生用一份保险金信托来设计退休计划是再合适不过了。

一方面，C先生用现金资产购买保险，能够借助保险的保障功能；另一方面，保险的理赔资金也能够得到信托公司专业化的资产管理服务，信托公司每月会将约定数目的生活费发放给C先生的家人，为他们提供一个高品质的生活。C先生同时可以设立一个保护人，对信托财产的运用和分配情况进行管理和监督。

四、利用保险杠杆，实现财富传承

保险金信托将保险和信托的优势相结合，利用保险的杠杆功能，为家族实现财富传承规划。家族信托的设立门槛通常在3000万元以上，而保险金信托可以利用保险的杠杆作用，或采用分期缴费方式有效降低信托门槛，在达到资产传承目的的同时减轻资金压力。

D先生作为银行高管，有着较高的财富管理和传承意识。他一直非常看好家族信托，但家族信托动辄上千万元的设立门槛让他望而却步。

经过律师的推荐，D先生订立了一份具备家族信托功能的保险金信托。D先生只要每年缴50万元，缴费10年，就可以拥有1200万元保额的身故保险。一旦风险发生，1200万元的赔付金即刻进入信托账户，并按照他预先的约定进行管理。通过保险较高的杠杆，D先生使用较少的保费实现了较高的保额，妥善保障了亲人的后续生活。

五、防止因继承引发的家族纠纷

无论是遗嘱继承还是法定继承，继承人继承的遗产数额都是彼此相互知晓的。现实中，因为遗产分配不均而引起家庭矛盾的例子可谓数不胜数。采用保险金信托可以防止一些因继承引发的家族纠纷。

50岁的F先生事业有成，家庭和睦，膝下有两子一女。在F先生的培养下，三个孩子都十分优秀，但是F先生更青睐富有创业激情的二儿子。F先生希望把一半的财产留给二儿子创业，但同时十分忧虑其他子女会对此不满，甚至在他去世后对簿公堂。

F先生的问题可以通过设立保险金信托来解决。F先生可以将原有资产放入信托中，信托公司为其投保的同时由专业人士进行资金管理运作，待保单赔付后继续将保险赔付金放入信托账户中。F先生在信托文件中设定好发放信托利益的条件，使每个子女只有在触发特殊情况（如创业、结婚等）时才会得到利益分配。比如，F先生可以在信托文件中约定，二儿子在创业时可以拿到一大笔资金，而没有创业计划的其他子女，则不参与这笔钱的分配；每个子女在结婚、生子时收到分配的具体数额，也由F先生事先约定或临时指定。而且在分配时，F先生可指令信托公司对各受益人的分配金额予以保密，降低产生家庭矛盾的概率。

六、激励子女奋发图强

许多高净值客户希望子孙后代不要因为自己留下的巨额财富，而失去一颗上进的心。然而，压力和动力其实往往是一致的，设立保险金信托可设定子女拿到资金的条件（考大学、读研、创业等），如此来激励子女不断攀登人生的高峰，不断奋发上进。

G先生辛苦创业十数载，终有所成。然而他的儿子却在近期向他提出了辍学的想法。在他儿子看来，自己父亲挣的钱自己一辈子都花不完，为什么还要辛苦念书努力奋斗呢？G先生担心，即使在自己的压力下，自己的儿子被迫继续读书，但在心存懈怠的情况下以后也难有所成。G先生的儿子之所以不愿意继续念书，就是因为他已经预先得知自己已经没有了生活的压力。

为了避免自己的儿子怠于奋斗、坐吃山空，G先生可以选择设立一份保险金信托，来给予儿子一定的激励。G先生可以在信托文件中规定，每月给儿子一定的生活费，读书时有额外的学费，考上高中、大学、研究生可以获得数额不等的奖学金，在学校里表现出色同样可以获得奖学金，等到儿子步入社会创业时可以获得创业基金等。

七、防止子女挥霍，实现跨代继承

保险金信托可以避免受益人一次性获得大额现金后管理不当或挥霍败家，可以对受益人基本生活给予长期保障。同时可以设置分配条件，对受益人特定时期的正向行为，如留学、结婚、创业等予以鼓励。

H先生工作繁忙，对儿子疏于管教。儿子日常挥霍无度，还染上了赌博的恶习。H先生的孙子机灵可爱，平时由H先生和太太照料，二老对孙子十分疼爱。H先生希望能将自己的家业交到孙子的手里，同时让自己不成器的儿子生活也能有所保障。

为此，H先生可以通过设立保险金信托，来实现对孙子的管教与激励。同时，H先生可以将儿子设立为信托的受益人之一，但仅为其准备定期生活费，让儿子可以衣食无忧地生活，但不能够花费无度。

八、解决复杂家庭的继承问题

有些家庭成员构成复杂，家族成员中有外国人、继子女，还有养子女。在这种复杂的家庭成员构成下，子女继承争产就变成了错综复杂的法律问题，一旦出现纠纷，迎来的将是旷日持久的诉讼。

J先生一家是个国际化的大家庭。J先生年轻时外出留学，与一位美国姑娘相恋，两人婚后始终无子，故领养一女。1年后，J先生与太太感情破裂离婚，后与生意伙伴K女士结婚，K女士也刚刚离异不久，有一个儿子，两人婚后育有一子。J先生担心自己年龄大了，家庭成员之间会发生子女继承争产。

如果设立保险金信托，J先生的资产则将由信托公司进行打理，希望给到各个孩子的资金，将直接以信托受益的方式，在特定的条件下分配给各个受益人。由于在保险金信托中各个受益人触发信托分配的时间不同，对触发分配条件后每个人获得的资金数额也互不知晓，从而避免了受益人之间发生矛盾。并且，进入信托的资金变成了信托资产，不再属于J先生的遗产，所以子女们无须再去办理复杂的继承程序，节省了大量的精力。

第四节　保险金信托业务模式

保险金信托是金融机构在实践中自创的业务模式，并没有相关监管机构的业务操作指引，它从无到有发展至今，已经从1.0模式发展到3.0模式，甚至还发展出个性化的创新模式。

一、保险金信托1.0模式

目前主流的保险金信托业务模式主要有1.0、2.0与3.0三种分类。在传统的1.0业务模式下，委托人自行投保并将其持有的人寿保险保单利益作为信托财产，委托给信托公司设立信托，经过被保险人同意，将信托公司变更为保单受益人，当保单约定的赔付条件达到后，保险公司将保险金赔付给信托公司，信托公司作为受托人，按照信托文件的规定，管理和运用信托财产，将信托财产及收益逐步交付给委托人指定的信托受益人（如图 7-2）。

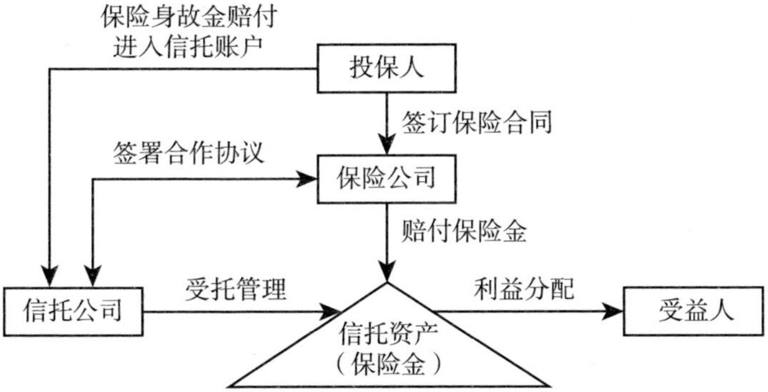

图 7-2　保险金信托 1.0 模式

保险金信托 1.0 模式的设立与运行流程如下：（1）由投保人与保险公司签订保险合同，指定保险受益人；（2）由投保人作为委托人，与信托公司签订信托合同，经被保险人同意，将保险受益人变更为信托公司；（3）当发生保险金支付事由时，保险公司将保险金支付给信托公司；（4）信托公司按照信托合同管理保险金，并向信托受益人分配信托利益。

二、保险金信托 2.0 模式

保险金信托 2.0 模式是基于 1.0 模式的升级版。在保险产品和信托产品均成立后，经被保险人同意，将投保人、保险受益人均变更为信托公司。在保单存续期内，由信托公司利用信托财产继续代为缴纳保费。当保单约定的赔付条件达到后，保险公司将保险金赔付给信托公司，信托公司按照信托文件的规定，管理和运用信托财产，将信托财产及收益逐步交付给委托人指定的信托受益人（如图7-3）。

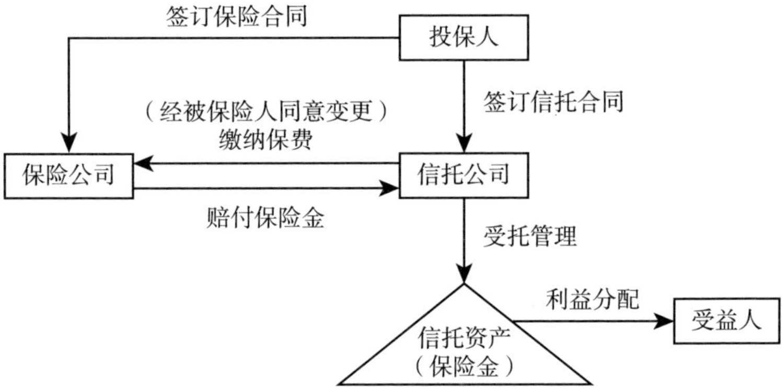

图 7-3　保险金信托 2.0 模式

保险金信托 2.0 模式的设立与运行流程如下：(1) 由投保人与保险公司签订保险合同，指定保险受益人；(2) 由投保人与信托公司签订信托合同，经被保险人同意，将投保人与保险受益人均变更为信托公司，后续由信托公司以信托财产缴纳保费；(3) 当发生保险金支付事由时，保险公司将保险金支付给信托公司；(4) 信托公司按照信托合同管理保险金并向信托受益人分配信托利益。

三、保险金信托 3.0 模式

保险金信托 3.0 模式是委托人以其自有资金设立信托，在信托文件中指定信托公司购买保险产品。而后，信托公司作为投保人与保险公司签订保险合同，并用信托财产支付保费，信托公司不仅是保险的投保人，也是保单的直接受益人。在理赔机制触发后，保险公司将保险金赔付给信托公司，信托公司管理和运用保险金，并将信托财产及收益逐步交付给信托受益人（如图 7-4）。

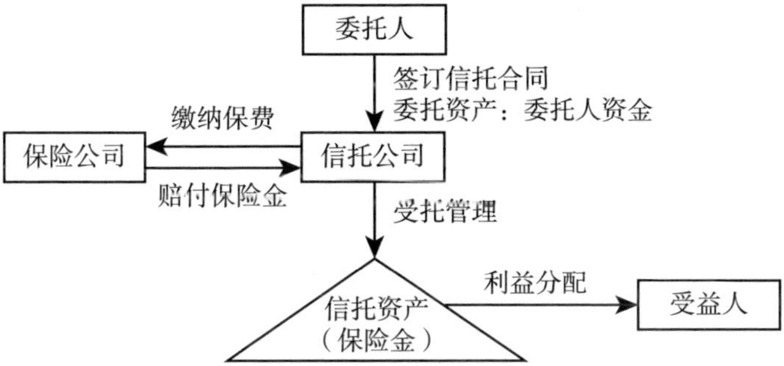

图 7-4　保险金信托 3.0 模式

保险金信托 3.0 模式从投保阶段、保单持有、理赔之后三个维度，为客户家庭的保单提供全方位托管服务。它将投保品种由传统的人寿保险，扩大为所有保险类别，让保险成为信托财产资产配置的组成部分，进一步发挥“保险+信托”在家族财富保值、增值方面的作用。

保险金信托3.0模式的设立与运行流程如下：（1）由委托人与信托公司签订信托合同，委托人将信托资金交给信托公司；（2）由信托公司作为投保人，与保险公司签订保险合同，保险受益人为信托公司；（3）当发生保险金支付事由时，保险公司将保险金支付给信托公司；（4）信托公司按照信托合同管理保险金，并向信托受益人分配信托利益。

四、“升级版”保险金信托业务模式

在规范发展既有业务模式的基础上，部分信托公司又创新推出“升级版”保险金信托业务模式，不断丰富保单所涉及的险种和受托服务形式。

1. 保险金信托1.5模式——以五矿信托为例

2020年5月，五矿信托家族办公室与恒大人寿、民生银行深圳分行落地了五矿信托的首单保险金信托业务——传世系列2020910号家族信托，此为保险金信托1.5模式。该保险金信托同时以资金与保单作为信托财产，委托人将400万元现金及价值638万元的保单交付五矿信托，并指定委托人本人及其儿子为受益人，民生银行为财务顾问。

2. “资金+多保单”模式——以长安信托为例

2019年3月，长安信托与民生银行、招商信诺、泰康人寿联合为客户定制了一款对接多家保险公司、多类型保险产品及现金资产的保险金家族信托，包含上千万元的资金及3笔不同类型的大额保单，并已成功落地。该模式突破了原有的以一家保险公司为主导的保险金信托模式，将客户的资金和多家保险公司的不同保单，放在一个家族信托账户中进行管理，方便了客户的财富规划与传承。

3. “家庭保单”保险金信托——以中信信托为例

2019年6月，中信信托推出了“家庭保单”保险金信托服务，打破了“单家保险公司+单一保单+信托”的传统模式，将客户名下的所有保险资产设立整体统筹的保险金信托，使保险金信托在延续家族掌舵人意志、传承家族财富、凝聚家族精神方面发挥更大作用。

4. 保险金信托+遗嘱——以中信信托为例

2021年，中信信托正式推出“保险金信托+遗嘱”服务，将较为成熟的保险金信托服务模式和遗嘱相结合。客户在中信信托设立保险金信托后，可以通过订立遗嘱的方式，指定名下遗产在其身后追加进入保险金信托。该服务将信托、保险、遗嘱三大传承工具相结合，帮助委托人更好地规划身后遗产安排，提供更加全面的财富传承规划方案。该服务既可以实现家族财富在生前的灵活支取、使用，也可保证身后财富的正确运用，实现真正的福佑子孙后代。

5. 保险金信托+养老——以中航信托为例

2020 年，中航信托通过养老信托与寿险保险的结合，“一站式”主导落地了“保险鲸选、受托管理、养老规划、社区入住、养老支付”全流程养老服务模式。中航信托考虑委托人在养老规划中加入大额保单配置的需求，对接中航资本旗下保险经纪公司“鲸禧保”，为客户筛选大额终身寿险保单，以客户为中心整合资源。该服务通过养老信托专户，助力客户获得高品质、高自由、高效率的养老体验。

6. 保险金信托+慈善——以中信信托为例

2020 年，中信信托落地了首单保险金信托定向慈善捐赠服务业务，实现了保险保障、财富传承和慈善三项功能的融合。2016 年，委托人为患有自闭症的独生子设立保险金信托，通过信托保管资产并实现保值增值，并通过分次给付的方式，为孩子的未来提供基本的生活所需。在此基础上，综合考虑委托人的捐赠需求，2020 年中信信托为该客户进行个性化的信托条款和服务设置。在该委托人进行资金追加后，实现了其每年定额分配以及在受益人身故后一次性定向捐赠给深圳壹基金公益基金会，用于支持以自闭症、脑瘫、罕见病等特殊儿童为主要服务对象的“海洋天堂计划”。

第五节　保险金信托的实操案例

在实际业务中，如果委托人要设立保险金信托，我们律师就要根据委托人的不同需求，来制定相应的保险金信托方案。本节我将通过四个不同需求的案例，让委托人有所了解，并作为委托人设立保险金信托的参考。

一、家企资产隔离，规避债务风险

广东的A先生，53岁，经营着一家服装加工企业，虽然规模不大，但在当地也算小有名气。因为企业的生意一直不错，A先生一家三口的日子过得幸福美满。最近几年，A先生发现下游的一些客户开始拖欠货款，企业销售额也明显下滑。为维持企业正常运转，A先生只好用家里的积蓄为企业输血。后来，当地一个关系很好的同行因为债务问题失联，这让 A 先生开始担心起来。他担心万一企业经营不善，债务缠身，或者自己提前身故，会给家人的基本生活带来重大影响，于是，A 先生开始主动与律师沟通，希望能找到家庭财富保障的合理方案。

［客户需求分析］

（1）家企资产隔离：避免因企业经营不善而导致家庭生活窘迫。

（2）企业融资：解决企业融资和现金流的问题。

（3）家庭成员的生活保障：包括自己和妻子的老年生活、子女的教育和生活、家庭成员的重大疾病医疗保障等。

［保险金信托方案］

1. 保险方案

（1）投保人的选择。从家企资产隔离的角度考虑，负债可能性较大的人不宜做投保人，所以投保人的选择有两个方案。

方案一：A 先生将自己的合法收入赠与母亲，由母亲作为投保人；

方案二：A 先生自己作为投保人，待交完全部保险费后，再变更投保人为自己的母亲或成年子女。

投保人拥有保单的所有权，因为 A 先生不是保单的投保人，所以保单就不会被视作 A 先生的财产，可以实现资产隔离。那么，A 先生的妻子是否适合作为投保人？考虑到夫妻财产共有、债务共担，从资产隔离角度，A 先生的母亲作为投保人比 A 先生的妻子更合适。

（2）被保险人的选择。被保险人一般选择收入较高的人，所以 A 先生作为被保险人比较合适。

（3）趸交还是期交。如果 A 先生判断未来几年企业经营平稳，不会出现大的风险，可选择 3 年或 5 年期交，减少一次性大额保险费支出的压力；如果 A 先生判断未来几年企业很可能出现较大的经营压力，可以选择趸交，提前做好资产隔离，保全财富。

（4）利用保单融资。A 先生的人寿保单具有现金价值可以进行贷款，以快速获得短期的现金流。而且，保单贷款的利率一般和同期商业贷款基准利率相当，甚至会略低。

2. 信托方案

在 A 先生的母亲为保单投保人的情况下，A 先生的母亲作为委托人与信托公司签订信托合同，约定未来的身故保险金进入信托，A 先生的妻子和儿子为信托受益人，具体的信托利益分配方案如下：

（1）信托受益权比例。妻子和儿子的受益权比例为 3∶7。

（2）儿子基本生活保障。儿子自 18 周岁起，每年可从信托中领取 5 万元作为基本生活费，直至 30 周岁。

（3）儿子教育基金。儿子考取大学本科、硕士、博士时，凭录取通知书，可一次性申领20万元教育基金。

（4）儿子结婚礼金。儿子结婚时，凭结婚证可一次性领取50万元结婚礼金，以两次为限。

（5）妻子养老保障。妻子每月可从信托中领取2万元作为基本生活费，直至去世。

（6）家庭成员重大疾病保障。妻子、儿子、孙辈若有一个月内10万元以上的大额医疗费用支出，可凭发票从信托财产中领取不超过实际医疗费用的金额。

（7）一次性领取全部信托财产余额。儿子在50周岁时，可一次性领取信托财产的全部余额。

二、保护婚姻财富，控制财产流向

婚姻财产的保护有两个方面：一方面，一代企业家出现婚姻风险时，保护自己的财产权益；另一方面，二代子女离婚时，保证自己家族的财富不会外流。

42岁的B女士在广州从事外贸行业，经过多年经营，积累了一定的财富。8年前，B女士与一位创业伙伴C先生有过短暂交往，之后因性格不合分手。分手后，B女士生下一子，孩子的生父是C先生。

与B女士同龄的好友因一次交通意外不幸去世，这让

B 女士深刻意识到生命的脆弱及人生的无常，也开始思考自己去世后的问题。她想，万一哪天自己发生了意外，自己的财产会变成谁的呢？经过咨询专业律师，B 女士了解到，如果自己去世，生前又没有做出安排的话，财产会按照法定继承规则，由 B 女士的父母和儿子继承。

但因儿子未成年，其继承的遗产将由监护人代为管理，也就是说，这部分财产会由儿子的生父 C 先生实际控制。而且，即使 B 女士生前写好合法有效的遗嘱，只要自己去世时儿子未成年，儿子继承的遗产还是由 C 先生控制，而这是 B 女士不能接受的。于是，B 女士向律师咨询，希望找到合适的解决方法。

[客户需求分析]

B 女士的需求其实很简单，就是一旦自己在儿子成年前去世，儿子和父母的生活有所保障。另外，最重要的是，要防止 B 女士的财产流向孩子的生父 C 先生。

[保险金信托方案]

1. 保险方案

B 女士可以以自己为投保人和被保险人，购买大额终身寿险，最好是杠杆比较高的险种。这样的话，一旦 B 女士不幸去世，大额的身故保险金可以保证父母和儿子生活无忧。

2. 信托方案

考虑到未成年儿子获得的保险金可能被其生父控制，B女士可以将保险受益人变更为信托公司，并在信托合同中做如下约定：

（1）B 女士的父亲、母亲、儿子作为信托受益人，受益比例为 1∶1∶8。

（2）信托分配方案从 B 女士去世之日启动。

（3）若儿子未来结婚，信托受益权仍为其个人所有，与其配偶无关，不属于夫妻共同财产。

（4）父母两人每月可以领取当地月最低工资标准的 10 倍金额作为生活费，直至去世。之后，两人的信托受益份额均由 B 女士的儿子享有。

（5）在儿子 18 周岁前，每月可领取当地月最低工资标准的 10 倍金额作为生活费，并由 B 女士的父母代为领取。在儿子 18 周岁后，其本人每月可领取当地月最低工资标准的 20 倍金额作为生活费，直至 30 周岁。

（6）儿子就读大学本科、硕士、博士都可领取 30 万元的教育基金，以后儿子结婚、生子可以领取 50 万元的祝福金。

（7）儿子在 45 周岁时，可领取全部剩余信托财产。

（8）若儿子去世，其信托受益份额由儿子的子女、B

女士的父母共同分享。

这份保险金信托方案，可以很好地解决 B 女士的问题。首先，在 B 女士去世后，身故保险金会进入信托账户，其父母和儿子可以定期从信托中领取基本生活费用，儿子还可以领取教育金、婚育金等。

其次，该方案能够防止财产流向儿子的生父，并且通过设计信托受益权流转方案，防止儿子未成年时或意外去世后，其信托利益落入其生父手中的风险。

最后，信托合同还规定了儿子的信托受益权为其个人所有，与其配偶无关，可以防范儿子将来的婚姻财产分割风险。

三、资金细水长流，防止子女挥霍

55 岁的 C 女士和先生感情很好，儿子已近 30 岁。虽然儿子曾有一段短暂的婚姻，却没有孩子，而且他还痴迷于赌博、赌球。随着年龄的增长，他们对儿子虽然怒其不争，但又放心不下，不能对其不闻不问，又不能将大量钱财直接交给他保管。他们希望用家族信托的方式，保障儿子的基本生活，但家族信托动辄几千万元的门槛，又是他们无法企及的。于是，在咨询律师之后，他们决定用保险金信托来解决这个问题。

［客户需求分析］

C 女士认为，自己和先生在世的时候，可以在一定程度上约束儿子，并保障儿子的基本生活。她担心的是，一旦老两口不在了，儿子可能很快就会将家产挥霍一空，生活无以为继。

［保险金信托方案］

C 女士以自己为投保人和被保险人，购买大额终身寿险，同时设立保险金信托，并在信托合同中约定：

（1）信托分配方案自 C 女士去世后启动；

（2）儿子每月可以领取 1 万元作为基本生活费，直至去世；

（3）如果儿子结婚生子，孙子女每月可以领取 1 万元生活费直至 18 周岁；

（4）如果孙子女考取大学本科、硕士、博士，均给予一定金额的教育奖励，如果孙子女结婚生子均给予一定金额的祝福礼金；

（5）如果儿子一生未再婚，无子嗣，在儿子去世后，剩余的信托财产捐赠给指定的慈善基金，用于帮助贫困大学生完成学业。

四、特殊家庭成员，需要特殊照顾

对特殊家庭成员的照顾是个社会性难题，不仅需要长期大额的医疗费用，还需要家人精心的照顾和陪伴。保险金信托能够从制度上实现即使家人不在，仍然可以按照约定，持续为特殊家庭成员提供生活和医疗费用。

49 岁的 D 女士，有一个被确诊患有自闭症的 10 岁儿子。D 女士曾是上市公司的高管，有一些积蓄。经过多年的治疗和训练，儿子的自闭症还是没有明显好转，D 女士开始接受孩子成年后仍然没有自理能力、很难独立在社会上生活的现实。D 女士担心的是，如果哪天自己身体出现问题或者去世，自己最疼爱的孩子怎么办？她想到了用保险金信托的方式来解决这个问题。

[客户需求分析]

自闭症患者，可能永远无法融入社会，无法独立生活，他们的父母往往承担着巨大的经济压力和精神压力。D 女士的需求就是希望在自己身故之后，儿子依旧能获得基本生活的保障。

[保险金信托方案]

D 女士自己作为投保人和被保险人，购买大额年金保险和终身寿险，同时设立保险金信托，约定年金和身故保险金的受益人为信托公司，并在信托合同中约定：

（1）信托唯一受益人为 D 女士的儿子；

（2）约定 D 女士非常信任的妹妹作为信托保护人，以保证信托计划的执行；

（3）信托分配方案自 D 女士去世时启动；

（4）D 女士的儿子每月可领取 2 万元，作为生活费用和医疗费用直至去世。如果有大额医疗费用支出，儿子可根据医疗费收据，从信托账户中另外领取费用，相关手续由 D 女士的妹妹代为办理。

第八章

离岸家族信托

随着世界经济的一体化，很多家族企业的业务走向国际，家族财富也开始分布全球，企业家除了对境内的财富有保护与传承的安排，对海外的财富自然有同样的需求。家族信托本身就源于西方，离岸家族信托与国内家族信托的本质与功能是一样的，同样具有风险隔离、财富传承、资产配置、税务筹划、高度保密等功能，它们都是财富管理的有效工具。尤其是在西方发达国家，无论是百年家族企业还是财富新贵，他们大多采用家族信托的方式管理家族财富。所以，对于国内企业家的海外财富管理，设立离岸家族信托应该是必要的优选方案。

第一节 了解离岸家族信托

离岸家族信托看似和我们的关系比较遥远，因为我们企业家虽然在海外有业务，或者国内家族企业的控股公司设立在海外，但对海外国家的法律可能并不了解。既然我们有海外财富管理的需求，如果想要设立离岸家族信托，那我们就必须要对它有所了解，它有哪些财富管理功能？它在当地的法律保障和限制是怎样的？它与国内家族信托又有什么异同？只有当我们对离岸家族信托有所了解之后，才能判断它能否满足我们的需求，是否有必要设立离岸家族信托。

一、离岸家族信托的定义

离岸家族信托，从字面意思表达看，包括“离岸”与“家族信托”两个概念。家族信托，是指委托人以家族财富的保护与传承为目的，将自己的家族财产委托给信托公司管理处分，信托公司按照委托人的意愿及信托文件的规定，向委托人指定的家族成员分配信托利益的财富安排行为。“离岸”有两层含义：第一层含义是只要不在中国境内，都算是离岸；第二层含义是远离全球主要经济体的偏远孤岛。虽然有些国内企业家在偏远岛国设立控股公司，但实际上仍有不少企业家在西方发达国家也有设立企业，所以我们讨论的离岸对象，是以不在中国境内都属于“离岸”。

所谓离岸家族信托，就是国内企业家在中国境外不同国家或地区设立的家族信托。虽然不同国家和地区的信托法律有所差异，但由于离岸家族信托所在地大多为英美法系国家，大多适用英国普通法原理，所以在涉及相关法律问题的时候，如果没有特别说明，都以英国普通法为参考依据。

二、离岸家族信托的构成要素

离岸家族信托与国内家族信托的构成要素是基本相同的，主要包括委托人、受托人、受益人、保护人、信托财产、信托目的。有所不同的是信托的设立地，也就是“离岸地”。这些要素对了解离岸家族信托，也是相当重要的，离岸家族信托基本结构图如图 8-1 所示。

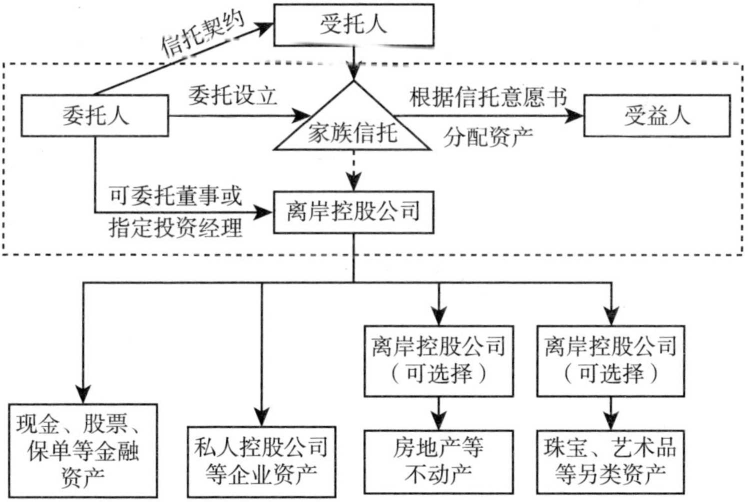

图 8-1　离岸家族信托基本架构

1. 委托人

委托人是设立家族信托的人，没有委托人就没有家族信托，所以委托人是最基本的要素。法律对委托人的基本要求是具有完全民事行为能力，要有处分财产、设立信托的行为能力。现实中，离岸家族信托的委托人都是超高净值家族的企业家，目前拥有境外上市公司的国内企业家很多都已经设立了离岸家族信托，“境外上市+离岸家族信托”的模式，已成为超级富豪管理家族海外财富的一个趋势。

2. 受托人

受托人是接受委托人的委托，根据委托人的信托意愿书管理处分信托财产的人，离岸家族信托的受托人一般是当地的信托公司、商业银行、第三方专业机构等。有些受托人则是委托人自己成立的私人信托公司（PTC），委托人或者委托人的家族成员是 PTC 的股东或董事。PTC 作为受托人的好处：一是信托财产实际上仍然由委托人的家族控制；二是委托人不需要保留过多的控制权，对信托的有效性有更好的保障；三是信托管理的费用和成本更低；四是更强的保密性。

3. 受益人

受益人是享有信托利益分配权的人，一般是委托人的家族成员，也可以包括委托人自己，还可以包括受托人。对于受益权，如果信托文件没有特别规定，受益人可以向他人转让他的受益权；如果发生继承，受益权也属于受益人的遗产。在实践中，很多家族成员持有中国护照，而且在中国生活，所以对于信托利益的分配，受益人首先要在境外开设银行账户，然后，如何将资金转回国内使用，也需要符合我国外汇管制的要求，目前来说这是个难题。

4. 保护人

保护人是由委托人指定，监督受托人管理信托财产和事务的人，一般是具备专业知识的律师和会计师。保护人的作用是防止受托人滥用权利，以免损害委托人和受益人的利益。在离岸家族信托中，为了防止委托人保留过多的控制权而丧失信托功能，委托人可以授予保护人较多的权利，因为保护人是委托人指定的，委托人就可以间接控制信托，同时避免了“虚假信托”的风险。

5. 信托财产

信托财产是委托人装入离岸家族信托的财产，并且是委托人合法拥有的财产。理论上，一切动产、不动产以及任何财产权利都可以作为信托财产。而离岸家族信托的信托财产，基本上都是以离岸控股公司或境外上市公司的股权为目标财产。离岸控股公司的董事一般由委托人委任，而控股公司名下的经营实体或者不动产等实物资产，基本都是在国内。当然也有些离岸控股公司是通过 VIE 架构协议控制方式，来控制境内的经营实体，如图 8-2 所示。

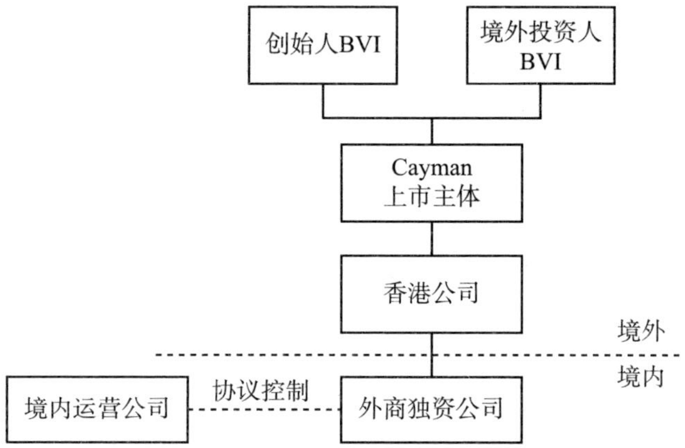

图 8-2　离岸控股公司 VIE 架构

6. 信托目的

设立离岸家族信托的目的，可以分为两个层面：第一个层面是它的最终目的，是实现受益人的利益；第二个层面是受益人的信托利益，是通过实现家族信托的资产风险隔离、财富有序传承、资产多元配置、税务筹划、高度保密等各项功能来达到的。

7. 离岸地

既然是离岸家族信托，自然要涉及离岸地的问题，离岸地的选择，不是单单为设立离岸家族信托考虑，而是基于离岸控股公司以及目标上市公司的设立地为主要考虑，兼顾考虑离岸家族信托。目前，通常选择的离岸地有英属维尔京群岛（BVI）、开曼群岛、库克群岛、中国香港特别行政区、新加坡、百慕大、巴哈马等。

（1）英属维尔京群岛（BVI）。BVI 位于大西洋和加勒比海之间，波多黎各以东，人口约 2.8 万人，主要由四大岛和 50 多座小岛组成，官方语言为英语。BVI 信托法律源于英国普通法，《维京群岛特别信托法》（VISTA）于 2004 年生效，《受托人法》于 2021 年实施，信托存续期限为 360 年。对于公司而言，BVI 不征收公司所得税、资本利得税、资本税、增值税以及各种附加税，不过 BVI 是参与 CRS 的国家，需与其他参与国家交换税务信息。图 8-3 是 VISTA 信托的一般架构图。

VISTA 信托相对于传统离岸信托，具有以下特点和优势：

第一，VISTA 信托是典型的股权类信托，委托人只能以其拥有的 BVI 公司的股权设立 VISTA 信托。

第二，委托人可以通过信托文件指定董事，从而拥有公司的决策权和管理权。

第三，VISTA 信托的最长期限为 360 年，可以满足家族财富长久传承的需要，真正做到基业长存。

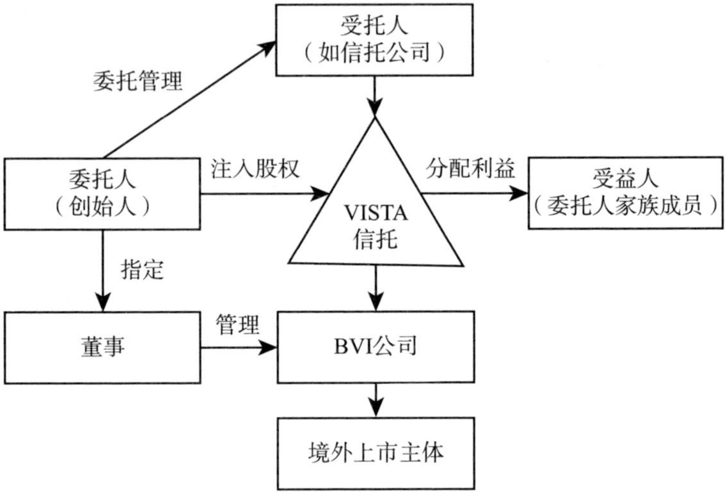

图 8-3　VISTA 信托架构

VISTA 信托对传统信托的创新，既满足了企业家继续拥有家族企业决策权的需要，又实现了财富保护和传承的功能，成为企业家选择最多的离岸家族信托。

（2）开曼群岛。开曼群岛是英国在西加勒比群岛的一块海外属地，是世界知名的离岸金融中心，并且是著名的潜水胜地，官方语言为英语。在开曼群岛建立信托没有具体的流程或监管要求。只要委托人和受托人签署信托文件，并且委托人将初始信托财产转移给受托人，信托就能够建立。在开曼群岛建立信托不要求当地居民作为受托人，对受托人的身份也没有任何限制。1997 年，开曼群岛颁布了《特别信托法》（STAR），STAR 信托也是高净值人士设立离岸家族信托的一个很好的选择。

（3）库克群岛。库克群岛位于南太平洋，大约在新西兰与夏威夷的中间位置，由 15 座岛屿组成，人口约 1.2 万人，大部分人居住于主岛拉罗汤加岛，官方语言为英语、毛利语。1989 年，库克群岛实施《国际信托法》，加强了对委托人的资产保护。任何对受托人提出的诉讼，要在信托成立两年内提出，诈欺意图必须以刑事标准证明，且证据必须超越合理怀疑的程度。此外，库克群岛并不承认境外判决。成立库克群岛信托，无须缴纳当地赠与税、遗产税、所得税或资本利得税。库克群岛是参与 CRS 的国家，需与其他参与国家交换税务信息。

（4）中国香港特别行政区。香港是中国的一个特别行政区，人口 700 多万人，陆地面积为 1100 多平方公里，其维多利亚港是世界三大天然深水良港之一。香港是国际重要的金融中心，服务业发展也面向世界，人均本地生产总值名列全球前十。官方语言为中文、英语。

香港是中国境内唯一适用英国普通法的地区，香港信托法律根据《1925 年英国受托人法》制定，于 2013 年重新修订。自此，委托人可设立永续信托，并规定设立信托必须有明确的信托目标和明确的受益对象。税收方面，香港向来以税务简单著称，在香港以外的收入无须缴纳所得税，信托无遗产税、资本利得税。

（5）新加坡。新加坡位于亚洲中南半岛的最南端，靠近马来西亚和印度尼西亚，由 63 个岛屿组成，面积为 728 平方公里，80%为华人。人均生产总值、人类发展指数位居全球前列，也是亚洲最大的国际金融中心。官方语言为英语、中文、马来语、坦米尔语。在新加坡的信托法律中，受托人受《新加坡受托人法案》管辖，要求受托人遵守高标准的行为和专业精神。新加坡对信托资金来源要求较严格，需提供资金来源证明或过往投资记录，信托存续期限为 100 年。新加坡信托无须缴纳遗产税、资本利得税，并与许多国家都签订了避免双重税收协定。

三、离岸家族信托的功能

离岸家族信托的功能与国内家族信托大致相同，但由于英美法系与大陆法系的不同，所以也有一些细微差别。

1. 资产政治风险规避

离岸家族信托适用的是委托人所在国之外的离岸地法律，管理的信托资产也一般位于离岸地。全球主要的离岸地如开曼群岛、库克群岛、百慕大群岛、英属维尔京群岛等作为离岸金融中心政治非常稳定，政权更迭风险极低，而且全球化程度高，政治风险的影响比较有限。因此，高净值人士能够通过离岸家族信托，享受离岸地相对稳定的政治环境，规避本国的政治风险。

2. 资产严格保密性

与我国《信托法》规定的设立信托应当依法办理信托登记不同，一般离岸家族信托契约无须向政府机构登记，也不必公开披露，信托设立方式、信托结构、信托财产状况、委托人及受益人的信息等均严格保密。

3. 资产保障性

离岸家族信托的资产保护程度非常高。一些离岸金融中心非常注重对信托委托人的保护，拒绝执行外国法院的生效判决，或者给债权人撤销信托设置严格的限制条件及障碍。有些离岸地甚至将债权人举证委托人逃避债务的证明标准，提高到刑事犯罪的高度，这大大加强了对信托财产的保护，可以有效防止信托财产被委托人的债权人追索。

4. 受托人选择灵活性

离岸家族信托的受托人通常是专业的信托公司，具备较好的信用和丰富的资产管理经验，委托人可依据自身实际情况选择将资产交给这类信托公司。如果委托人不希望由专业信托公司作为受托人，则可选择自己设立私人信托公司（PTC）作为受托人。PTC 的突出优势在于，PTC 董事会成员大部分由家族成员及家族信任的私人顾问构成，相当于“自己人”来管理自己的信托，当然更了解家族价值取向和根本利益。

5. 资产分配保障

离岸家族信托通常设有反强制继承原则，避免委托人身故后的财产继承纠纷，确保其个人意愿得以执行。如果委托人所在国的强制继承权原则与离岸家族信托相冲突，只要信托文件规定接受当地的司法管辖，那么该信托可不受委托人所在国强制继承权约束。

6. 资产运用灵活

离岸家族信托可以实现灵活分配，控制后代挥霍。离岸家族信托可按照委托人意愿，设置信托受益条款，包括受益人范围、受益顺位、受益条件、受益金额和分配频率等。转入离岸家族信托的财产属于独立于委托人和受托人的信托财产，受托人将严格按照约定管理、处分和分配信托财产。

7. 税务优惠性

离岸家族信托的设立地通常也被称为“避税天堂”

（Tax Haven），以开曼群岛为例，岛内只有土地交易税、印花税、旅游者住宿税和营业执照费。没有开征个人所得税、企业所得税和一般财产税，没有任何利息税、资本增值税、物业税和遗产税。所以，在离岸地设立信托能有效避免多方面税负。

四、离岸家族信托需要注意的问题

如果企业家有设立离岸家族信托的想法，那么下面三个重要问题需要慎重考虑，因为离岸家族信托也并非完美无缺。

1. “虚假信托”问题

国内家族信托在法律上并没有“虚假信托”的概念，它是英美法系在普通法的判例中形成的概念，法院用来区分真正的信托与披着信托外衣的其他法律关系。认定“虚假信托”一般要考虑以下五个方面的因素：

（1）有证据直接证明当事人之间有设立虚假信托的意图，比如当事人之间有代持协议或者备忘录；

（2）虽然有信托契约，但是信托财产仍由委托人实际控制，委托人没有按照规定将信托财产交给受托人；

（3）委托人保留过多的控制权，比如委托人可以随时撤销信托，或者可随意修改信托文件；

（4）委托人随意支配处分信托财产，受托人完全按照委托人的指令管理信托财产，没有自己的主动管理行为；

（5）通过考量信托文件与信托实际运行是否相符，综合判断是否有设立虚假信托的意图。

如果因为存在以上的情形被法院认定为“虚假信托”，那么离岸家族信托将被击穿而归于无效。尤其是对于信托控制权的问题，需要提请委托人注意，委托人对信托实际控制权越大，信托天然的资产隔离、税务筹划等功能则越弱。过大的控制权会使信托可能被认定为“虚假信托”，如果信托被击穿，那么无论是面对债权人追索、离婚财产分割、法定继承、税务成本等风险，离岸家族信托都将失去屏障。

最近一个典型的案例就是“张兰离岸家族信托被新加坡高等法院击穿案”，张兰正是因为保留了太多的控制权，对信托资金随意支配，完全将信托财产视为自己的财产，所以被法院视为“虚假信托”。

2. 关于避税问题

虽然离岸家族信托在离岸地享受当地的税收优惠，但是作为中国税务居民，仍然有向中国政府依法纳税的义务。国家税务总局《关于非居民企业间接转让财产企业所得税若干问题的公告》（国税〔2015〕7号）第1条规定："非居民企业通过实施不具有合理商业目的的安排，间接转让中国居民企业股权等财产，规避企业所得税纳税义务的，应按照企业所得税法第四十七条的规定，重新定性该间接转让交易，确认为直接转让中国居民企业股权等财产。"离岸家族信托的委托人间接将国内企业股权转移给受托人，无疑是股权转让行为，应当缴纳相应的所得税。所以，过去一段时期离岸家族信托所谓的"避税功能"，实际上是利用国家对境外金融机构信息掌握不足采取的逃避税收行为。

2019年6月27日，经济合作与发展组织（OECD）更新发布《CRS涉税信息交换避税安排和离岸结构强制披露规则MDR的框架文件》，将CRS全球涉税信息交换机制的合作工作进一步推向实操和实践层面。据不完全统计，目前已经有100多个国家和地区互相交换涉税信息，其中包括中国香港特别行政区、新加坡、英属维尔京群岛、开曼群岛等离岸地。随着全球税收透明化和国际反避税合作不断深入发展，2022年9月1日《实施税收协定相关措施以防止税基侵蚀和利润转移的多边公约》在我国正式生效，我国也更深入地参与CRS，这将打破不同税收管辖地区的信息壁垒，逃避税收监管的行为将受到进一步堵截。因此，外汇管理局极有可能依托税务部门CRS系统，掌握境内高净值人群在境外金融账户中的信托资产情况，来提升对离岸家族信托征税管理的有效性。

3. 离岸地对国内判决的承认问题

在离岸地设立离岸公司或离岸家族信托，一直以来都被认为是绝对安全和隐蔽的做法，尤其是英属维尔京群岛（BVI）、开曼群岛、百慕大是全球三大离岸公司注册地，被称为“离岸天堂”。然而 2020 年 1 月 BVI 高等法院的一份判决承认了中国国内判决的效力，并委任接管人接管一家 BVI 公司的股份，以此来执行中国判决的债务，这个案例让“离岸天堂”可能不再是“天堂”。

2016 年我国最高人民法院判决某被告向某原告支付 3.25 亿元的本金及利息，因为被告在国内没有可执行的财产，而被告名下拥有一家 BVI 公司，该 BVI 公司持有一家香港上市公司股票，价值约 2000 万美元。所以，原告就向 BVI 高等法院申请承认并执行中国判决。2020 年 1 月，BVI 高等法院判决［案件编号：BVIHC（COM）0032 of 2018］委任接管人接管 BVI 公司股份，并对 BVI 公司进行处置，将公司资产变现或者进行清算，用来清偿被告的债务。

这个案例让离岸家族信托的安全性受到了挑战，尤其是对于委托人保留过多权利的信托，比如可撤销信托，很可能就不具有债务风险隔离功能。加之离岸地法院对中国内地判决的承认，最终可能导致离岸家族信托被击穿、信托财产被执行的结果。

第二节　离岸家族信托案例

随着互联网高科技企业的崛起，越来越多的国内企业奔赴境外上市，并设立离岸家族信托。境外宽松的环境，优惠的税负、资产的隐秘，都是企业家选择“境外上市+离岸家族信托”治理家族企业的原因。

一、马云离岸家族信托

2014 年 9 月 19 日，阿里巴巴集团（开曼公司）在美国纽交所正式挂牌上市，成为美股史上规模最大的 IPO。

截至 2019 年 11 月，马云直接或间接持有阿里巴巴集团 6. 4%的股份，除了马云直接持有 0. 2%的股份外，其余都是通过海外实体持有，总价值超过 2000 亿元。其中，马云离岸家族信托持股 64. 4%价值 1300 亿元、马云慈善基金会持股 14. 4%价值 292 亿元、开曼控股公司持股 21%价值 423 亿元（如图 8-4）。我们可以注意到，马云离岸家族信托持股比例是最高的，达到了64.4%的持股比例，也就是说马云的离岸家族信托是其最重要的资产。

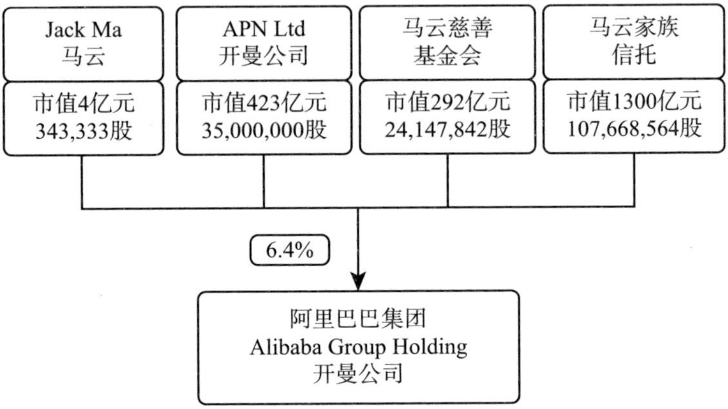

图 8-4　阿里巴巴集团持股架构

马云离岸家族信托是典型的VISTA信托，它是以马云作为委托人，BVI持牌信托公司作为受托人（未公开），马云及他的家族成员作为受益人。马云离岸家族信托通过两个BVI公司（JC Properties Limited与JSP Investment Limited），最终持有阿里巴巴集团（开曼公司）的股票（如图8-5）。设立两个BVI公司是因为VISTA信托要求直接子公司必须在BVI注册，而VISTA信托又允许委托人保留对信托的控制权。所以马云通过信托文件的规定，同时担任两个BVI公司的董事，直接控制BVI公司，从而间接控制阿里巴巴集团。

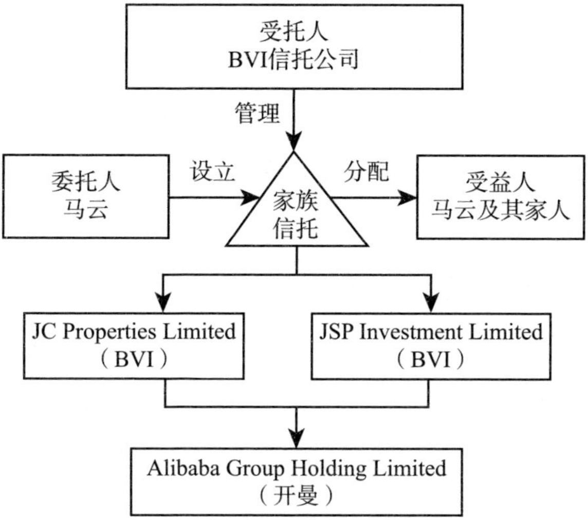

图 8-5　马云离岸家族信托架构

到了 2020 年，马云持有阿里巴巴集团股份占比从 6.4%下降到 4.8%，股份数量从 12.78 亿股下降到 10.44 亿股。这就意味着，在这段时间内马云大幅度减持了 2 亿多股的阿里股票，按照 2019 年 11 月至 2020 年 7 月股票的平均股价和汇率估算，马云减持套现阿里股票大约为 430 亿元，其中的大部分资金都进入了他的离岸家族信托。

二、刘强东离岸家族信托

2014 年 5 月 22 日，京东（JD. com，Inc.）在美国纳斯达克上市，京东的注册地是开曼群岛。早在京东上市之前，刘强东就已搭建好离岸家族信托，将其考虑入上市架构中。在上市前的招股说明书中，刘强东曾声明其个人通过 BVI 公司（Max Smart Limited）持有京东股份，但是在上市前的几天，刘强东正式披露 Max Smart Limited 由其家族信托 100%持股。

虽然刘强东的资产金额巨大，但由于形式单一，所以其家族信托也比较简单，它是以刘强东作为委托人和保护人，由当地持牌信托公司 UBS Trustees Ltd（BVI）作为受托人，以刘强东及其家人作为受益人，通过 Max Smart Limited（BVI）持有京东 15.4%的股票（如图 8-6）。

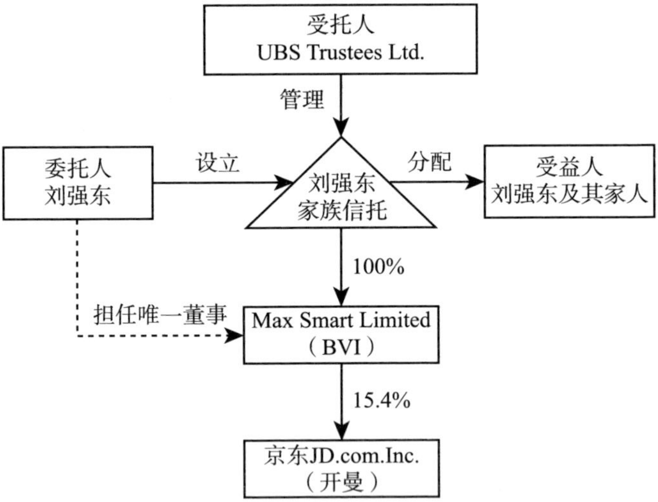

图 8-6　刘强东离岸家族信托架构

刘强东通过信托文件担任 Max Smart Limited 的唯一董

事，在实现资产隔离的同时，也牢牢地掌握了公司的控制权。另外，他还保留了家族信托的撤销权，即他可以随时撤销该家族信托。

刘强东通过离岸家族信托持有京东 15.4%的股票，同时他拥有京东 79%的投票权（因为 A、B 股的原因，刘强东持有的股份绝大部分为 B 类股票），从而独揽了京东的控制权。另外，离岸家族信托装载了刘强东所持京东股份的 95.8%（刘强东仍有 560 万股 A 股期权未行权，该部分期权由刘强东个人持有），也就是说，刘强东的离岸家族信托几乎承载了他的全部身家（市值约 143 亿美元，超过 1000 亿元人民币）。2022 年 4 月，刘强东在卸任京东集团 CEO 职位后，接连减持京东的股票 1.11 亿股，总计套现约 66 亿元人民币，而其中的大部分都进入了家族信托。

三、雷军离岸家族信托

2018 年 5 月 3 日，小米集团根据港交所的新规则，以“同股不同权”的形式，正式向港交所呈交了上市申请。雷军为持有小米集团的股份并掌握控制权，在上市主体上设置了五层股权架构（如图 8-7）。

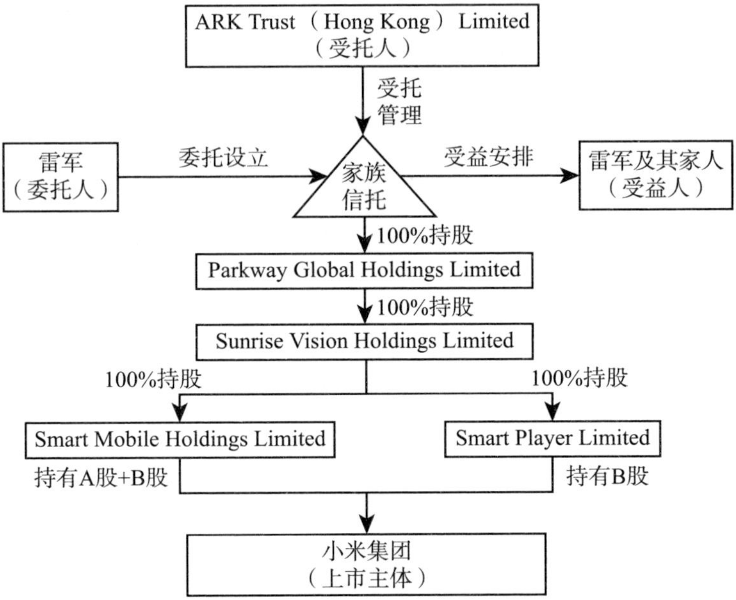

图 8-7　雷军离岸家族信托架构

第一层为上市主体小米集团；

第二层分别为 Smart Mobile Holdings Limited 持有 A、B 股，Smart Player Limited 仅持有 B 股；

第三层为 Sunrise Vision Holdings Limited；

第四层为 Parkway Global Holdings Limited；

第五层是上市架构的核心离岸家族信托，由雷军作为委托人，ARK Trust（Hong Kong）Limited（香港方舟信托公司）作为受托人，雷军本人及家人作为受益人，以 Parkway Global Holdings Limited 100%股权作为信托财产，信托设立地为香港。按照正常的推理，雷军必定通过信托文件规定其作为 Parkway Global Holdings Limited 的董事，来控制一系列下层公司的决策权与管理权。

小米集团作为港交所首家同股不同权上市架构的公司，从股权结构看，小米集团股票分为 A 类股份和 B 类股份，A 类股份持有人每股投票权为 10 票，B 类股份持有人每股投票权为 1 票。雷军的离岸家族信托旗下有两家控股公司，一家为 Smart Mobile Holdings Limited 持有 A、B 股，而另一家为 Smart Player Limited 仅持有 B 股，虽然这两家控股公司持有上市主体小米集团仅 31.4%的股票，但是通过双重股权架构，雷军享有的表决权比例超过 50%，从而实现其对小米集团的实质性控制。

四、张勇、舒萍离岸家族信托

2018 年 9 月 26 日，海底捞成功在港交所上市，张勇、舒萍夫妇因此一举登顶《福布斯亚洲》新加坡首富，身价约为 1000 亿元。在上市前，张勇、舒萍夫妇除了移民新加坡，做的另一个动作就是设立离岸家族信托。至今，张勇、舒萍夫妇拥有海底捞全部股份的 62.7%，全部都是通过两个“离岸家族信托+BVI 公司”模式持有的。

两个离岸家族信托分别为张勇家族信托（Apple Trust）、舒萍家族信托（Rose Trust）。这两个信托都是全权信托（委托人不保留任何权利），设立地为英属维尔京群岛（BVI），受托人均为当地持牌信托公司 UBS Trustees Ltd.（BVI），受益人均为张勇和舒萍两人。其中，张勇离岸家族信托（Apple Trust）由张勇作为保护人，通过 ZY NP Ltd.（BVI）持有海底捞 47.84%的股份；舒萍离岸家族信托（Rose Trust）由舒萍作为保护人，通过 SP NP Ltd.（BVI）持有海底捞 14.85%的股份（如图 8-8）。

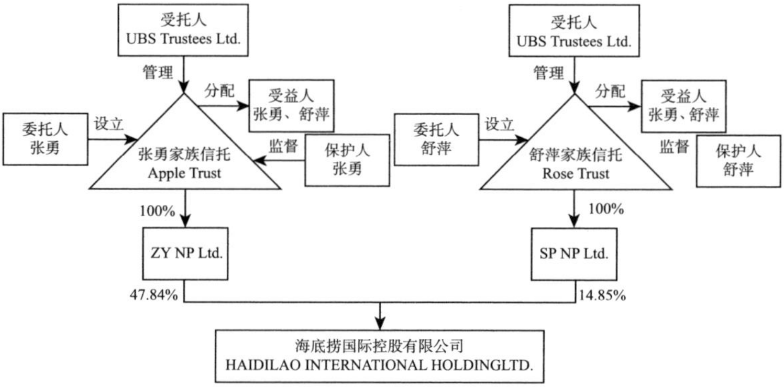

图 8-8　张勇、舒萍离岸家族信托架构

张勇、舒萍夫妇通过“移民新加坡+2 个离岸家族信托+2 个 BVI 公司”的模式，实现了控股海底捞。其一，由于全权信托的委托人不保留任何权利，所以张勇与舒萍需要分别作为两个信托的保护人，来实际监控信托公司按照信托文件管理信托财产；其二，张勇、舒萍夫妇都加入了新加坡籍，新加坡对海外收入免税，避免作为中国税务居民可能面临的税务风险；其三，设立两个家族信托可以避免夫妻关系变化引发的股权分割，万一婚变，只需要各自变更信托受益人即可，不会引起市场股价波动。

第三节 离岸家族信托与国内家族信托比较

2023年3月，国内闹得最为沸沸扬扬的新闻，是俏江南创始人张兰女士设立的离岸家族信托，被新加坡高等法院判决“击穿”事件。张兰女士将为该判决承担1.4亿美元左右的赔偿，这对张兰家族是一次重大打击。这个案例也直接重创了国内企业家设立离岸家族信托的信心。几乎所有的企业家都认为，国内家族信托不如离岸家族信托可靠，如今张兰的离岸家族信托已经被法院击穿，那国内家族信托岂不更无安全性可言。这一结论其实是非专业法律人士最大的误区。

我们通过对国内外信托法的比较发现，国内信托法对信托有效性和安全性的保护，远高于西方国家。西方严格的信托法律制度，对信托控制权有着更为苛刻的限制，委托人对信托财产不能保留过多的控制权，否则将视为以信托的名义持有资产，是规避债权的追索，从而被认定为

"虚假信托"。

然而，国内家族信托只有两种情况可能被击穿，一种是信托无效，另一种是撤销信托。我国《信托法》并没有"虚假信托"的规定，也没有限制委托人对信托控制权的规定。所以，从这个意义上讲，由于我国《信托法》对委托人少了很多限制性规定，反而让国内家族信托具有远大于离岸信托的安全性和可靠性。下面我就从张兰离岸家族信托击穿案的背景谈起，从法律层面分析国内家族信托相对于离岸家族信托的优势。

一、张兰离岸家族信托击穿案

2014 年 6 月 3 日，张兰在库克群岛设立了"成功优雅家族信托"（Success Elegant Family Trust），该离岸家族信托的委托人是张兰，受托人是亚洲信托公司，信托财产是成功优雅贸易公司（Success Elegant Trating Limited）的股权，实质信托资金为该公司在瑞信银行和德意志银行的存款，受益人是张兰的儿子汪小菲（见图 8-9）。

张兰设立的离岸家族信托击穿案，根源起始于张兰与欧洲私募股权公司 CVC Capital Partners（以下简称 CVC）的俏江南上市对赌协议诉讼纠纷，因俏江南上市失败，2019 年张兰在与 CVC 的诉讼中败诉，共欠对方 1.42 亿美

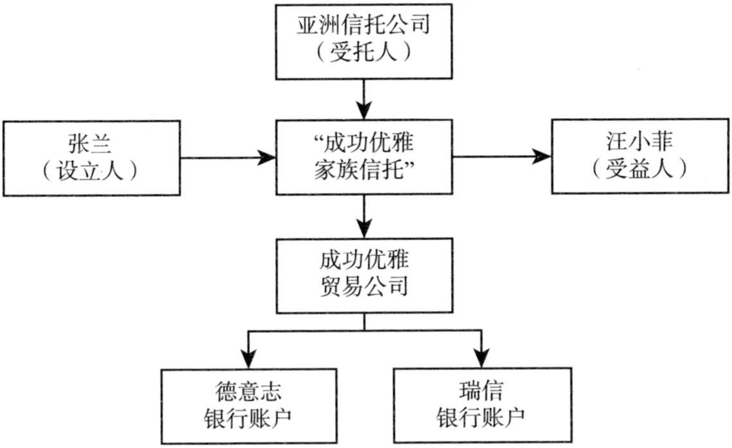

图 8-9　张兰离岸家族信托架构

元。在张兰拒不履行判决的情况下，CVC 为了追讨 1.42 亿美元的欠款，就瞄准了张兰在海外的离岸家族信托，并在新加坡高等法院提起诉讼。

2022 年 11 月，新加坡高等法院在披露的［2022］SGHC278 司法裁判文书中，公布了张兰的离岸家族信托情况以及法院的判决结果。在这份判决书中，新加坡高等法院认定：张兰是其家族信托所在银行账户资产的实际控制人。也就是说信托财产仍属于张兰的个人财产，因此同意了原告也就是 CVC 提出的任命该财产接管人的申请。这也就意味着本来起着债务隔离作用的离岸家族信托被击穿，张兰被认定为信托财产的实际控制人，那么自然张兰的债权人 CVC 可以申请对这笔资金采取相应的执行措施。

根据新加坡高等法院的判决书内容，法院认定张兰为家族信托项下资金的实际权利人，主要基于以下理由：

（1）张兰设立家族信托后，仍可自由使用家族信托项下银行账户内的资金，用于自身购房等大额款项支出事宜；

（2）在 CVC 获得有关法院作出的对张兰名下的财产冻结令后，张兰急于转移该家族信托项下的资金；

（3）张兰曾通过其代理人向家族信托项下资金所在银行发送邮件，其中提到家族信托项下有关银行账户为张兰所有，张兰正在采取法律措施撤销有关财产冻结令。

据此，新加坡高等法院认为，虽然有关资金在家族信托名下，但张兰保留了过多的控制权，张兰设立该家族信托的目的，在于规避债权人对其名下财产的执行或索赔，该信托并非真正信托，该等资金作为张兰个人财产，可以用于清偿张兰所负债务。鉴于此，法院同意 CVC 提出任命接管人的请求，以便后续执行该银行账户内资金，以清偿张兰所负债务。

二、离岸家族信托的限制

目前，主流离岸家族信托设立地的法律，对于有可能击穿信托的情形，除了有信托无效、撤销信托，另外还有“虚假信托”。如果一个信托被认定为“虚假信托”，导致的法律后果即所有基于信托法律产生的资产隔离功能全部自始丧失，债权人、继承人等利益相关人等均有权针对委托人的这部分财产合法地主张权利。

“虚假信托”不是一个成文法上的概念，具体认定也没有非常统一的标准，最初是从普通法中演变而来，与大陆法系民法中的“虚伪通谋行为”有异曲同工之处。要提出“虚假信托”的论点，声称虚假的一方必须证明：在信托设立之时，委托人和受托人之间存在共同的不诚实意图，以给第三方一个虚假印象，即信托是按照信托契约的条款设立的，而实际上并没有建立这样的信托，而且还有一些其他的安排。“虚假信托”制度的存在，被认为是委托人保留控制权、行使信托权利和享受信托利益的较大限制之一。

实践中，委托人为自己保留过多权利，是导致被认定为“虚假信托”的主要原因。但不能直接认为保留信托权利就是“虚假信托”，在具体案件中仍然需要结合信托所适用的法律，以及信托实际权利义务安排来进行分析。在张兰离岸家族信托击穿案中，根据当地信托法律，张兰保留的权利已经远远超过正常信托委托人应该遵守的界限。所以总体而言，各国的法院会根据具体的案情和每个案件的准据法，来确定委托人保留的控制权是否超越了界限，从而判断该信托是否为“虚假信托”。

三、国内家族信托的优势

相对于离岸家族信托这些限制，能击穿国内家族信托的情形只有两种，一种是信托无效，另一种是撤销信托。我国没有虚假信托的法律规定，从这一点来看，大大减少了对委托人控制权的限制。

我国《信托法》第11条规定，有下列情形之一的，信托无效：（1）信托目的违反法律、行政法规或者损害社会公共利益；（2）信托财产不能确定；（3）委托人以非法财产或者本法规定不得设立信托的财产设立信托；（4）专以诉讼或者讨债为目的设立信托；（5）受益人或者受益人范围不能确定；（6）法律、行政法规规定的其他情形。

我们从上述法律规定可以看出，国内家族信托出现以上情形的可能性并不大。信托目的一般只要不违反法律法规的禁止性规定、不损害公共利益和他人利益，就是合法目的；装入信托的财产也都是明确的财产；委托人一般也不会以非法财产来设立家族信托；家族信托都是为了受益人的利益而设立的，不可能以诉讼或者讨债为目的；家族信托的受益人一般是特定的家族成员，这也都是非常确定的。所以综合来讲，国内家族信托因为无效而被击穿的可能性很小。

另外，我国《信托法》第12条第1、2款规定："委托人设立信托损害其债权人利益的，债权人有权申请人民法院撤销该信托。人民法院依照前款规定撤销信托的，不影响善意受益人已经取得的信托利益。"根据这一条的规定，债权人行使撤销权应同时满足以下条件：（1）委托人设立信托前，其债权人的债权已经存在；（2）委托人因为用自有财产设立信托导致无法清偿全部债务；（3）债权人向人民法院提出了撤销申请。

这也就说明如果委托人在设立信托之前有债务，设立信托之后导致无力偿还债务，就会损害债权人的利益，债权人就可以申请法院撤销信托。但是这条法律还有另外一个的规定，撤销信托不影响善意受益人已经取得的信托利益。也就是说如果信托财产已经分配完毕，而且也没有证据表明受益人是恶意的，这种情况下债权人是没有办法行使撤销权的。这说明国内家族信托即便在被撤销的情况下，还是可以保留它的部分功能的。

除了信托无效、信托被撤销这两种情形，国内家族信托再无其他可以被击穿的法律规定。所以它不像离岸家族信托，对于委托人对信托财产控制权有非常高的限制。这就是为什么说国内家族信托被击穿的可能性非常小，它的安全性也因此远高于离岸家族信托。

这个案例告诫企业家，并非把资产转移至国外，设立离岸家族信托，家族财富的安全就高枕无忧了。西方国家的法律对家族信托有效性的认定更为严格，对委托人权利的限制更为苛刻。在委托人对外负有债务的情况下，如果不遵循信托设立地的法律，将会有很大的风险。相反，由于我国《信托法》对委托人的控制权没有任何明确的限制，我国《信托法》第 2 条反而规定受托人要根据委托人的意愿管理信托财产，这就大大增加了委托人对信托财产的控制权，而不用担心国内家族信托被法院击穿的风险。所以，基于国内信托法律对委托人控制权的宽容性，国内家族信托在法律上相比离岸家族信托更为可靠和安全。

第九章

慈善信托

慈善，就是慈心和善举，是对他人的一种同情心、爱心，以及帮助他人的善良行为。慈善既可以是救助弱势群体，也可以是增进他人福祉的善行。它的核心意义是爱，是慈悲，是怜悯，是一颗善良乐于助人的心，它不在于帮助他人的方式是钱、物或是善意的行为。

我们为什么要做慈善呢？我认为应该从人性说、需求说、文化说、哲学说四个层面来分析。

（一）人性说

《三字经》的第一句话："人之初，性本善"，说明慈善源于人性之本善。所谓恻隐之心，人皆有之，也就是说人之所以为善是天赋秉性使然。

孟子曰：人皆有不忍人之心者，今人乍见孺子将入于井，皆有怵惕恻隐之心，非所以内交于孺子之父母也，非所以要誉于乡党朋友也，非恶其声而然也。意思是说每个人都有怜悯体恤别人的心情，如果今天人们突然看见一个小孩要掉进井里面去了，那么所有的人都会惊惧同情，这不是因为要想去和这孩子的父母拉关系，不是因为要想在乡邻朋友中博取声誉，也不是因为厌恶这孩子的哭叫声。

所以从这个层面看，做慈善是出于我们的人性本能，是出于潜意识的内心驱动而产生的行为。

（二）需求说

物质需求的满足带给人的喜悦是暂时的，物质并不能给人带来持久的欢乐。但是，有一种收获却是例外，可以永恒。那就是帮助需要帮助的人，付出不会损坏自己利益的爱心和行动，给予挣扎生活的人们以关心鼓励和资助。这就是慈善、慈悲和善意，也是一种消费，但它获取的是内心满满的成就感和幸福喜悦。

（三）文化说

“好善乐施”自古有之，是中华民族传统的优秀品质之一，我们的祖辈从千年之前就开始做慈善，它作为一种精神文化一代一代传承至今。

林则徐除了是民族英雄，还是大慈善家。道光年间，林则徐在苏州城里修筑了 10 间大小仓库，从无锡买粮存放救灾。历史上把这座民办公助的救灾仓库命名为“长元吴丰备义仓”，从 1835 年至 1860 年 20 多年间，这座义仓有效地起着荒年赈灾的作用。鸦片战争后，林则徐被流放到新疆，他在边区伊犁又一次自己捐款兴修了龙口渠，为新疆人民谋了福利。

到了现代社会，经济发展了，生活水平提高了，社会保障具备了，我们更应重拾中华民族的传统文化美德。美国哈佛大学的一项研究表明，文化素养、精神层次越高的人，内心越善良，这一结论是非常符合人性规律的。实际上，换句话说也成立，即觉悟性越高的人，内心越善良。这类人的感恩意识、责任意识、行动意识等各种积极意识非常强，所以更容易在事业上取得成功。

（四）哲学说

在中国古典哲学中，无论是儒家、道家、释家，都有与慈善有关的哲学论道。

儒家慈善哲学之代表性言论有：孔子“远人不服，则修文德以来之，既来之，则安之”，孟子“老吾老以及人之老，幼吾幼以及人之幼”“亲亲而仁民，仁民而爱物”等。

道家慈善哲学之代表性言论有：老子“损有余而补不足”“圣人不积，既以为人己愈有，既以与人己愈多”、庄子“爱人利物之谓仁”、《列子》“类无贵贱”、《易传·文言传·坤文言》“积善之家，必有余庆；积不善之家，必有余殃”等。

释家慈善哲学之代表性言论有：“四摄”中之“布施摄”、“六度”中之“布施度”以及“无缘大慈，同体大悲”等，将布施分为财施、法施、无畏施三种，强调忘记布施者、受施者、施物之所谓“三体轮空”，不分亲疏、不讲条件、不计得失地去“利他”。

劝善派与功过格派之慈善哲学则更为简明，以“祸福无门，唯人自召，善恶之报，如影随形”为纲，告诫人们改变命运之唯一办法，只能是明善、行善、积善。

以上这些，都是我们可以参鉴的极为宝贵的慈善哲学思想。

第一节　了解慈善信托

无论我们出于何种原因的考虑，既然决定做慈善，那么选择慈善信托的方式可能更为适合。它相对于单纯的捐款捐物，可以让我们和家人更好地参与慈善的具体活动，并培养我们子女后代的慈善精神。那下面我们就来了解慈善信托是怎么回事？

一、慈善信托的定义

2016年3月16日发布的《慈善法》中对慈善信托是这样定义的："本法所称慈善信托属于公益信托，是指委托人基于慈善目的，依法将其财产委托给受托人，由受托人按照委托人意愿以受托人名义进行管理和处分，开展慈善活动的行为。"

慈善信托与其他家族信托最大的区别是属于公益信托，而非私益信托，其设立目的是救助社会上需要帮助的人群。从慈善信托实践来看，慈善信托主要围绕贫困家庭、助学、助医、支持灾后重建和推动环境保护等公益目的而设立。《信托法》为此作出了专门规定，列示了包括救济贫困、救助灾民、扶助残疾人等共七大类公益目的，指导慈善信托的开展。

二、慈善信托的结构要素

慈善信托的结构由委托人、受托人、受益人、监察人、信托财产、信托目的六个要素组成，这基本上与家族信托一致。慈善信托的监察人相当于家族信托的保护人，唯一不同的是慈善信托的受益人是不确定的社会人群，图9-1

是慈善信托的基本架构图。

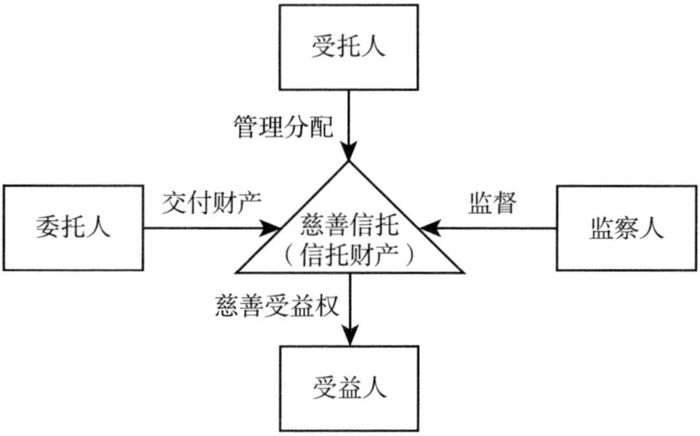

图 9-1 慈善信托基本架构

1. 委托人

慈善信托对委托人并没有资金门槛的限制，法律对委托人的基本要求是具有完全行为能力，要有处分财产、设立信托的行为能力。

2. 受托人

慈善信托的受托人是接受委托人的委托，根据慈善信托文件为了受益人的利益，管理信托财产和信托事务的人。《慈善法》第 46 条规定："慈善信托的受托人，可以由委托人确定其信赖的慈善组织或者信托公司担任。"也就是说，慈善信托的受托人除了慈善组织与信托公司，其他主体是不能担任受托人的。

3. 受益人

慈善信托的受益人是享有信托利益分配权的人，一般是需要得到救助的不特定的社会人群。委托人可以在信托文件中规定，信托财产用于哪个具体慈善领域，那么相应的受益人就是在这类需要救济的对象之中。

4. 监察人

监察人是由委托人指定，监督受托人管理信托财产和信托事务的人，《慈善法》第49条规定："慈善信托的委托人根据需要，可以确定信托监察人。信托监察人对受托人的行为进行监督，依法维护委托人和受益人的权益。信托监察人发现受托人违反信托义务或者难以履行职责的，应当向委托人报告，并有权以自己的名义向人民法院提起诉讼。"

在实践中，监察人一般由具有专业知识与监督能力的律师事务所与会计师事务所来担任，或者由委托人信任的自然人来担任。

5. 信托财产

信托财产是委托人装入慈善信托的财产，必须是委托人合法拥有的财产，一般多是资金，当然也有企业家将家族企业的股权装入慈善信托。另外，慈善信托不像家族信托有1000万元的资金起点要求，它没有资金门槛。所以，慈善信托作为公益事业一种具体形式，与我们每个人的距离并不遥远。只要有一份奉献社会、服务公益事业的爱心，每个人都能够通过慈善信托圆自己的公益梦想。

6. 信托目的

慈善信托最主要的特点就是它的信托目的是公益性的，《信托法》第60条规定，为了下列公共利益目的之一而设立的信托，属于公益慈善信托：（1）救济贫困；（2）救助灾民；（3）扶助残疾人；（4）发展教育、科技、文化、艺术、体育事业；（5）发展医疗卫生事业；（6）发展环境保护事业，维护生态环境；（7）发展其他社会公益事业。

三、以股权设立慈善信托

目前，用上市公司股权设立慈善信托的做法，是家族信托的另一种发展模式。企业家捐赠他持有的股权，成立股权慈善信托，除了可以发挥企业家回馈社会的慈善功能，还有助于家族企业树立良好的公众形象。这也正是西方发达国家诸多富豪家族设立股权慈善信托的动因，其中最为著名也最受人尊敬的是比尔和梅琳达·盖茨基金会（Bill &

Melinda Gates Foundation）。

股权慈善信托设立后，股权作为初始信托财产，其财产属性由企业家私人财产转变为独立财产。因此，慈善信托名下的企业股权不得或不易转让，这对家族企业长期集中股权起到关键性的作用。然后通过股权架构和企业控制权进行设计，不影响企业家对家族企业的实际控制与继续经营。并且，家族企业的控制权可以通过合理的机制设计，传承给企业家的子女后代。同时，股权慈善信托的公益特质，能够激励家族企业继续创造财富，有效避免下一代创富动机的枯竭。可以说，股权慈善信托承载着家族的精神与希望，进而成为国家和社会进步的力量。在此基础上，股权慈善信托用每年产生的股权分红来开展公益事业，并由此让企业获得更多的税收优惠和政策扶持。

另外，慈善信托的期限没有限制，理论上可以永久存续。所以股权慈善信托有利于家族企业长期稳定的经营管理，作为一个活水源头，发挥先富帮后富的作用，积极参与和兴办社会公益慈善事业。

第二节　慈善信托的模式

《慈善法》实施至今，已发展出多种慈善信托模式，我梳理了已在民政部门备案的慈善信托，对其中有代表性的案例进行分析，根据委托人、受托人、受益人的不同，划分为常见的五种慈善信托模式。无论哪种慈善信托模式，都可以设置慈善事务执行人或者决策委员会，委托人可以让自己的子女担任慈善事务执行人，或者加入决策委员会。这样做的好处是可以让家族成员真正参与慈善信托，与需要帮助的对象有直接的接触，除了可以锻炼他们自身能力外，还能更好地培养他们的慈善理念和精神。

一、慈善组织为单一受托人

这种慈善信托模式是委托人直接与慈善组织签订慈善信托合同，由慈善组织作为唯一的受托人，同时委托人可以设置监察人与项目执行人。慈善信托设立之后，由慈善组织在银行开设慈善信托专户，委托人将信托资金直接划款到慈善信托专户。慈善组织按照委托人的慈善目的，全权负责对慈善信托资金进行管理和运作，当出现信托文件规定事由发生时，由慈善组织向特定的人群分配信托财产（如图 9-2）。

这种模式的优点是慈善组织可以向委托人开具捐赠票据，委托人可以直接享受税收优惠。另外，慈善组织对慈善项目的运作有丰富的经验，可以更好地服务需要帮助的人群。但是由于慈善组织不擅投资，所以这种模式不利于

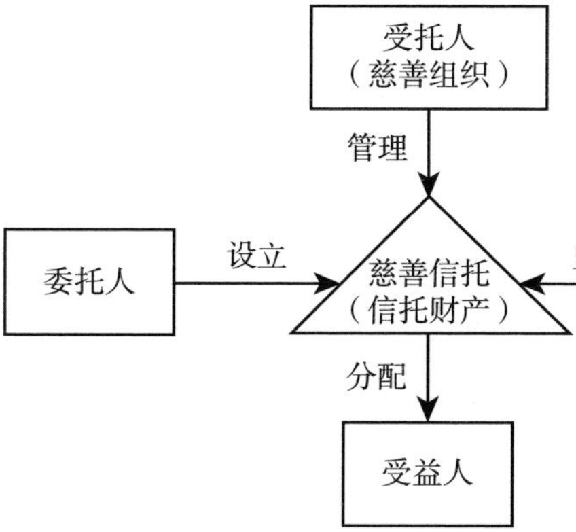

图 9-2　“慈善组织为单一受托人”慈善信托模式架构

信托财产的保值增值。表 9-1 中是“慈善组织作为单一受托人”模式的慈善信托案例。

表 9-1　“慈善组织为单一受托人”模式案例

信托名称	委托人	受托人	监察人	信托金额	信托目的/受益人
佛山市社工人才队伍建设慈善信托	佛山市社会工作协会	佛山市慈善会		3 万元	用于组织社工培训、开展社工服务调研、完善社工激励措施，加大社工宣传力度等
长兴县妇儿共富慈善信托	长兴县妇女联合会	长兴县慈善总会		300 万元	关爱帮扶妇女儿童等慈善目的
弘毅 1 号——社区养老公益组织扶持慈善信托	上海弘毅迁善实业发展集团有限公司	海南弘毅扶贫慈善基金会	上海衡定会计师事务所	100 万元	用于支持海南省内外正式注册的初创期（3 年以内）的社区居家养老公益组织的发展

二、信托公司为单一受托人

这种慈善信托模式是委托人直接与信托公司签订慈善信托合同，由信托公司作为唯一的受托人，同时委托人可以设置监察人与项目执行人。慈善信托设立之后，由信托公司在银行开设慈善信托专户，委托人将信托资金直接划款到慈善信托专户。信托公司按照委托人的慈善目的，全权负责对慈善信托资金进行管理和运作，当出现信托文件规定事由发生时，由信托公司向特定的人群分配信托财产（如图 9-3）。

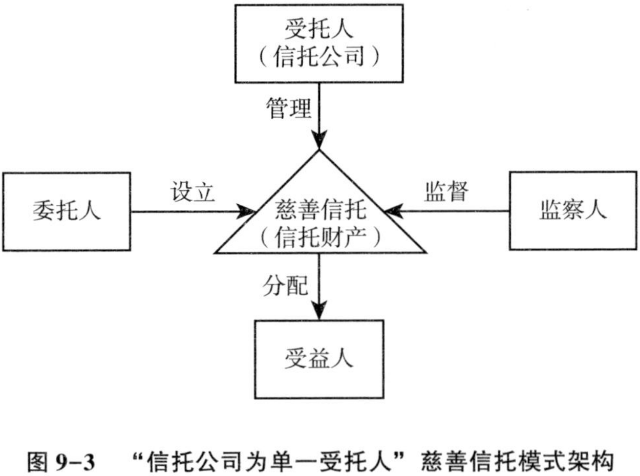

图 9-3 “信托公司为单一受托人”慈善信托模式架构

这种模式的优点是信托公司有投资理财的专业能力，可以很好地确保信托资金的保值增值。但是信托公司不善于运作慈善项目，也没有专业的人员可以专职执行慈善信托事务。另外，信托公司不能为委托人出具捐赠票据，委托人无法享受税收优惠。表 9-2 中是“信托公司作为单一受托人”模式的慈善信托案例。

表 9-2　“信托公司为单一受托人”模式案例

信托名称	委托人	受托人	监察人	信托金额	信托目的/受益人
五矿信托-三江源明德至善 2 号	卢谷雨	五矿国际信托有限公司		300 万元	用于广西壮族自治区贵港市平南县老年大学项目
渤海信托·月明慈善信托 1 号	卓逸群等 242 位	渤海国际信托股份有限公司	张世科	40.51 万元	主要用于捐赠教育助学公益项目、其他慈善领域的公益活动项目等
陈文婧助学慈善信托	陈尧、张国妹、柱琳、徐晓华	万向信托股份公司		54 万元	用于在上海市开展奖学活动，提高办学条件，促进教育事业发展

三、“慈善组织+信托公司”为共同受托人

这种慈善信托模式是委托人与慈善组织、信托公司签订慈善信托合同，由慈善组织与信托公司作为共同受托人，同时委托人可以设置监察人与项目执行人。慈善信托

设立之后，慈善组织与信托公司分工合作，信托公司按照信托文件的规定管理信托资金；慈善组织按照委托人的慈善目的，负责慈善信托项目的运作，当出现信托文件规定事由发生时，由慈善组织向特定的人群分配信托财产（如图 9-4）。

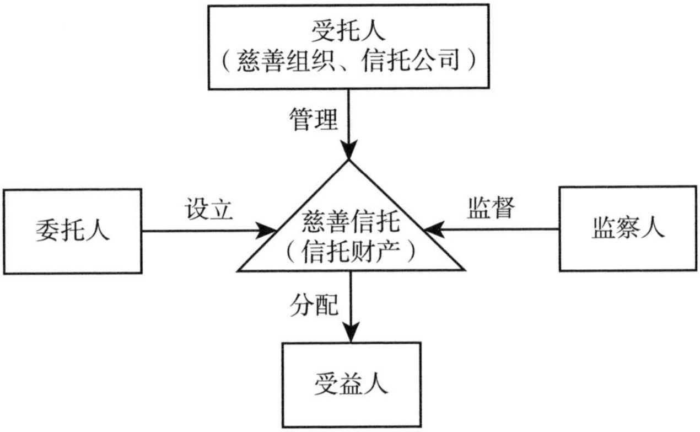

图 9-4 “‘慈善组织+信托公司’为共同受托人”慈善信托模式架构

这种模式的优点是结合了慈善组织和信托公司的优势，发挥了各自擅长的能力，既能保证慈善信托项目的顺利运行，又能为信托财产保值增值，确保慈善信托的长远发展。而且慈善组织还可以为委托人开具捐赠票据，委托人可以直接享受税收优惠。表 9-3 中是“‘慈善组织+信托公司’为共同受托人”模式的慈善信托案例。

表 9-3 “‘慈善组织+信托公司’为共同受托人”模式案例

信托名称	委托人	受托人	监察人	信托金额	信托目的/受益人
中融信托-向日葵慈善信托	夏明星等人	苏州市爱心达人公益慈善基金会、中融国际信托有限公司		32.33 万元	用于与本项目委托人、监察人、项目执行管理人以及受托人均无利害关系的妇女、儿童、贫困人员
紫金信托·紫金投资集团助力乡村振兴慈善信托	南京紫金投资集团有限责任公司	紫金信托有限责任公司、南京市慈善总会	上海市锦天城（南京）律师事务所	30 万元	信托资金运用于为南京乡镇地区的数字乡村建设等提供支持
北京大兴区福提园养老院慈善信托	北京市大兴区福提园养老院	浙商金汇信托股份有限公司、浙江省微笑明天慈善基金会		5 万元	用于开展助学、助困等符合《慈善法》相关法律法规规定的公益慈善活动

四、慈善组织为委托人+信托公司为受托人

这种慈善信托模式是先由捐赠人向慈善组织捐赠善款，然后由慈善组织作为委托人，与信托公司签订慈善信托合同，由信托公司作为受托人。慈善信托设立之后，由信托公司在银行开设慈善信托专户，慈善组织以受捐赠的资金作为信托财产，直接划款到慈善信托专户。信托公司全权

负责对慈善信托资金进行管理和运作，当出现信托文件规定事由发生时，由信托公司按照慈善组织的意愿向特定的人群分配信托财产（如图 9-5）。

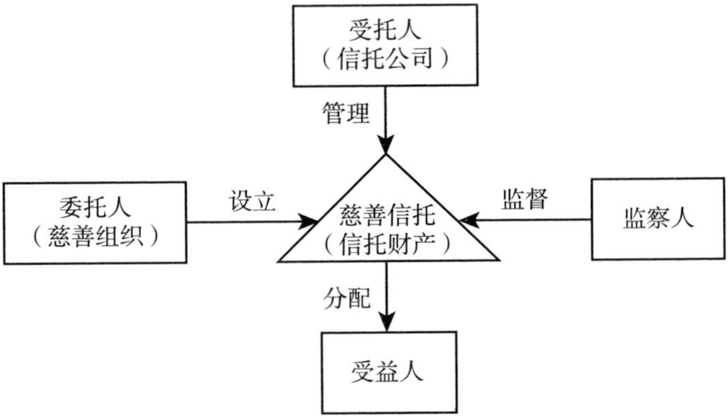

图 9-5 “慈善组织为委托人+信托公司为受托人”慈善信托模式架构

这种模式的优点是结合了慈善组织和信托公司的优势，发挥了各自擅长的能力，既能保证慈善信托项目的顺利运行，又能为信托财产保值增值，确保慈善信托的长远发展。但是，这种模式因为慈善组织作为委托人，信托设立之后就失去了对信托财产的控制权，所以慈善组织可以在慈善信托中设置监察人与项目执行人，来监督信托公司。表 9-4 中是“慈善组织为委托人+信托公司为受托人”模式的慈善信托案例。

表 9-4 “慈善组织为委托人+信托公司为受托人”模式案例

信托名称	委托人	受托人	监察人	信托金额	信托目的/受益人
杭工信·信连心慈善信托	杭州市慈善总会	杭州工商信托股份有限公司		259.07 万元	用于支持捐助杭州市对口帮扶地区的慈善项目
承玺琮玉·香然 1 号慈善信托	上海百寺公益基金会	上海爱建信托有限责任公司	上海市锦天城律师事务所	100 万元	用于教育、助学、扶贫帮困等公益/慈善活动，使教育普照社会
光信善·岱善 1 号慈善信托	岱山县慈善总会	光大兴陇信托有限责任公司		40 万元	帮扶困难群体，协助赈灾救助，推动公益援助，组织和参与志愿服务
苏信·善举 11 号慈善信托	张家港市慈善总会	苏州信托有限公司	江苏新天伦律师事务所	300 万元	用于帮困、教育等慈善领域

五、信托公司为受托人+慈善组织为受益人

这种慈善信托模式是委托人与信托公司签订慈善信托合同，由信托公司作为受托人，并直接指定受益人为慈善组织，同时委托人可以设置监察人与项目执行人。慈善信托设立之后，由信托公司在银行开设慈善信托专户，委托人直接划款到慈善信托专户。信托公司全权负责对慈善信托资金进行管理和运作，当出现信托文件规定事由发生时，由信托公司向慈善组织分配信托财产（如图 9-6）。

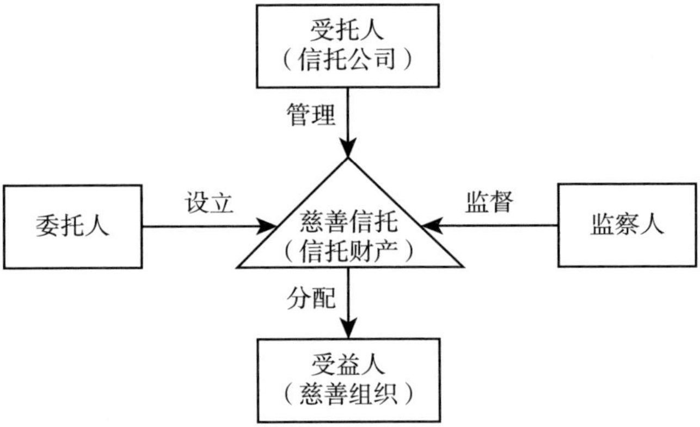

图 9-6 “信托公司为受托人+慈善组织为受益人”慈善信托模式架构

这种模式的优点是结合了慈善组织和信托公司的优势，发挥了各自擅长的能力。既能保证慈善信托项目的顺利运行，又能为信托财产保值增值，确保慈善信托的长远发展。但是这种模式下，慈善组织只能向信托公司开具捐赠票据，所以委托人不能直接享受税收优惠。表 9-5 中是“信托公司为受托人+慈善组织为受益人”模式的慈善信托案例。

表 9-5 “信托公司为受托人+慈善组织为受益人”模式案例

信托名称	委托人	受托人	监察人	信托金额	信托目的/受益人
中信信托·公牛集团慈善信托	慈溪市公牛电器有限公司等	中信信托有限责任公司等	魏凌鹏	2 亿元	武汉大学教育发展基金会

第三节　慈善信托案例

自从2016年《慈善法》实施以来，慈善信托事业在我国的发展还是比较快速的，截至2023年5月短短6年多时间，国内已经设立的慈善信托达到了1272例，慈善信托财产的总金额超过了55亿元。在这里我分享几例信托规模比较大，社会影响也比较大的慈善信托案例，这些慈善信托都是国内知名的民营企业家设立的，他们是公益慈善事业的布道者和先行者，为我们广大企业家们做出了表率，也代表了我们整个社会的正向价值观。

一、何享健家族慈善信托

信托名称：中信·何享健慈善基金会2017顺德社区慈善信托。

设立日期：2017年5月27日。

委托人：美的控股有限公司（何享健家族企业）。

受托人：广东省何享健慈善基金会、中信信托有限责任公司。

监察人：无。

信托财产：49,200 万元。

托管人：中国银行广东省营业部。

信托期限：永久。

信托目的：支持顺德区的扶贫、救济、养老、教育、文化建设、村居福利等综合性的公益慈善需求，推动公益慈善事业的发展与提升，共同建设更具人性和富有吸引力的顺德社区。

特别说明：受益人为符合信托目的且符合受益条件的不特定组合或个人。

备案机关：广东省民政厅。

备案编号：440000012017001。

截至 2022 年 12 月 31 日，“中信·何享健慈善基金会 2017 顺德社区慈善信托”在顺德地区的多个社区开展公益慈善行动，合计对外资助已超过 12,782 万元，受益组织或个人共计 758 个。该慈善项目详细情况：

项目执行方	广东省德胜社区慈善基金会
项目期限	永久
项目实施地点	广东省佛山市顺德区
项目简介	“和美社区计划”以“和美社区，幸福家园”为主题，以顺德村居的社区问题和居民需求为出发点，在教育发展、社区照顾、社区营造和行业支持四个领域开展公益行动。该计划旨在通过资助公益项目、支持公益机构，提升公益伙伴服务能力和水平，回应社区需求，解决社

续表

	会问题，推动社区发展。教育发展资助范围为区内相对薄弱的村（居）幼儿园的园舍改造，社区照顾资助范围为开展社区照顾服务、精神残障病患社区照顾服务；社区营造资助范围为开展易于居民参与、具有社区特色的文化传承活动或社区公共事务协商议事项目，培育社区社会组织。行业支持资助范围包括非限定性资助，资金用于机构运营、发展及能力提升等，帮助解决发展过程的困难；与平台型、支持性组织合作开展人才培养、问题研究和工具开发等项目

二、鲁冠球家族慈善信托

信托名称：鲁冠球三农扶志基金慈善信托。

设立日期：2018年6月29日。

委托人：鲁伟鼎（鲁冠球之子）。

受托人：万向信托股份公司。

监察人：鲁泽普。

信托财产：60,000万元。

托管人：兴业银行股份有限公司杭州分行。

信托期限：永续。

信托目的：为“让农村发展、让农业现代化、让农民富裕，以影响力投资、以奋斗者为本、量力而行做实事”，开展扶贫、济困、扶老、救孤、恤病、助残、优抚、救灾等慈善活动，促进教育、科技、文化、卫生、体育、环保等事业的发展。

特别说明：信托财产总规模为委托人持有的万向三农集团有限公司的股权（对应出资额6亿元）。

备案机关：慈溪市民政局。

备案编号：3302821000001。

截至2022年12月31日，“鲁冠球三农扶志基金慈善信托”在全国范围内开展多个领域的慈善资助，合计对外资助1453.7万元。主要资助项目情况如下：

项目1：【四个一万工程】

项目名称	四个一万工程
项目期限	长期
项目实施地点	全国
项目简介	“四个一万工程”是万向长期坚守的公益项目，资助一万名孤儿、一万名困难学生、一万名残疾儿童、一万名孤寡老人。以扶业与扶志、扶智相结合，持续帮扶困难家庭，支持孩子读完学业，通过一个大学生带动一个家庭根本性改善困境脱贫、隔断贫困的代际传递，为共同富裕做力所能及之事。目前“四个一万工程”已在全国22个省、222个县设立239个资助点，受益人数达到5万人

项目2：【鲁冠球教育奖】

项目名称	鲁冠球教育奖
项目期限	长期
项目实施地点	浙江省

续表

项目简介	鲁冠球教育奖于 2020 年发起设立，弘扬鲁冠球精神，激励教师优质教育教学，鼓励学生取得优秀成绩，兼顾培育特色教学项目，让善教好学成为受人尊敬并广泛认可的导向。目前，已在浙江萧山、淳安等地实施，支持 14 个教研项目，受益师生 5120 人次

项目 3：【江河荟 · 浙江翠】

项目名称	江河荟 · 浙江翠
项目期限	长期
项目实施地点	浙江省
项目简介	“江河荟 · 浙江翠”专注于浙江省内森林、淡水、海洋等重要生态系统的研究和保护。旨在通过科学研究、实地保护，追求人与自然和谐共生，推动乡村振兴。以“探索、保护、连接”为核心打造非营利性的自然保护体验地，开展生态保护和生物多样性恢复。目前已在萧山、淳安、临安建成山之博物馆、美山植物园、林业碳汇基地，正在建设生态科研岛

三、牛根生家族慈善信托

信托名称：老牛慈善信托。

设立日期：2020 年 12 月 31 日。

委托人：内蒙古老牛慈善基金会。

受托人：万向信托股份公司。

监察人：无。

信托财产：1200万元。

托管人：兴业银行杭州分行营业部。

信托期限：无固定期限。

信托目的：委托人出于慈善目的，基于对受托人的信任，自愿将其合法所有的财产以信托的方式委托受托人进行管理、运用和处分，主要用于开展环境保护、文化教育、公益慈善行业推动，兼顾救灾帮困以及其他符合《慈善法》规定且满足内蒙古老牛慈善基金会业务范围的公益慈善活动，推动慈善事业的发展。

备案机关：杭州市民政局。

备案编号：3301000000085。

截至2022年12月31日，"老牛慈善信托"尚未开展对外慈善资助活动。

四、仲崇峰慈善信托

信托名称：平安翰德慈善信托。

设立日期：2021年9月26日。

委托人：仲崇峰。

受托人：平安信托有限责任公司。

监察人：无。

信托财产：5000万元。

托管人：平安银行总行营业部。

信托期限：10年。

信托目的：致力于帮扶因病返贫人群、残疾人、孤寡老人和儿童等弱势群体，促进教育事业发展，救助自然灾害、事故灾难和公共卫生等突发事件造成的损害，以及其他符合慈善法规定的公益活动。

备案机关：深圳市民政局。

备案编号：440300-0-202102。

截至2022年12月31日，“平安翰德慈善信托”共进行了4次分配，资助金额共计6,528,024元。具体为：2022年3月1日资助善款164,210元，用于向湖北省25名家境贫困学生提供助学金；2022年3月22日资助善款6,276,470元，用于利德智能制造产业人才培养项目；2022年7月19日资助善款82,400元，用于脑瘫儿项目；2022年11月28日资助善款4944元，用于向湖北省5名家境贫困学生提供助学金。

五、张一鸣家族慈善信托

信托名称：中信信托·2021芳梅教育慈善信托。

设立日期：2021年12月27日。

委托人：张一鸣、龙岩市慈善总会。

受托人：中信信托有限责任公司。

监察人：张岭。

信托财产：20,001 万元。

托管人：招商银行天津分行。

信托期限：永久存续。

信托目的：将信托财产有效用于奖励龙岩市优秀教师，继而推动龙岩的教育水平提高，为龙岩的发展提供高素质人才。

备案机关：北京市民政局。

备案编号：1100000000053。

截至 2022 年 12 月 31 日，“中信信托·2021 芳梅教育慈善信托”为龙岩市教育事业作出贡献的教师奖励金额共计 1334 万元。该慈善项目详细情况：拟资助的芳梅教育教学奖项目由龙岩市教科院设立，针对龙岩市各中小学校在职公办教师（含教研机构人员）发放奖教金，用以奖励为龙岩市教育事业做出贡献的教师。芳梅教育教学奖分设芳梅教育奖和芳梅教学奖，芳梅教育奖奖励金额为每人 5 万元，芳梅教学奖奖励金额为每人 1 万元。参评条件要求师德高尚、倾心育人、教学水平高、研究能力强、示范引领好、具备相应教师资格等。

六、阮立平家族慈善信托

信托名称：中信信托·公牛集团慈善信托。

设立日期：2022年12月23日。

委托人：慈溪市公牛电器有限公司、宁波公牛电工销售有限公司、宁波公牛精密制造有限公司（阮立平家族企业）。

受托人：慈溪市慈善总会、中信信托有限责任公司。

监察人：魏凌鹏。

信托财产：20,000万元。

托管人：中信银行郑州分行营业部。

信托期限：本信托不设置预计存续期限，可以永久存续。

信托目的：本信托的信托目的为促进教育、科学、文化、卫生、体育等事业的发展，扶贫、济困，促进乡村振兴、共同富裕，以及致力于符合《慈善法》规定的其他公益活动。

特别说明：双受托，初始委托人民币5000万元，信托生效后三个自然年度内累计交付（含初始委托）人民币2亿元，于信托财产专户。

备案机关：慈溪市民政局。

备案编号：3302821000001。

截至2022年12月31日，“中信信托·公牛集团慈善信托”分配5000万元用于资助武汉大学教育发展基金会公牛基金项目。该慈善项目情况如下：本信托聘请武汉大学教育发展基金会作为项目执行人，资助项目名称为“武汉大学教育发展基金会公牛教育基金项目”，项目实施目的为：支持武汉大学人才培养、人才队伍建设、科学研究等教育事业发展。

第十章
家族信托的税负

我们企业家设立家族信托，除了考虑它的功能和优势，税负问题肯定也是十分关注的方面，因为这关系设立家族信托的成本问题。就目前而言，我国关于信托的税收法规并不多，而且这些征税的规定也仅是适用营业信托，对家族信托并没有具体的配套规定。由于缺乏家族信托的税收规定，这就造成了相关税收的不确定，所以实践中，税务机关通常按照一般经济业务的规定，对家族信托业务征税。

理论上，只要是可以依法自由流通的财产和财产权益，原则上都可以用来设立家族信托，比如资金、股权、不动产、其他动产等。对于不同类型的信托财产，有些是不征税的，有些则需要按照一般财产流转的规定征税。在税务实践当中，需要征税的原则基于两点：一是基于财产转让交易产生的税负，因为信托财产需要委托人交付到受托人名下；二是基于财产性收入产生的所得税。对于资金型家族信托以及保险金信托的交付，只需要将信托资金直接划款给信托公司，不需要办理交易过户手续，所以也就基本不涉及税负问题；而对于企业股权、不动产等财产，由于我国尚未建立信托财产的非交易过户政策，故需要通过交易方式办理过户登记手续，所以基本都涉及税收问题。

考虑到在企业家的资产中，家族企业的股权应该是最主要的财产，另外可能还有不动产，包括商业、住宅、工业用房等。而相对于其他类型的财产，股权和不动产的税负问题也最多。因此，本章我将主要以股权和不动产家族信托为例，说明相关涉税问题。另外，对于离岸家族信托和慈善信托的税收问题，我也会在本章中有所涉及。

第一节　股权家族信托的税负

因为家族信托分为设立、运行、分配、终止等多个阶段，股权家族信托也不例外，所以本节的内容我按照股权家族信托的各阶段，分别介绍每个阶段的涉税问题。

一、设立阶段的税负

实务中设立股权家族信托，一般需要先设立资金型家族信托，然后用信托资金收购目标企业股权，或以信托资金作为注册资本新设企业，或以信托资金向目标企业增资持股。对于不同的设立方式，这其中的涉税问题会存在差异。

（一）通过收购股权设立

信托公司以信托资金收购目标企业股权的方式设立股权家族信托，涉及的主要税种有所得税、增值税与印花税。

1. 所得税

所得税根据股权转让方的主体不同，分为个人转让和企业转让两种情况。

如果转让方是个人，则需要缴纳个人所得税，股权转让金额扣除股权原值和必要费用后为应纳税所得额，并按20%的税率缴纳个人所得税。

如果股权转让方是企业，《国家税务总局关于企业取得财产转让等所得企业所得税处理问题的公告》（国家税务总局2010年第19号公告）规定："企业取得财产（包括各类资产、股权、债权等）转让收入、债务重组收入、接受捐赠收入、无法偿付的应付款收入等，不论是以货币形式、还是非货币形式体现，除另有规定外，均应一次性计入确认收入的年度计算缴纳企业所得税。"所以，应当缴纳的企业所得税为财产转让应纳税所得额的25%。

另外需要注意的是，《国家税务总局关于贯彻落实企业所得税法若干税收问题的通知》（国税函〔2010〕79号）规定："企业在计算股权转让所得时，不得扣除被投资企业未分配利润等股东留存收益中按该项股权所可能分配的金额。"所以在股权转让之前，应先将目标企业的未分配利润向原股东分配，否则，如果股权转让收益中包含未分配利润，同样要计入应纳税收入。

2. 增值税

增值税的征收，根据转让股权的目标企业形式不同，分为非上市公司与上市公司两种情况。

如果转让的是非上市公司的股权，不属于增值税征收范围。因为《营业税改征增值税试点实施办法》（财税〔2016〕36号）规定："在中华人民共和国境内（以下称境内）销售服务、无形资产或者不动产（以下称应税行为）的单位和个人，为增值税纳税人，应当按照本办法缴纳增值税。"

如果转让的是上市公司的股票，而且转让方是自然人的，不属于增值税征收范围。因为《财政部、国家税务总局关于全面推开营业税改征增值税试点的通知》（财税〔2016〕36号）附件3《营业税改征增值税试点过渡政策的规定》规定："个人从事金融商品转让业务免税。"

如果转让上市公司的股票，而且转让方是自然人以外的单位，则需要缴纳增值税。因为《财政部、国家税务总局关于全面推开营业税改征增值税试点的通知》（财税〔2016〕36 号）附件 2《营业税改征增值税试点有关事项的规定》规定：“金融商品转让按照卖出价扣除买入价后的余额为销售额。”所以，转让股票的增值税应纳税所得额为股票卖出价与买入价的差额，一般纳税人的税率为 6%，小规模纳税人的税率为 3%。

3. 印花税

印花税的征收，根据转让股权的目标企业形式不同，分为非上市公司与上市公司两种情况。

如果转让的是非上市公司的股权，则转让方按照股权转让金额的 5‱缴纳印花税。如果转让方是增值税小规模纳税人，根据《财政部、税务总局关于实施小微企业普惠性税收减免政策的通知》（财税〔2019〕13 号）的规定，可以减半征收印花税。

如果转让的是上市公司的股票，根据《财政部、国家税务总局关于调整证券（股票）交易印花税征收方式的通知》（财税明电〔2008〕2 号）的规定，对买卖、继承、赠与所书立的 A 股、B 股股权转让书据，由立据出让方按 1‰的税率缴纳证券（股票）交易印花税。另外，2023 年

8 月 27 日财政部、税务总局发布《关于减半征收证券交易印花税的公告》：为活跃资本市场、提振投资者信心，自 2023 年 8 月 28 日起，证券交易印花税实施减半征收。也就是说，目前转让上市公司股票的印花税率为 5‰。

（二）通过注资新设企业或增资持股设立

信托公司以信托资金出资新设企业或增资持股方式设立股权家族信托，只涉及印花税。《国家税务总局关于资金账簿印花税问题的通知》（国税发〔1994〕25 号）规定：（1）生产经营单位执行“两则”后，其“记载资金的账簿”的印花税计税依据改为“实收资本”与“资本公积”两项的合计金额。（2）企业执行“两则”启用新账簿后，其“实收资本”和“资本公积”两项的合计金额大于原已贴花资金的，就增加的部分补贴印花。

另外，《财政部、税务总局关于对营业账簿减免印花税的通知》（财税〔2018〕50 号）规定：“自 2018 年 5 月 1 日起，对按万分之五税率贴花的资金账簿减半征收印花税，对按件贴花五元的其他账簿免征印花税。”

二、运行阶段的税负

在股权家族信托运行阶段，对于目标企业股权本身不产生额外的税负，目标企业正常经营所产生的税负与其他企业无异。另外，信托公司作为名义股东获得分红同样免税，因为《企业所得税法》第 26 条规定，符合条件的居民企业之间的股息、红利等权益性投资收益为免税收入。

如果在股权家族信托运行中，信托公司按照信托文件的规定，转让目标企业的股权，应该按以下要求纳税：首先，对于股权转让所得，税务机关将按照财产转让应纳税所得额的 25%征收企业所得税。其次，如果转让的是非上市公司股权，则需要缴纳 5‰的印花税；如果转让的是上市公司股票，则需要缴纳 5‰的印花税及 6%的增值税。

三、分配阶段的税负

关于信托公司向受益人分配信托收益的税收规定，目前仅有《关于信贷资产证券化有关税收政策问题的通知》(财税〔2006〕5 号) 第 3 条中规定："对信托项目收益在取得当年向资产支持证券的机构投资者（以下简称机构投资者）分配的部分，在信托环节暂不征收企业所得税；在取得当年未向机构投资者分配的部分，在信托环节由受托机构按企业所得税的政策规定申报缴纳企业所得税；对在信托环节已经完税的信托项目收益，再分配给机构投资者时，对机构投资者按现行有关取得税后收益的企业所得税政策规定处理。”

根据该条文规定的意思，对信托收益的分配征收所得税有两个原则：一个是“单次征税”原则，另一个是当年未分配的情况下由信托公司缴纳企业所得税。再进一步具体解释，即按照下面三种情况进行处理：

（1）如果当年向机构投资者分配信托收益的，在信托环节暂不向信托公司征收企业所得税。

（2）如果当年未向机构投资者分配信托收益的，在信托环节由信托公司缴纳企业所得税。

（3）信托公司已经完税的信托收益，再分配给机构投资者时，对机构投资者不再征税。

所以，从税收角度考虑，除了免税收入，信托公司一般会将信托收益在当年进行分配，避免信托公司缴纳企业所得税。

那么信托公司向受益人分配当年的信托收益，受益人纳税要根据受益人是自然人还是企业法人或其他组织，而有所不同。

如果信托受益人是自然人，是否要征收个人所得税，目前财税部门没有明文规定。《个人所得税法》规定下列各项个人所得，应当缴纳个人所得税：（1）工资、薪金所得；（2）劳务报酬所得；（3）稿酬所得；（4）特许权使用费所得；（5）经营所得；（6）利息、股息、红利所得；（7）财产租赁所得；（8）财产转让所得；（9）偶然所得。然而，信托收益不属于上述任何一类收入，财税部门也从未对信托收益所得进行解释。所以实践中，一般情况下受益人不会主动申报纳税，税务机关也不会主动对受益人取得的信托收益进行征税。

如果受益人是企业法人或其他组织，受益人取得的信托收益应缴纳企业所得税应该没有异议。因为根据《企业所得税法》第 6 条的规定，企业以货币形式和非货币形式从各种来源取得的应纳税收入包括：（1）销售货物收入；（2）提供劳务收入；（3）转让财产收入；（4）股息、红利等权益性投资收益；（5）利息收入；（6）租金收入；（7）特许权使用费收入；（8）接受捐赠收入；（9）其他收入。所以信托收益所得可归入于“其他收入”，相应地需要缴纳企业所得税。因此，从节税角度考虑，受益人还是以自然人为宜。

四、终止阶段的税负

股权家族信托终止时，首先要对剩余信托财产进行清算，包括股权价值以及未分配的信托收益，清算之后向受益人或者委托人指定的人分配剩余信托财产。在分配剩余信托财产时，也涉及相应的税负问题。

首先，对于剩余信托收益分配的税负，与分配阶段是相同的。

其次，股权家族信托终止后，信托公司需要将目标企业股权转让给受益人或委托人指定的人，那么需要在缴纳相应的税负之后才能办理股权过户手续。如果转让的是非上市公司股权，信托公司作为转让方存在企业所得税、印花税的问题，计税方法与信托设立阶段基本相同；如果转让的是上市公司股票，则信托公司作为转让方存在企业所得税、印花税、增值税的问题，计税方法也与信托设立阶段基本相同。

股权家族信托的税负计算

2010 年 A 先生注册成立了一家医药有限责任公司，注册资本为 10,000 万元，A 先生出资 8000 万元，持有该公司 80%的股权。经过数年经营，到了 2015 年该公司净资产为 11,000 万元，A 先生持有 80%的股权价值为 8800 万元。此时，A 先生决定以上述股权设立家族信托，于是与信托公司签订信托合同规定：每年的股权分红作为信托收益，分配给受益人（A 先生的子女），信托期限为 8 年，信托到期后公司 80%的股权归 A 先生所有。在该家族信托存续阶段，医药公司共向家族信托分红 4000 万元并全部分配完毕。到了 2023 年家族信托到期终止，信托公司根据信托合同规定将医药公司 80%股权转让给了 A 先生，此时该医药公司净资产为12,000万元，80%的股权价值为9600万元。

从A先生设立股权家族信托开始到该信托终止，其中所涉及的税负，经过计算，将会产生369.2万元的税负。其中涉及的税负清单如表10-1所示。

表10-1　A先生股权家族信托税负

单位：万元

税种	设立阶段	运行阶段	分配阶段	终止阶段	合计
所得税	160	—	—	200	360
增值税	—	—	—	—	—
印花税	4.4	—	—	4.8	9.2
总计					369.2

第二节　不动产家族信托的税负

在目前的信托法律环境下，设立不动产家族信托，同样需要先设立资金型家族信托，然后再用信托资金购买目标不动产，采用交易过户的方式将不动产登记到信托公司名下。然后再按照信托文件的规定运行家族信托，将不动产的信托收益分配给受益人，在信托终止时再将不动产转让给受益人或者委托人指定的人。

这种操作方式在目前税法环境下将产生比较高额的税负，一般情况下，不动产家族信托在各个阶段会存在增值税、城建税及教育费附加、土地增值税、契税、印花税、所得税等涉税问题。

一、设立阶段的税负

不动产家族信托在设立阶段涉及增值税、土地增值税、契税、印花税、所得税等多个税种。

1. 增值税及附加税费

增值税作为流转税，主要以销售货物、劳务、服务、无形资产、不动产为征税范围。《财政部、国家税务总局关于全面推开营业税改征增值税试点的通知》（财税〔2016〕36号）第1条规定："在中华人民共和国境内（以下称境内）销售服务、无形资产或者不动产（以下称应税行为）的单位和个人，为增值税纳税人，应当按照本办法缴纳增值税。"因此，委托人将不动产转让给信托公司应缴纳相应的增值税。对于增值税的具体税率，需考虑售房主体、房屋性质、房屋购入时间、全额缴纳、差额缴纳等多重因素，故此处就不再具体展开。

附加税费包括城市维护建设税、教育费附加及地方教育附加，计费依据是实际缴纳的增值税。

2. 土地增值税

个人转让住房目前是免征土地增值税的，个人转让住房以外的不动产、单位转让不动产要缴纳土地增值税。土地增值税是以转让不动产取得的增值额为计税依据，而增值额的计算取决于收入额和扣除额。土地增值税实行四级超率累进税率，税率按增值额与扣除项目金额的比率划分四个档，分别为30%、40%、50%、60%。

3. 所得税

如果是自然人的转让不动产，根据《个人所得税法》等相关规定，个人转让不动产取得的所得，应当缴纳个人所得税。个人所得税有两种征收方式：第一种是按照转让收入扣除财产原值和合理费用后的余额按20%的税率征收个人所得税；第二种是按照转让收入的1%~3%之间核定个人所得税。

如果是企业转让不动产的，根据《企业所得税法》的规定，转让财产收入应缴纳企业所得税，转让财产所得，以收入全额减除财产净值后的余额为应纳税所得额，企业所得税税率为25%。

4. 契税

契税属于受让不动产一方纳税的税种。不动产的买卖、赠与、继承等都属于契税的征收范围。以不动产设立家族信托，信托公司需要缴纳契税。根据每个地区的不同情况，契税税率在3%~5%，普通商品房契税税率减半。

5. 印花税

设立不动产家族信托，委托人与信托公司均为印花税纳税义务人，分别按照不动产成交价的5‱缴纳印花税。

二、运行阶段的税负

不动产家族信托的运行阶段，也就是信托公司持有不动产的阶段，由于不动产主要的收益来自出租收入，所以在这个阶段的税负，主要是企业出租不动产的税负，主要包括增值税、房产税、企业所得税、印花税等（其他小税种忽略）。

1. 增值税

企业出租房屋取得的收入按“现代服务—租赁服务”缴纳增值税。一般纳税人适用税率为9%、小规模纳税人按

5%征收率计算缴纳增值税。

需要注意的是：一般纳税人出租其2016年4月30日前取得的不动产，可以选择适用简易计税方法，按照5%的征收率计算应纳税额。纳税人出租其2016年4月30日前取得的与机构所在地不在同一县（市）的不动产，应按照上述计税方法在不动产所在地预缴税款后，向机构所在地主管税务机关进行纳税申报。

2. 房产税

企业出租房屋，以房产租金收入为房产税的计税依据，税率为12%，计征房产税的租金收入不含增值税。对于向个人、专业化规模化住房租赁企业出租住房的，减按4%的税率征收房产税。

3. 企业所得税

企业出租房屋取得的收入需按规定计算缴纳企业所得税。《国家税务总局关于贯彻落实企业所得税法若干税收问题的通知》（国税函〔2010〕79号）第1条中规定："企业提供固定资产、包装物或者其他有形资产的使用权取得的租金收入，应按交易合同或协议规定的承租人应付租金的日期确认收入的实现。"

4. 印花税

企业出租房屋签订的合同属于租赁合同，需按规定缴纳印花税，税率为1‰。应税合同计税依据为合同所列金额，不包括列明的增值税税款。

三、分配阶段的税负

受益人分配信托收益的税负，根据受益人是自然人还是企业法人或其他组织而有所不同。

如果信托受益人是自然人，因为信托收益不在《个人所得税法》征税的九项收入范围之内，所以实践中，一般情况下税务机关不会主动对信托收益征收个人所得税。

如果受益人是企业法人或其他组织，受益人取得的信托收益应缴纳企业所得税应该没有异议。根据《企业所得税法》第6条的规定，其他收入应缴纳企业所得税，而信托收益所得可归入于“其他收入”。

四、终止阶段的税负

不动产家族信托终止时，首先需要对剩余信托收益进行清算分配完毕，然后再将不动产转让给受益人或者委托人指定的人。企业转让不动产需要缴纳的税费，与设立不动产家族信托的税费一致，主要包括增值税、附加税费、土地增值税、企业所得税、契税、印花税。具体计算方式可参考设立阶段，此处不再复述。

不动产家族信托的税负计算

2018 年，B 先生与信托公司签订信托合同，将其公司名下的一套商铺作为信托财产设立不动产家族信托，受益人是其子女，信托期限为 5 年，信托到期后该商铺归 B 先生所有。该商铺 2005 年购置价格为 2000 万元，2018 年设立信托时的市场价值为 8000 万元。在该家族信托存续阶段，商铺出租给个人使用，房租收入 2000 万元作为信托收益全部分配完毕。到了 2023 年信托到期终止，信托公司根据信托合同将该商铺转让给了 B 先生，转让价格为 10,000 万元。

从 B 先生设立不动产家族信托开始到该信托终止，其中所涉及的税负，经过计算，将会产生 5150.5 万元的税负，税负太过沉重。其中涉及的税负清单如表 10-2 所示。

所以，我一般不建议直接设立不动产家族信托，而是应该将不动产转为企业财产，以设立股权家族信托的方式间接将不动产装入家族信托，这样可以大大减轻设立不动产家族信托的税负。

表 10-2　B 先生不动产家族信托税负

单位：万元

税种	设立阶段	运行阶段	分配阶段	终止阶段	合计
增值税及附加	740.3	100	—	98.6	938.9
土地增值税	2056	—	—	—	2056
所得税	800	439.5	—	289.8	1529.3
契税	240	—	—	300	540
房产税	—	76	—	—	76
印花税	3.7	2	—	4.6	10.3
总计					5150.5

注：在实际操作过程中，各地区会有一定差异，需要根据当地不动产登记部门和税务部门的具体要求确定。

第三节　离岸家族信托的税负

企业家与高净值人士选择离岸家族信托，很重要的一个原因是考虑到离岸地税收优惠，尤其是像英属维尔京群岛、开曼群岛等被称为“避税天堂”。那实际情况究竟是否如此？本节将详细讲解。

离岸家族信托的税负与国内家族信托一样，分为设立、运行、分配、终止四个阶段。由于离岸家族信托都以股权信托为主，所以本节的内容仅针对股权信托的税负，而且要说明一点，本节只讨论信托环节的税负问题，不讨论在离岸家族信托下的公司正常经营的税负问题。

一、设立阶段的税负

离岸家族信托的信托财产，主要是离岸控股公司或上市公司的股权，而离岸控股公司名下的经营实体或者不动产等实物资产，基本都是在国内。所以设立离岸家族信托的第一步，是要把国内的资产装入离岸控股公司，通常的做法是离岸控股公司通过股权收购，来控股国内的经营实体，这样一来，就会发生股权转让收入的所得税、增值税与印花税，这部分税收与设立国内股权家族信托相同，具体可参考本章第一节的内容。

国内经营实体装入离岸控股公司之后，委托人需要与离岸地的信托公司签订信托契约，将离岸控股公司股权作为信托财产转移给信托公司，这一步又涉及股权转让，因为一般离岸地没有企业所得税，所以在离岸地当地不用负担任何税收。但是，国内税务机关对于这个股权转让行为是要征收所得税的，因为《国家税务总局关于非居民企业间接转让财产企业所得税若干问题的公告》（国税〔2015〕7 号）明确规定："非居民企业通过实施不具有合理商业目的的安排，间接转让中国居民企业股权等财产，规避企业所得税纳税义务的，应按照企业所得税法第四十七条的规定，重新定性该间接转让交易，确认为直接转让中国居民企业股权等财产。”离岸家族信托的委托人间接将国内企业股权转移给离岸地信托公司，无疑是股权转让行为，故而应当缴纳相应的所得税。当然，因为二次股权转让间隔时间非常短，所以计算股权转让的应纳税所得额很低，相应的企业所得税也几乎可以忽略不计。

二、运行阶段的税负

离岸家族信托在运行过程中，主要产生的信托收益是离岸控股公司的分红，如果离岸地是英属维尔京群岛（BVI）、开曼群岛等地，那么当地信托公司获得的离岸控股公司的分红，均是免税的，无须缴付任何所得税、预提税、资本利得税、资本转移税、印花税等。

如果离岸家族信托通过转让离岸控股公司的股权获得信托收益，这应该怎么纳税呢？因为在离岸地没有所得税，所以在离岸地肯定不用纳税。但是对于股权转让收入，根据《国家税务总局关于非居民企业间接转让财产企业所得税若干问题的公告》（国税〔2015〕7号）的规定，国内税务机关同样会征收相应的企业所得税。

三、分配阶段的税负

离岸家族信托根据信托文件的规定，向受益人分配信托收益，在离岸地一般是没有个人所得税的。如果这个受益人是中国税法下的纳税居民个人，也不需要向中国税务机关缴纳个人所得税，因为国家税务总局《境外所得个人所得税征收管理暂行办法》规定需征收个人所得税的范围，并不包含信托收益分配所得。

四、终止阶段的税负

离岸家族信托终止时，首先要对剩余信托财产进行清算，清算之后向受益人或者委托人指定的人分配剩余信托财产。离岸地的信托公司需要将离岸控股公司的股权转让给受益人或委托人指定的人，这个股权转让行为与离岸家族信托设立阶段一样，需要向国内税务机关缴纳企业所得税。

离岸家族信托税负计算

2010 年 C 先生注册成立了一家高新科技企业 D 公司，注册资本为 10 亿元，C 先生出资 5 亿元，持有 D 公司 50% 的股权。经过 C 先生数年经营，到了 2013 年 D 公司净资产为 20 亿元，C 先生持有 D 公司 50%的股权价值为 10 亿元。此时，C 先生决定以上述股权设立离岸家族信托。于是 C 先生先注册了一家 BVI 公司，然后再以 BVI 公司注册一家开曼公司，开曼公司通过股权收购，收购了 C 先生持有 D 公司的 50%股权。之后，C 先生与一家 BVI 持牌信托公司签订信托契约规定：以 C 先生名下的 BVI 公司 100%股权设立离岸家族信托，BVI 公司每年的分红作为信托收益，分配给受益人（C 先生的子女），信托期限为 10 年，信托到期后 BVI 公司 100%的股权归 C 先生所有。

在该离岸家族信托存续期间，BVI 公司共向家族信托分红 2 亿元并全部分配完毕。到了 2023 年家族信托到期终止，信托公司根据信托契约规定将 BVI 公司 100%股权转让给了 C 先生，此时 D 公司净资产为 50 亿元，开曼公司持有 50%的股权，价值为 25 亿元。

从 C 先生设立离岸家族信托开始到该信托终止，其中所涉及的税负，经过计算，将会产生 4.755 亿元的税负，其中涉及的税负清单如表 10-3 所示。

表 10-3　C 先生离岸家族信托税负

税种	设立阶段	运行阶段	分配阶段	终止阶段	合计
所得税	1 亿元	—	—	3.75 亿元	4.75 亿元
增值税	—	—	—	—	—

续表

税种	设立阶段	运行阶段	分配阶段	终止阶段	合计
印花税	50 万元	—	—	—	50 万元
总计					4.755 亿元

第四节　慈善信托的税收优惠政策

公益慈善活动是文明社会的重要特征，它对促进社会公平、提升道德文明有着重要意义。公益慈善是我国非常支持与鼓励的行为，所以我国慈善捐赠有相应的税收优惠政策，其中也包含慈善信托。因为慈善信托涉及的当事人主体与法律关系较多，所以对不同信托当事人的税收优惠会有所不同，下面我就分别针对慈善信托的委托人、受托人、受益人，对有关的税收优惠政策进行讲解。

一、对委托人的税收优惠政策

慈善信托的委托人一般是具有爱心的社会大众，既包括自然人，也包括企业法人与其他社会组织单位。《慈善法》第 80 条第 1 款中规定："自然人、法人和其他组织捐赠财产用于慈善活动的，依法享受税收优惠。”根据委托人是自然人还是单位，相应的税收优惠政策与条件是不一样的。

（一）委托人是自然人的税收优惠政策

《财政部、税务总局关于公益慈善事业捐赠个人所得税政策的公告》规定：个人通过中华人民共和国境内公益性社会组织、县级以上人民政府及其部门等国家机关，向教育、扶贫、济困等公益慈善事业的捐赠，发生的公益捐赠支出，可以按照个人所得税法有关规定在计算应纳税所得额时扣除。居民个人按照以下规定扣除公益捐赠支出：

（1）居民个人发生的公益捐赠支出可以在财产租赁所得、财产转让所得、利息股息红利所得、偶然所得（以下统称分类所得）、综合所得或者经营所得中扣除。在当期一个所得项目扣除不完的公益捐赠支出，可以按规定在其他所得项目中继续扣除。

（2）居民个人发生的公益捐赠支出，在综合所得、经营所得中扣除的，扣除限额分别为当年综合所得、当年经营所得应纳税所得额的30%；在分类所得中扣除的，扣除限额为当月分类所得应纳税所得额的30%。

（3）居民个人根据各项所得的收入、公益捐赠支出、适用税率等情况，自行决定在综合所得、分类所得、经营所得中扣除的公益捐赠支出的顺序。

（二）委托人是企业法人和其他组织的税收优惠政策

《慈善法》第 80 条中规定：“企业慈善捐赠支出超过法律规定的准予在计算企业所得税应纳税所得额时当年扣除的部分，允许结转以后三年内在计算应纳税所得额时扣除。境外捐赠用于慈善活动的物资，依法减征或者免征进口关税和进口环节增值税。”

另外，按照《财政部、税务总局关于公益性捐赠支出企业所得税税前结转扣除有关政策的通知》（财税〔2018〕15 号）的有关规定，公益性捐赠支出企业所得税税前结转扣除的政策如下：

（1）企业通过公益性社会组织或者县级（含县级）以上人民政府及其组成部门和直属机构，用于慈善活动、公益事业的捐赠支出，在年度利润总额 12%以内的部分，准予在计算应纳税所得额时扣除；超过年度利润总额 12%的部分，准予结转以后 3 年内在计算应纳税所得额时扣除。本条所称公益性社会组织，应当依法取得公益性捐赠税前扣除资格。本条所称年度利润总额，是指企业依照国家统一会计制度的规定计算的大于零的数额。

（2）企业当年发生及以前年度结转的公益性捐赠支出，准予在当年税前扣除的部分，不能超过企业当年年度利润总额的12%。

（3）企业发生的公益性捐赠支出未在当年税前扣除的部分，准予向以后年度结转扣除，但结转年限自捐赠发生年度的次年起计算最长不得超过3年。

（4）企业在对公益性捐赠支出计算扣除时，应先扣除以前年度结转的捐赠支出，再扣除当年发生的捐赠支出。

二、对受托人的税收优惠政策

慈善信托的受托人可以是信托公司或慈善组织，对于信托公司担任受托人，目前尚没有税收优惠政策；对于慈善组织担任受托人，《慈善法》第79条规定："慈善组织及其取得的收入依法享受税收优惠。"

关于免税收入的具体范围，根据《关于非营利组织企业所得税免税收入问题的通知》规定的免税收入有：（1）接受其他单位或者个人捐赠的收入；（2）除《企业所得税法》第7条规定的财政拨款以外的其他政府补助收入，但不包括因政府购买服务取得的收入；（3）按照省级以上民政、财政部门规定收取的会费；（4）不征税收入和免税收入孳生的银行存款利息收入；（5）财政部、税务总局规定的其他收入。

另外，慈善组织因技术转让而取得的收入，符合规定的条件也可以享受免税待遇。值得注意的是，慈善组织的免税收入不包括其营利性收入，但是慈善组织满足法律规定的小型微利企业标准的，其营利性收入可以获得低税率的待遇。

三、对受益人的税收优惠政策

慈善信托的受益人是需要帮助的不特定的社会大众，《慈善法》第81条、《基金会管理条例》第26条均明确规定：受益人接受慈善捐赠，依法享受税收优惠。

对于受益人具体的税收优惠政策，《个人所得税法》第4条、第5条规定：国家发放的福利费、抚恤金、救济金免征个人所得税；残疾、孤老人员和烈属的所得、因自然灾害遭受重大损失的减征个人所得税。

从法理上讲，慈善信托的受益人获得信托利益，实际上应属于信托受益所得的范畴，而信托受益不在《个人所得税法》征税的九项收入范围之内，所以从这一点看，受益人没有纳税义务。当然在实践中，税务机关也不会主动向受益人征税。

附　　录

律师代理家族信托
法律业务操作指引

目　录

第一章　总　则

第一条　目的及法律依据

为指导律师从事家族信托法律业务，规范律师在家族信托法律业务中的执业行为，根据《中华人民共和国律师法》《中华人民共和国信托法》等相关法律、法规及自律性文件的规定，制定本指引。

第二条　适用范围

本指引所称家族信托法律业务，是指律师接受中华人民共和国境内信托公司的委托，为信托公司开展的境内家族信托业务提供的包括但不限于方案设计与审查、法律尽职调查、法律文件起草与审核、法律意见书出具等以非诉业务为主的法律服务，或者律师依照有关法律法规和有关部门的规定承办的其他家族信托相关法律业务。

第三条　工作原则

律师从事家族信托法律业务，应当恪守律师执业纪律及职业道德，维护委托人的合法权益，遵循下列原则：

（一）合法合规原则，律师办理家族信托法律业务，应当确保家族信托方案、法律文件等符合国家法律和行政法规的相关规定，且不得违反监管部门对于信托公司及家族信托业务的监管要求。

（二）勤勉尽责原则，律师办理家族信托法律业务，应当恪尽职守，勤勉敬业，按照信托公司的要求完成各项具体法律服务，应当建立工作档案制度，完整、真实、准确地记录和留存工作底稿。

（三）诚实守信原则，律师办理家族信托法律业务，应当维护信托公司及相关当事人的合法权益，在办理具体业务时应当防范利益冲突。未经信托公司同意，不得将信托公司委托的法律事务进行转委托，亦不得为信托公司家族信托的委托人客户提供法律服务。

（四）信息保密原则，律师办理家族信托法律业务，应当严格遵守保密约定，充分保护信托公司的信息以及办理业务过程中获悉的家族信托业务信息，包括但不限于家族信托委托人、受益人的个人或家庭信息、家族企业信息、信托财产信息等。

第四条　家族信托概念界定

本指引所称的家族信托、家族信托财产、家族信托当事人，具有下列含义：

（一）家族信托，是指信托公司接受单一个人或者家庭的委托，以家庭财富的保护、传承和管理为主要信托目的，以信托公司自身的名义按照信托文件的约定，提供财产规划、风险隔离、资产配置、子女教育、家族治理、公益（慈善）事业等事务管理和金融服务的信托业务。单纯以追求信托财产保值增值为主要信托目的，具有专户理财性质和资产管理属性的信托业务不属于家族信托。

（二）家族信托财产，是指在家族信托业务中，信托公司因承诺信托而取得的委托人交付的财产，及对信托财产管理运用、处分或者其他情形而取得的财产。委托人交付的财产应当为委托人合法所有的、确定的财产，且财产金额或价值应不低于人民币1000万元，委托人交付的财产可以为现金形式财产及有价证券、不动产、动产等非现金形式财产。

（三）家族信托当事人，主要包括家族信托委托人、受托人和受益人。

1. 家族信托委托人应当为具有完全民事行为能力的自然人。

2. 家族信托受托人应当为经金融主管机关核准的经营信托业务的信托公司。

3. 家族信托受益人应当为委托人、委托人家庭成员或符合法律法规规定的其他主体，但委托人不得为唯一受益人。

第五条　家族信托分类

本指引所称家族信托，实务中常见的分类方式如下：

（一）根据家族信托设立时，信托公司接受的委托人交付的信托财产形态的不同，家族信托可以分为现金类家族信托、非现金类家族信托和混合类家族信托。

1. 现金类家族信托，是指委托人交付的信托财产仅为金钱的家族信托业务，但家族信托存续期间，因信托财产管理运用、处分或其他情形而取得的财产不限于金钱。

2. 非现金类家族信托，是指委托人交付的信托财产为不动产、动产、有价证券、非上市公司股权、金融产品受益权等财产权利的家族信托业务。

3. 混合型家族信托，是指委托人交付的信托财产既包含现金类资产，又包括非现金类资产的家族信托业务。

（二）根据信托文件中约定的信托财产投资运用决策主体的不同，家族信托通常可以分为委托人决策型家族信托、受托人决策型家族信托和投资顾问决策型家族信托。

1. 委托人决策型家族信托，是指委托人或其指定的家庭成员对信托财产的投资运用享有决策权，信托公司根据委托人或其指定的家庭成员指令对信托财产进行投资运用的家族信托。

2. 受托人决策型家族信托，是指受托人对信托财产的投资运用享有决策权，信托公司按照信托文件约定的投资范围、投资策略、投资限制等，自主对信托财产进行投资运用的家族信托。

3. 投资顾问决策型家族信托，是指委托人或者信托公司聘请的投资顾问对信托财产投资运用享有决策权或建议权，信托公司按照投资顾问的指令或经委托人确认的投资建议对信托财产进行管理运用和处分的家族信托。信托存续期间，委托人或其指定家庭成员发生身故、丧失民事行为能力或其他无法履行投资决策权的特殊事件或投资顾问发生无法正常履职情形的，家族信托财产的投资决策主体、决策流程等可以进行变更，变更方式应当在信托文件中进行约定。

第二章　律师事务所及律师接受委托

第六条　利益冲突审查和项目立案

律师事务所从事家族信托业务，应当建立严格的利益冲突审查制度，律师在接受信托公司委托之前，应当进行利益冲突审查并作出是否接受委托的决定。律师事务所及律师接受信托公司委托将导致存在利益冲突的，应当遵守律师执业利益冲突相关处理规则，并及时告知信托公司。律师事务所接受委托的，应当与信托公司初步确定服务范围及内容，指定承办律师，并按照律师事务所规定进行立案。

第七条　签署法律服务合同

律师接受委托的，应当以律师事务所名义与信托公司订立法律服务合同，就服务范围、律师费、委托期限、承办律师等事项进行明确约定。

（一）服务范围，通常可以包括家族信托方案设计与审查、信托财产或委托人信息的法律尽职调查、法律文件起草与审核、法律意见书出具、日常法律咨询等。

（二）律师费相关事宜

1. 收费方式

律师费可以采用计时收费或固定收费等方式，并根据律师提供法律服务所需工作时间、工作难度、专业技能和经验、人员及差旅费成本等因素确定。鉴于家族信托存续期间较长，若服务范围既包括信托设立的法律服务，又包括信托存续期间的法律服务的，律师可以根据上述收费方式就两阶段的法律服务分别报价。

2. 付费主体

律师接受信托公司委托，为家族信托设立及管理事务提供法律服务的，律师费原则上由信托财产承担，且在信托合同中列明。信托公司要求以固有财产承担或由委托人另行承担的，应当在法律服务合同中进行明确约定。

3. 信托未成立时费用支付

律师可以与信托公司就家族信托未成功设立时律师费的承担主体、收费标准等内容进行约定。

（三）委托期限由律师与信托公司根据服务范围协商确定，通常可以约定委托期限截至家族信托成立日、家族信托终止日或双方确定的其他日期。

（四）法律服务合同应当明确约定承办律师及其更换情形、更换程序等事宜。

第八条　约定保密事项

应信托公司要求，律师接受委托后可以律师事务所名义，与信托公司签署保密协议或在法律服务合同中设置保密条款，就保密信息范围、保密期限等进行明确约定。律师事务所及律师应当严格遵守保密协议或保密条款的规定，不得将从事家族信托法律业务过程中获悉的保密信息向第三人泄露。

第九条　承办律师的更换

律师从事家族信托法律业务应尽量避免随意更换主要承办律师，以确保法律服务的连贯性和私密性。发生法律服务合同约定的需更换律师的情形，律师事务所和律师应当及时告知信托公司，并按照法律服务合同约定进行律师的更换。

更换律师后，承办律师之间要及时移交材料、交接工作，并通过律师事务所办理相关交接手续。更换律师过程中，律师事务所和相关律师应当注意信息保密，保护家族信托、家族信托当事人的隐私。

第三章　家族信托设立阶段的法律服务

第一节　材料接收

第十条　材料接收

律师接受信托公司委托后，应当对信托公司提供的相关材料进行妥善接收及保管。律师可以对接收材料进行编号并制作材料接收清单，要求信托公司业务人员在材料接收清单上签字确认。信托公司前期提交的材料一般包括委托人及受益人基本信息（如身份证明、婚姻证明、亲属关系证明等）、拟交付信托的财产信息、家族信托初步方案等。

第十一条　材料初步审查

律师接收信托公司提供的材料后，可根据信托公司要求对相关材料进行初步审查，若信托交易结构存在违反法律或相关监管规定的，应当及时与信托公司进行沟通和提示。

第十二条　协助信托公司与意向客户沟通

律师可以根据信托公司要求与家族信托意向客户进行前期沟通，为意向客户就信托方案涉及相关法律问题提供咨询。律师参与家族信托意向客户前期沟通过程中，应当遵守执业纪律和职业道德，并在信托公司业务人员在场或者知晓的情形下与意向客户接触。

第二节　尽职调查

第十三条　尽职调查范围

律师接受信托公司委托，为家族信托提供法律尽职调查服务的，应当首先与信托公司确定尽职调查目标、范围和方法。家族信托业务一般涉及对家族信托委托人主体信息及拟交付信托的财产的尽职调查。律师进行尽职调查的，应当制作工作底稿。

第十四条　尽职调查清单

律师应当根据尽职调查范围，拟定尽职调查清单。尽职调查清单除列明所需资料名称外，还应对专业文件或行业术语进行必要释明，同时应明确资料的提供方式，如是否要求出示原件、需留存的复印件份数、是否需要相关主体签字或加盖公章等。

第十五条　家族信托委托人尽职调查

律师对于家族信托委托人相关信息开展尽职调查，一般采用对委托人提供的书面材料进行必要审核的方式。律师可以通过书面审查、网络查询、委托人访谈等必要方式对家族信托委托人提供的下列信息进行核查：

（一）身份证明信息

委托人具有中华人民共和国国籍的，提供的大陆居民身份证、居民户口簿；委托人具有港澳台籍的，提供的港澳居民来往内地通行证或台湾居民往来大陆通行证；委托人具有外国国籍的，提供的护照以及其他根据其所属国家法律法规规定能够证明其身份的证件。

（二）税收居民身份信息

委托人为中国税收居民以外的个人的，对于其提交的相应声明及证明材料，律师应当提示信托公司根据《非居民金融账户涉税信息尽职调查管理办法》等规定判断委托人的税收居民身份，识别非居民金融账户，收集并报送账户相关信息。

（三）婚姻状况

委托人已婚的，提供的《中华人民共和国结婚证》等能够证明婚姻法律关系的证明文件，及按照本条第（一）

款提供的配偶身份证明信息材料；委托人配偶身故的，提供的公安部门或医疗机构出具的身故证明书及其他根据法律法规规定能够证明配偶身故（含宣告身故）的证明文件。委托人离婚的，提供的《中华人民共和国离婚证》等能够证明婚姻法律关系终止的证明文件（如有）。

（四）子女情况

委托人提供的子女出生医院填发的《出生医学证明》、居民户口簿及其他可以证明委托人与子女关系的材料，以及委托人按照本条第（一）款提供的子女身份证明信息材料。

（五）信用状况

委托人提供的委托人及配偶（如有）的个人信用报告或其他能够证明委托人信用状况的文件。律师可以通过网络查询委托人是否存在纳税失信信息、失信被执行信息、限制消费信息及其他个人失信信息等。

（六）涉诉及被执行信息

委托人就委托人及配偶（如有）是否存在涉诉（作为原告或被告）及被执行情况提供的书面说明，以及涉诉或被执行情况（如有）的相关裁判文书、被执行材料等。

（七）民事行为能力调查

委托人年龄较高或患有严重疾病的，律师可以提示信托公司视情况要求委托人提供其具有完全民事行为能力的相关证明文件。

第十六条　信托财产尽职调查

律师对于信托财产进行尽职调查可以要求委托人提供财产权属、权利负担、转让限制、涉诉及行政处罚、其他法律风险等方面的如下证明文件，律师可以通过书面审查、实地调查、网络查询、政府部门查询、访谈等必要方式对上述信息进行核查。

（一）信托财产权属合法性

委托人应当提供拟用于设立信托的财产是其合法、有效所有财产的证明文件。常见的信托财产类型涉及的证明文件如下：信托财产为金钱的，委托人提供的委托人名下银行账户的开户银行出具的银行账户存款余额证明及存折等证明文件；信托财产为不动产的，委托人提供的房屋买卖合同、房屋买卖价款付款凭证、完税凭证、所有权人的不动产权证书等证明文件；信托财产为非上市公司股权、上市公司股票的，委托人提供的目标公司的公司章程、出资缴纳凭证、股东名册、证券账户信息、股票资产证明及其他股东证明文件；信托财产为资产管理产品或私募基金的份额或受益权的，委托人提供的委托人签署的资产管理产品或私募基金的认购/投资合同及认购/投资价款划款凭证等证明文件。

（二）信托财产权利负担及转让限制

委托人拟交付非现金形式财产的，提供的财产不存在抵押、质押、冻结、查封等权利负担及转让限制的证明文件。

（三）信托财产涉诉及行政处罚

委托人就信托财产是否存在涉及诉讼、仲裁及行政处罚的情况提供的说明。律师可以通过公开渠道核查信托财产的涉诉、仲裁及行政处罚信息。

（四）信托财产的特殊法律风险

律师应当提示信托公司核查委托人是否已就信托财产设立遗嘱或作出其他处置，信托财产是否为夫妻共同财产或存在其他共有人等情形，并要求委托人提供相应说明。

第十七条　家族信托受益人尽职调查

家族信托受益人应当是委托人、委托人的家庭成员或符合法律法规规定的其他主体，但委托人不得为唯一受益人。律师可以提示信托公司核查家族信托委托人提供的受益人为委托人家庭成员或符合法律法规规定的其他主体的证明文件，包括但不限于受益人身份信息证明文件、与委托人具有亲属关系的证明文件等。

第十八条　家族信托保护人尽职调查

家族信托设置保护人的，律师可以接受信托公司的委托，对家族信托保护人进行尽职调查，调查内容包括：保护人的主体或身份信息、保护人是否合法存续或具有完全民事行为能力、保护人主营业务或从事的职业与信托财产管理运用是否存在利益冲突、同业竞争关系等。

第十九条　尽职调查注意事项

律师在家族信托尽职调查过程中，应当注意以下事项：

（一）律师应当提示信托公司尽量收集尽职调查所需文件资料的原件，收集原件确有困难的，可以在保证与原件或正本一致的前提下，收集复制件或副本等，但复制件或副本等应当由提供人签字、加盖公章或以其他方式加以确认；

（二）律师对于重要而又缺少足够资料支持的尽职调查事项，应当及时告知信托公司，并取得家族信托当事人及相关主体对该事项的书面确认；

（三）因家族信托当事人为港澳台籍或外国籍等情形，导致对部分事项难以开展尽职调查的，律师应当及时告知信托公司并在尽职调查报告中予以说明；

（四）律师在尽职调查过程中，可以积极与其他参与尽职调查的中介机构保持沟通交流，确保信息的真实性和一致性；

（五）律师可以要求提供尽职调查资料的主体出具其所提供的所有资料完整、真实、准确、无重大遗漏的书面声明书或承诺函；

（六）律师应当制作和留存真实、完整、准确的尽职调查工作底稿。

第二十条　出具书面尽职调查报告

律师完成调查工作后，应当对收集到的材料及信息进行梳理、分析，撰写书面尽职调查报告，并将依据的尽职调查材料在尽职调查报告附件中列明。律师应当在书面尽职调查报告中，完整、准确地向信托公司披露尽职调查过程中发现的问题，提示可能出现的法律风险，并可就具体的问题或风险提供解决方案或建议。

第三节　方案设计与审查

第二十一条　方案主要内容

家族信托方案通常应包含信托目的、信托当事人、其他家族信托参与人、信托财产类型、信托规模、信托财产投资运用决策权、受益人安排、信托利益分配方案、慈善安排等内容：

（一）家族信托目的，通常可以包括财富传承、子女教育、养老、家族治理等一项或多项信托目的，不得以追求信托财产保值增值为主要目的。

（二）家族信托当事人，包括家族信托委托人、受托人、受益人。本指引所称家族信托受托人为信托公司，家族信托受益人通常为委托人的子女、父母、配偶等家庭成员。

（三）其他家族信托参与人，通常为家族信托的保护人、保管人、财务顾问、法律顾问等。

（四）家族信托财产，可以为现金财产，也可以为非现金财产，家族信托方案中应当明确非现金财产的规模、交付方式和管理方式等内容。

（五）家族信托方案应当明确信托财产投资运用的决策主体、决策流程、决策权变更等内容。

（六）家族信托方案应当明确受益人的具体安排，包括受益人范围、信托成立时的受益人、受益人变更原则（包括受益权的转让或继承安排）等。

（七）家族信托方案应当明确信托利益分配方案，包括分配方式、分配频率、分配条件、分配金额等。

（八）家族信托方案中可以包括公益慈善安排，律师应当对公益慈善的方案进行审查，确保公益慈善方案合法合规。

第二十二条　方案设计及审查

律师在设计或审查家族信托方案时，应当重点关注家族信托方案的合法合规性审查，同时应当对家族信托方案可行性、操作性方面的问题向信托公司进行提示，并协助信托公司修改、完善家族信托方案。

第二十三条　方案合法合规性审查

律师应当根据《中华人民共和国信托法》以及婚姻、继承相关法律法规，对家族信托方案的合法合规性进行审查。律师在对家族信托方案进行合法合规性审查时至少应注意审查以下要素：

（一）家族信托方案不得与现行的婚姻、继承相关法律法规内容相冲突。

（二）家族信托财产应当为委托人合法所有的、确定的财产，且财产金额或价值不得低于人民币1000万元。

（三）家族信托不得单纯以追求信托财产保值增值为主要信托目的，不得具有专户理财性质和资产管理属性，不得以家族信托的名义变相从事投资理财业务，且不得存在违反法律、行政法规或者损害社会公共利益的情形。

（四）家族信托受益人应当为委托人、委托人家庭成员或符合法律法规规定的其他主体，且委托人不得为唯一受益人。

（五）家族信托文件应当根据具体投资范围和投资标的对信托财产投资风险予以充分、详细揭示。

（六）家族信托财产的投资运用，应当符合法律法规、监管规定及国家产业政策。

（七）法律法规对家族信托方案涉及内容另有规定的，应当根据国家法律、法规及规范性文件对家族信托的合法合规性进行审查。

第二十四条　方案沟通

律师审查家族信托方案后，应当与信托公司及时沟通，并就方案审查中发现的法律、合规风险向信托公司客观、充分披露，修改、完善、确定家族信托方案。

根据信托公司要求，律师可以就家族信托方案中涉及的法律问题向委托人、受益人等进行解释或说明。

第四节　法律文件起草、审查与签署

第二十五条　法律文件范围及起草和审查原则

家族信托法律文件可能包括信托文件、家族宪章、投资顾问协议、保护人委任协议、保管协议及其他法律文件等。

律师应当根据相关法律法规，按照合法合规性、真实有效性、完整明确性等原则，对法律文件进行起草和审查。

第二十六条　信托文件

信托文件一般包含信托风险申明书、信托合同及其附件，以及其他相关法律文件。

（一）信托风险申明书主要内容

信托风险申明书一般至少包含以下主要内容：

1. 信托不承诺保本和最低收益，具有一定的投资风险，适合风险识别、评估、承受能力较强的委托人。

2. 委托人系具备完全民事行为能力的自然人，符合信托法、其他相关法律法规规定及信托合同规定的委托人的资格。

3. 委托人应当对交付的信托财产享有合法、完整的所有权和处分权，不得非法汇集他人资金或以代持财产设立信托。

4. 委托人所交付的信托财产如存在其他共有人的，委托人已将该事项告知财产共有人并取得了财产共有人的同意。

5. 委托人设立家族信托，不存在侵害债权人或其他第三方利益的情形，也不存在非法利益输送的情形。

6. 委托人所提供文件真实、准确、完整、合法，向受托人和投资顾问（如有）提供的有关投资目的、投资偏好、投资限制和风险承受能力等基本情况真实、完整、准确、合法，不存在任何重大遗漏或误导。

7. 家族信托涉及的各项风险揭示及风险应对措施。

（二）信托合同主要内容

信托合同应当载明以下事项：

1. 信托名称及信托目的；

2. 信托当事人的名称、证件类型和证件号码、联系方式等基本信息；

3. 信托其他参与主体，如保护人、财务顾问、保管人、法律顾问的名称、联系方式等基本信息；

4. 信托规模与期限；

5. 信托成立与生效；

6. 信托财产投资、运用方式，包括但不限于投资决策主体、投资流程、投资范围、投资策略等；

7. 信托财产的估值方式；

8. 信托利益分配方式；

9. 信托财产应承担的税收和费用，及信托管理费、保管人费用、投资顾问费等费用的计算和支付方式；

10. 信托受益权的转让、继承和放弃等；

11. 信托终止、清算及信托财产归属；

12. 信托当事人及其他参与主体的权利、义务；

13. 新受托人的选任方式；

14. 风险揭示与风险应对措施；

15. 信息披露；

16. 信托当事人的违约责任及纠纷解决方式；

17. 法律法规要求或信托合同当事人约定的其他事项。

（三）信托财产的交付与追加交付

信托合同应当明确约定信托成立时的信托财产类型、金额或价值、交付方式等事项。家族信托允许委托人在信托存续期间追加交付信托财产的，信托合同应当明确约定信托财产追加交付的流程等事宜。信托财产类型比较复杂的，律师可以建议并协助信托公司起草信托财产清单作为信托合同的附件。

（四）信托财产管理运用

信托合同应当明确约定信托财产的管理运用方式，包括投资决策主体、投资流程、投资范围和投资策略等事项。家族信托投资运用采用委托人决策型、投资顾问决策型的，信托合同还应当明确约定委托人或投资顾问的决策权限、投资指令发送和执行、投资后果和风险承担等事项。

（五）信托业保障基金

家族信托按照有关规定缴纳信托业保障基金，信托合同应当明确约定家族信托中信托业保障基金的缴纳主体、缴纳标准等事项。

（六）信托报酬

信托公司管理家族信托，可收取信托报酬，信托报酬一般由信托财产承担。信托合同应当明确约定信托报酬计算方式、支付方式等事项。

（七）其他信托费用及税收

信托合同对除信托报酬外的其他信托费用，包括但不限于保管费、投资顾问费、保护人报酬、律师费、审计费、清算费用以及信托财产管理、运用、处分过程中产生的各项费用等，应当明确约定计算方式、承担主体等事项。

（八）信托受益权及信托利益分配

信托合同应当明确约定信托受益人和其享有的信托受益权，以及信托受益权转让、继承的条件、程序、限制等事项。信托合同应当明确约定信托利益的分配方式，通常应当约定以下内容：

1. 信托合同应当约定信托存续期间的分配方式，通常包括定期分配、情景分配（即受益人发生结婚、生育、疾病等特定事件时的分配）、指令分配等方式。信托合同约定情景分配的，应当明确不同的分配情景下信托公司应当审核的证明材料及信托公司的审核义务。

2. 信托终止时，可以采用现金分配和信托财产原状分配方式。采用信托财产原状分配方式的，应当明确约定非现金信托财产的接收主体、移交方式、过户登记手续办理等事项，向受益人充分揭示原状分配的风险。

（九）风险揭示与风险承担

信托合同应当对家族信托可能面临的风险充分地向委托人、受益人进行揭示，并明确约定风险的承担主体、风险的应对措施。

（十）信托终止

信托合同应当明确约定信托正常终止及提前终止的条件。信托合同通常约定有下列情形之一的，信托终止或提前终止：

1. 信托文件规定的终止事由发生；

2. 信托的存续违反信托目的；

3. 信托目的已经实现或者不能实现；

4. 信托当事人协商一致的；

5. 信托被撤销；

6. 信托被解除；

7. 信托财产已全部分配完毕；

8. 其他导致家族信托终止的情形。

第二十七条　投资顾问协议

在家族信托中，可由委托人或信托公司聘请第三方机构作为投资顾问，为信托财产的投资运用提供专业化建议，律师可以协助信托公司及委托人起草、审查及修改投资顾问协议。

第二十八条　保护人委任协议

家族信托可以根据委托人需要设置保护人，对受托人及家族信托的运行进行监督，依法维护受益人的权益。家族信托保护人通常由委托人指定，律师可以协助信托公司及委托人起草、审查及修改保护人委任协议。

第二十九条　家族信托治理相关文件

（一）家族信托委员会议事规则

家族信托可以设置家族信托委员会作为家族信托的治理决策机构，并制定相应的议事规则。家族信托委员会通常由家族信托的委托人、受益人等成员组成，也可以包括家族成员以外的专业人士，具体由委托人指定。家族信托委员会根据家族信托委托人的意愿设立，并非家族信托的必备组织。律师可以协助信托公司及委托人起草、审查及修改家族信托委员会议事规则。

（二）家族宪章

家族宪章是家族治理的纲领性文件，是家族成员对家族行为准则、家族事务决策、家族信托运营管理等内容所达成的共识。家族宪章的目的通常为规范和调整家族成员的行为，实施家族治理，传承家族核心价值观和家族文化传统，提升家族成员的家族使命感，保障和促进家族和家族企业的长久健康发展。

家族宪章可以对家族信托的设立、运营和管理进行原则性的规定。家族宪章根据家族信托委托人的意愿制定，并非家族信托的必备文件。律师可以协助信托公司及委托人起草、审查及修改家族宪章。

第三十条　保管协议

家族信托受托人可以聘请保管人对信托财产进行保管。家族信托聘请保管人的，律师可以协助信托公司起草、审查及修改信托财产保管协议。保管协议主要包含保管人基本信息、保管费用、保管期限、保管人权利和义务、保管报告等内容。

第三十一条　其他法律文件

家族信托设立、存续阶段涉及信托财产交付、信托财产投资等事项的，律师可以协助信托公司起草、审查及修改相关法律文件。

第三十二条　法律意见书

律师可以接受信托公司的委托，就家族信托的方案、法律文件等内容的合法合规性出具法律意见书。

第三十三条　法律文件签署的律师见证

律师可以接受信托公司的委托，对家族信托法律文件的签署进行见证。律师从事见证业务，应当遵守律师见证业务相关规则。

第五节　信托登记

第三十四条　信托登记机构

信托登记是指法律法规规定的信托登记机构对信托公司的信托产品与其受益权信息、监管部门规定的其他信息及其变动情况予以记录的行为。根据《信托登记管理办法》(银监发〔2017〕47号)，中国信托登记有限责任公司（以下简称信托登记公司）作为信托登记机构担任信托登记职责。

第三十五条　信托登记内容

律师可以提示信托公司在家族信托设立前、设立后及存续期间发生变更、终止时应依法向信托登记公司办理相应的登记，登记内容以法律法规及信托登记公司的规定为准。

第三十六条　信托登记事项的保密义务豁免

律师可以提示信托公司与家族信托委托人、受益人约定，信托公司就报送信托登记信息事项免除保密义务。

第六节　信托财产交付

第三十七条　信托财产交付法律文件

信托财产交付过程中，律师可以接受信托公司委托，起草、审查与信托财产交付相关的法律文件，包括信托财产明细清单、非现金信托财产的转让交付协议、信托财产交付确认书等。

第三十八条　信托财产登记、过户手续的办理

信托财产交付过程中，信托财产为非上市公司股权、有价证券、不动产等需要办理登记、过户的财产的，律师可以协助信托公司与相应的政府登记主管部门进行沟通，协助办理信托财产登记、过户手续。

第四章　家族信托存续期间的法律服务

第三十九条　家族信托存续期间主要法律服务事项

家族信托存续期间，律师接受信托公司委托，可以提供包括但不限于信托方案变更审查、法律文件修改、信托财产投资运用涉及的法律尽职调查及法律文件起草审核、信托所涉争议的解决、日常咨询等法律服务。

律师在家族信托存续期间为信托公司提供上述法律服务的，可以参考本指引第二章、第三章的规定。

第四十条　协助办理家族信托变更

家族信托存续期间，家族信托的信托财产管理运用方式、受益人及受益权安排、信托利益分配方案、其他家族信托参与主体等要素进行变更的，律师可以根据信托公司委托对变更后的信托方案进行审查、起草及修改相关法律文件、提供法律咨询等。

第四十一条　协助信托财产管理运用

家族信托存续期间信托财产投资运用时，律师接受信托公司委托，可以提供以下法律服务：

（一）委托人或投资顾问享有信托财产投资运用决策权的，协助信托公司对投资指令进行审核；

（二）信托财产投资运用所涉投资标的或交易对手的法律尽职调查；

（三）信托财产投资运用所涉法律文件的起草、审核及修改；

（四）信托公司委托的其他事项。

第四十二条　信托管理运用所涉争议的解决

家族信托管理运用过程中发生争议的，律师可以接受信托公司委托，代理家族信托相关的诉讼、仲裁案件，提供包括但不限于协助收集证据、起草诉讼文书、申请仲裁或提起诉讼等法律服务。

第四十三条　委托人法律服务

经家族信托委托人和信托公司同意，律师事务所和律师可以接受家族信托委托人、受益人或家族企业的委托，为其提供法律服务，但应当依法避免利益冲突，维护各方当事人的合法权益。

律师事务所和律师接受拟设立家族信托的自然人委

托提供家族信托相关法律服务的，服务内容可以参考本指引。

第四十四条　律师担任家族信托保护人或家族委员会外部专家委员

律师可以担任家族信托保护人或家族信托委员会外部专家委员，监督家族信托管理运用，保护信托受益人合法权益，为家族信托治理提供专业服务。

第五章　家族信托终止阶段的法律服务

第四十五条　信托清算

家族信托清算过程中，需对信托财产进行变现的，律师接受信托公司委托，可以协助起草和审查信托财产转让所涉合同、决议等法律文件，协助办理转让中的登记、过户手续。

第四十六条　信托财产分配

家族信托终止时，信托财产经清算后应当依照信托合同的约定及法律规定向受益人进行分配。采用信托财产原状分配方式的，律师可以协助起草和审查信托财产原状分配涉及的合同、决议等法律文件，协助办理信托财产转让的通知、登记和过户手续。

第四十七条　材料归档和保存

家族信托终止后，律师应当对提供家族信托法律服务过程中的相关资料进行独立、完整归档，并妥善保存。

第六章　家族信托相关业务法律服务

第四十八条　家族信托税收法律服务

律师在为家族信托提供法律服务过程中，可以在家族信托方案设计与审查环节、信托设立环节、信托财产投资运用环节、信托终止清算环节等提示信托公司家族信托可能涉及的税收法律问题，并建议信托公司咨询专业机构意见，配合信托公司及专业机构优化和完善家族信托方案。

第四十九条　家族信托相关的其他信托业务

律师从事家族信托业务，在合法合规的前提下可以积极协助信托公司开展保险金信托、遗嘱信托、家族慈善信托等相关业务，充分发挥信托制度优势，探索并推动家族信托相关创新型业务的发展。

第五十条　家族办公室服务

律师事务所可以和信托公司及私人银行等金融机构、第三方财富管理机构、其他中介机构等合作开展家族办公室业务，发挥各专业机构优势和协同作用，为超高净值人群提供专业化、定制化、全方位的财富管理服务。

第七章　附　则

第五十一条　本指引的约束力

本指引由上海市律师协会信托业务研究委员会起草，

并非强制性或规范性规定，仅供律师在实际业务中参考。

第五十二条　其他机构开展家族信托业务可以参考本指引

律师为家族办公室、私人银行、私募基金管理人等其他机构的家族信托或其他财富管理业务提供法律服务的，可以参考本指引，同时应当遵守相应的法律法规。

第五十三条　本指引与法律不一致时的处理

法律法规发生变化与本指引不一致的，律师办理家族信托业务应当执行新的法律法规的相关规定。

第五十四条　本指引的解释、修订和补充

本指引由上海市律师协会信托业务研究委员会负责解释、修订和补充。

物质财富是精神财富传承的根基

每当我们结束一天忙碌的工作，夜深人静，我们常常会独自思考人生，思考一些深层次的问题，拷问自己的灵魂：我是谁？我从哪里来？要到哪里去？我为什么会来到这个世界？我究竟是来做什么的？难道我仅仅是来赚钱的吗？这些问题，都是人生的终极问题，到目前为止，所有的人几乎没有标准的答案，或者说很多人根本就没有找到答案。

但是人生短暂，如白驹过隙，即便我们暂时放下这些终极问题，有些现实问题却不得不进行认真思考，本书我们探讨关于家族财富传承的问题，对于企业家或高净值人士而言，应该是人生的第二个大问题，它是仅次于人生终极意义的问题。这个问题值得我们一起进行探讨。

人的生命是有限的，但是基因的代际传承却是无限的，我们的基因来自遥远的祖先，而我们每一个人也都有本能的欲望，将自己的基因继续传递给子子孙孙，所以基因的传承是永续的。那么伴随基因传承同时，我们总是希望将自己积累的财富同样传递给子孙后代，好让自己的事业、家业长青，以及让子女过上富足安康的生活。

既然我们要把财富传给子女，那我们先要清楚我们拥有什么样的财富，这是基本的前提。我们有哪些财富可以传给子女？是金钱、房产、企业？还是阅历、经验、教养以及为人处世的方法？前者是物质财富，后者是精神财富，我想，只有这两个财富都很好地传给子女，我们才能算成功完成了家族财富的传承。

物质财富是根基，精神财富是树干、枝叶。只有稳如磐石的根基，才能支撑起树干与枝叶，并源源不断地提供营养。一个物质财富与精神财富富足的家族，才可能基业长存。物质财富的传承不容忽视，因为物质基础是我们有尊严地生活的保障，也是子女得到良好的教育和培养的保障，当我们的子女有了成熟的心智、端正的品行以及管理企业的经验，就能很好地继承和守护家族财富。

现在很流行一句话，谁也不知道意外与明天哪个会先到来。确实，现在的意外太多了，生命的意外、婚姻的意外、投资失败的意外等。所以，即便我们现在身体健康，家庭事业都很顺利，我们也应当居安思危，未雨绸缪，提前做好家族财富传承的安排。

家族财富传承是一项非常重要的法律安排，应当寻找专业的家族律师团队提前筹划，如何把我们所创造的财富安全有序地传给下一代，我们要重视起来。重视财富传承，应当说比创造财富更为重要，因为我们创造财富的目的，不就是更好地传承给子女吗？否则，我们创造再多的财富又有什么意义呢？当然，如果你在安排好财富传承之外，拥有更开阔的胸襟，能将创造的财富用于公益慈善事业回馈社会，则更是一件功德无量的善举。

最后，祝愿每一位看完本书的企业家，都能领悟到财富的本质，并做好家族财富的传承规划，为你的家族繁荣昌盛、家业代代相传，建立稳固的基石。

郁忠　律师

2023 年 8 月于上海中心